JN156342

老いの輝き　平成語り

山形県真室川町

編
野村敬子
杉浦邦子

市子さん家の猫

瑞木書房

老いの輝き　平成語り　山形県真室川町■目　次

目次

DVD 狐と川獺

昔語りの座に学ぶ

写真提供 野村 敬子・杉浦 邦子・奥灘久美子
沓澤ケイ子・渡部 豊子・ふきのとう
宮石百合子
写真撮影 清野 照夫・佐藤 喜典・小林 基裕
DVD作成 小林 千裕

詩

やわらかな　ひざしの中で

しま　なぎさ

透きとおる　空から
やわらかな　ひざしが
ふりそそぐ日

炉端で　語られる
昔ばなし

ほっこりと
あたたかい
時が　流れて
生きてきた

甑山　男・女　　佐藤喜典・撮影

道のりと
これからを
生きる人々へ
伝えられる
命の　ぬくもり
老いて　なお
輝く　その思い
紡がれてきた日々が
きらめく
山なみは　はるか
花の夢に　まどろむ
過ぎてゆく季節《とき》を
いとおしむように
風が　吹いている

炉　端　　清野照夫・撮影

山形県最上郡　真室川町略地図

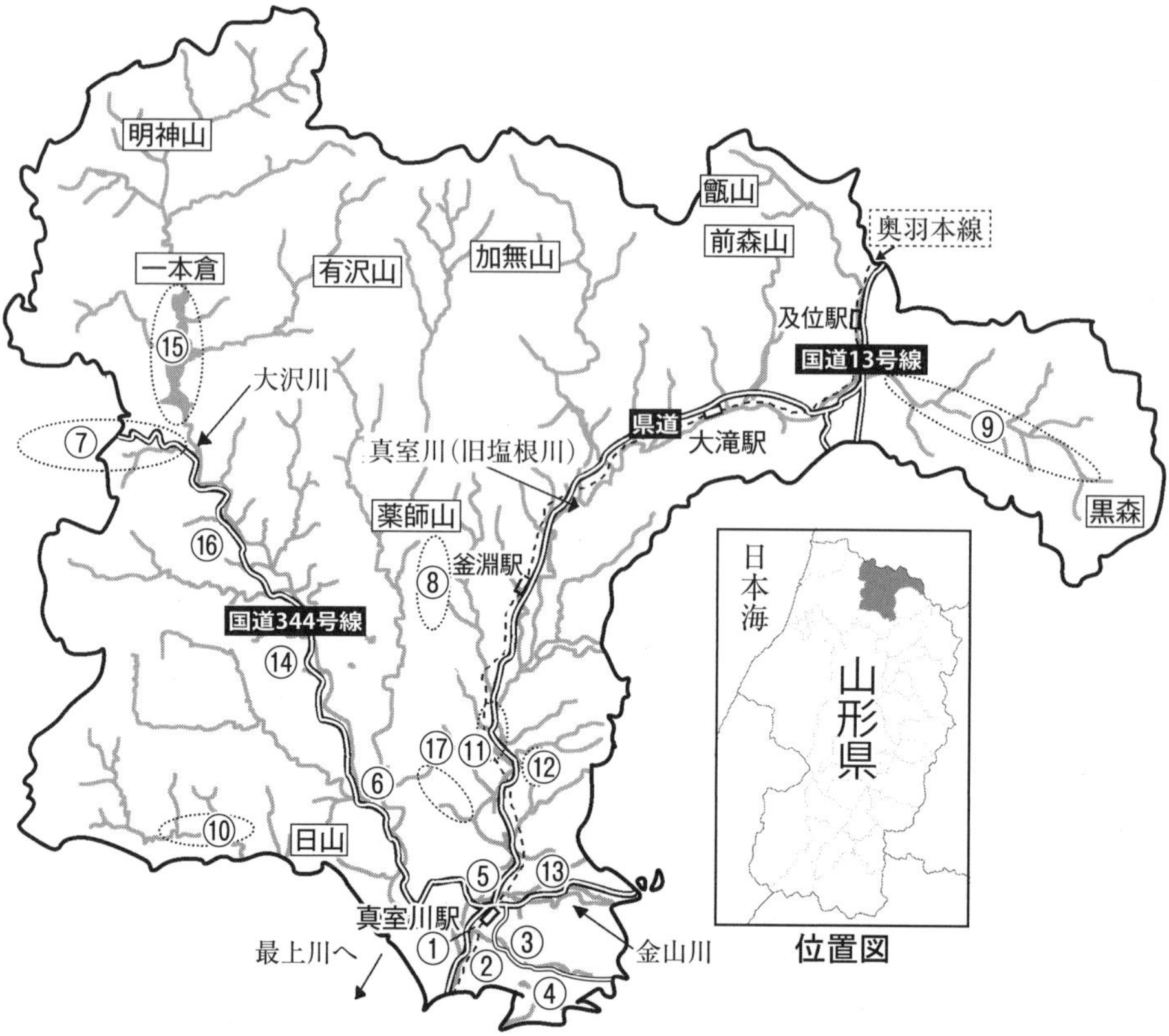

位置図

①　真室川町役場
②　正源寺
③　親子杉（南町）
④　白鳥の沼（野々村のため池）
⑤　宮沢 天宮権現（つぶの宮）
⑥　安楽城郵便局
⑦　青沢峠
⑧　三滝集落
⑨　塩根川集落
⑩　西郡
⑪　栗谷沢
⑫　関沢集落（沓沢鷹匠の家）
⑬　梅里苑
⑭　黒地蔵（滝の上）
⑮　高坂ダム
⑯　ふるさと伝承館
⑰　十二の長嶺

地図 協力　佐藤喜典
作成　小林千裕

はじめに

白い川霧が山裾を覆っていた。湿潤な白い帯をたどって川辺を歩く。白い闇の中を真室川の瀬音がぬう。美しい朝であった。新橋を渡って対岸の丘を登って行くと鳥居があった。天宮権現と呼ばれる水神様である。通称「つぶの宮」すなわち田螺をまつる小祠であるという。手入れが行き届いて、鳥居奉納も近年らしく新しい。宮沢集落の方たちが祀っていることが記してある。いかにも昔話「田螺息子」「田螺と狐」の語りを聴く土地柄である。子どもの頃、私はこの川で遊んだ。つぶ・田螺が川辺の上の方に居る日は、川に入ることをしなかった。雨がくる。水嵩が増して危ない。と、年上の誰かが教えてくれた。ふつふつと甦るものがある故郷の朝であった。

真室川新橋

故郷の山形県最上郡《もがみぐん》真室川町《まむろがわまち》で意識的に昔話を聴き続けて久しい。この町は編者の一人野村の生まれ在所である。口承文芸学という学的領域を知るようになって、この地で昔話の定位置観察をするようになった。昭和時代の約三〇年間、平成時代三〇年間を聴いたことになる。そこで昭和時代の昔話採訪は民俗社会の縄尺《じょうじゃく》に従って語り婆さたちの口承を聴いた。民俗社会が認める語り手に足を運び、お世話になった。数多くの昔話を採集することが出来た。

しかし反面、民俗社会が無視するかのように、全く語りを聴くことが叶わない方々も居た。それらの方々をも含む「みんな」を対象にした昔話採

マンジュさんと佐藤理峰ご夫妻

訪について、考えをめぐらすことが続いていた。

そのような折も折、平成元年九月一五日、真室川町役場から「ふるさとは何が誇れるか」という問いかけを受けた。誇りとしての昔話で「村おこし」をすることに光が宿った。思惟の目覚める音を聞いたような気がした。「開かれた、みんなの昔話」への序奏であった。インドのネール大学からの留学生マンジュシュリ　チョーハンさんと共に聴き手となった。

平成二（一九九〇）年二月、杉浦邦子さんという仲間を得た。従前とは異なる形で昔話を聞き・聴くことが叶えられそうであった。幸いふるさと創生の機運にも恵まれた。それら平成始めの様子については佐藤喜典さんの「昔話とむらおこし」に詳しい。ここでは語りたい人は皆、平等に名乗ることで語り手に成り得た。自由に開かれた語り世界をめざした。私はふるさと創生の昔話集六冊を編む手伝いもできた。（平成五年全六巻完成）その後のことは当時の役場職員・佐藤喜典さんの文章に顕在化する。

自主的な「真室川伝承の会・後に真室川民話の会」が立ちあがった。外部の私たちも数多くの会員の方々と友達になれるような会であった。語り手たちとの心弾む時空を体験した。

杉浦さんは各地から聴き手を案内して真室川町に行かれた。その多くは「語り手の方々に逢いたい、語りを聞きたい、聴かせてほしい」という方々、多くは都会で語り活動をされている女性たちであった。

杉浦さん自身、語り手として活躍されていた。「昔語りの実践と研究・ふきのとう」を主宰されて独自の考えを示していた。山形県遊学館講座の語り講師もつとめられた。

真室川町野々村の土田賢さんを訪ねて、自分の言葉で賢さんの昔話を語り継ぐ「継承語りの研究」をされた著作『土田賢媼の昔語り―口から耳へ耳から口へ』（岩田書院、平成一七年）を上梓。幾度も真室川町に足しげく通う姿に、町役場のある課長さんが「杉浦さんは準町民だ」と言われたほどの熱意をお持ちである。立場の違う二人が本書を編むことを思いたったのは、三〇年に亘って語りを聞かせて頂いた真室川町の語り手の皆さんに対する感謝の気持ちである。思いたって二年、季節を違えて録画収録をする間に、残念ながら四人の方を見送ってしまった。

炉端の語りを聞く

本書は先ず平成二九（二〇一七）年の秋、昔話採訪の誌上ライブを配し、昔話世界を楽しんでいただけたらと願う。語り手の体験や心情をも吐露して、昔話は内面的な記憶の層の在り様も顕われている。高橋市子さんの了解を得て翻字した。ＤＶＤと連動する各人の昔話と語りを巡るエピソードを記させて頂いた。

本書にはご案内した方々に、出会いの記憶を振り返りながら、思い出と昔話を記録して頂いた。いろいろな思い出がいろいろに記されたが、その出会いの記録が真室川昔話と語り手の過去から現在へと結ぶ虹の架け橋のようでもある。初期は「ふきのとう」の皆さまとの濃密な出会い、寄居のかんぽの宿での気力あふれる交流会、語り手の若さ、聴き手の若さ。東京の方々のお世話で、上京した語り手は真室川言葉で昔話を語る場面も頂いた。楽しい東京での語りの会も多かった。小嶋キヨさんが世田谷区成城大学前駅近くの会館で語りの会をされるというので参加したところ、既に会場は満員、立見席で聞いた記憶もある。高橋シゲ子さんは國學院大學の講座に招かれた時、「ボランティアですから」と交通費などを受け取らず、大学の係員が困ったとか。懐かしいエピソードも少なくない。

佐渡の赤泊が行った「昔話で村おこし」のイベントに真室川民話の会が招かれて、高橋シゲ子さんが姉さん被り、最上《もがみ》モンペ、前掛け姿で「せんどのやんま」を語っておられた。語り口の品性をあの時ほど感じたことは無い。既に芸能人風な語り手が居た。東京の語り活動の方たちが何故、真室川民話の会と交流するか、少し判ったような気がした。語りが観光資源になって、客におもねるのであろうか。いろいろな課題もあった。「民話と文学の会」「渋谷民話の会」との交流は懐かしい。最も最近お誘いした方々は東京や各地で語り活動をされる「聴き耳の会」会員である。旅行記を寄せていただいた。東京ではお会いできない「語り手の語りに対する精神」について感じいった様子も記された。

伊藤寅吉さんのゆったりした語り口調には味があって独自の世界がある。佐藤信栄さんの風土と共にある語りは伝説とは何かを如実に明かし証す、確固としたものがある。塩根川はかなり奥まった山間集落であるが、美しいたたずまいであった。佐藤壽也さんは祖母ゆずりの「狐のだん袋」を語られた。平成二年の『真室川町の昔話』と殆ど変ることのない端正な一話であった。「毎晩寝る時に祖母が語り聴かせたからでしょう」と、幼児体験の確然たる姿を学んだ。この地では男性語り手が健在である。いつも司会をされていた黒田谷男さんは東京弁で専ら世間話に花を咲かせる。東京からUターンされた方という。

本書の小松千枝子さんは黒田さんの語った「一つ目」の伝説を聴き、帰宅後、すぐその杉山神社採訪に出掛けた。東京の話を山形で聞いて東京で伝説体験とは、如何にも今日的で楽しい。真室川で聴いた私どもも採訪に出掛けたが人事往来、話の世間が急に活力を増したように思われた。

今年は明治一五〇年という。文明開化以来の日本の存在感は動かし難いが、何処か馴染めないものがある。昭和から漸く抜け出た解放感を平成の女性たちは知っているからである。明治を回顧する時、必ずや男性原理の正当性、兵士を産む性の無残さを逆撫でされる思いがある。

維新も戦争も男性が担ったものである。その戦争に初めて敗けてくれたからこそ、女性は人間に成り得た。語り手の昭和も苦しい。学校に行かれなかった女性達が平成初期には幾人も見られた。この地の昔話が聴覚文芸として優れて見事なのは、文字を介さない継承がなされてきたからでもある。言語行動は人間の可能性を最も素朴に支える文化と私たちは考える。それであるからこそ、この地の口承文化は尊いのである。高橋市子さん、高橋キクエさんは早物語、物語をたくさんご存じであった。文字を良くしない年寄りからの享受という。畑に出ると一日中教えられたという。昭和の勉強は山で、畑でするものであった。その過去からは昭和時代の、のっぴきならない記憶もあふれ出る。藤山キミ子さんの太平洋戦争中女子挺身隊従軍、高橋重也さんの弟・重男さんの満蒙開拓少年義勇軍の従軍もつらい記憶であった。

先人たちの記憶は本書でなければ扱うことが出来なかった意外性を運んだ。昭和四〇年代から交流を続ける奥灘久美子さんと正源寺住職・鮭延旭處師と佐藤陸三安楽城郵便局長の思い出には学問を積極的に受け入れた真室川の先覚者の存在を際立たせる。先人に導かれて「口語り」という領域を生みだした野村純一の当地での「鷹匠」との対面記録を収めてみた。

外国昔話の地平としての山形県の国際結婚について考えてみた。「韓国人花嫁指南・キムチラーメン」を商品化した庄司房江さんは幼稚園でフィリピンの昔話を語っていた。

平成は新しい昔話風土が始動したようである。里帰りで新たな韓国昔話を思い出したという、庄司明淑さんの語り、とおだ　はる（遠田且子）さんが日本語の補強をされている。詩人しま　なぎささんは中国の古いシンデレラ譚を詩作として子ども達に贈り物にされた。国際結婚で再婚の母についてきた子どもたちもいる。山形県最上郡の国際化に私は「アジア心の民話シリーズ」を企画し、フィリピン、台湾、ベトナム、中国、韓国を編み、杉浦邦子さんは「語りおばさんの　インドネシア民話」を編んだ。アラビヤ語で山形県の昔話を紙芝居制作と実践を続けている片桐沙早織さんの活動にも注目したい。

昔話を「語る、聴く、聞く」とは一体どういうことなのだろう。荻原悠子さんは藤山キミ子さんたちの語りに再度耳を澄まし、聴き耳を欹てる。荻原さんを初めとして、真室川町に採訪を重ねる語り手活動の方々は、帰宅して体得した伝承文化の伝達、継承に励むことにやぶさかでない。日本に三〇年以上も姿を見せない日本川獺は昔話「川獺と狐・尻尾の釣り」の世界だけのものになってしまった。また「胡瓜姫ご」のように真室川地方を南限とするシベリア胡瓜の消長を伝える縁となって意味深い。それらは昔話を語ることによってのみ存在する動植物の姿として、現代社会に警鐘を鳴らしているとも言えよう。本書の最も新しい聴き手として石井正己東京学芸大学教授と奥様の季子さんが参加してくださった。昔話の存続は聴き手の心と共にあり、その心のかたちづくりは語り・聴く感動の共振によってのみ為し得るのかもしれない。本書は逝かれた方々をも含む真室川語りの皆さまと、それを支えた真室川風土にお届けする「感動の記憶集」である。

野村　敬子

昭和六二年三月の山形県民話調査によれば真室川町の採集は一四話（富樫イネ）となっている。（山形県教育委員会

誌上ライブ

高橋市子《いちこ》さんの語りを聴く

野村　敬子

野村敬子　今日は平成二九年一〇月一七日です。山形県最上郡真室川町公民館の一室をお借りして、真室川町差首鍋《さすなべ》大平の高橋市子さんのむかし語りを聴かせて頂きます。市子さん。今日はありがとう。遠田且子さん（真室川の昔話を絵本にする会会長）吉村厚子さん（鮭川村・あのねのね会長）渡部豊子さん（新庄市民話の会副会長）後ほど東京学芸大学教授石井正己・季子ご夫妻も参加の予定ですが、どうぞよろしくお願いします。それにしましても、市子さん、まず、淋しくなりあんしたねや。

高橋市子さん　んだな。馬の助（高橋重也さん）逝って、いなぐなって、シゲ子さんもキクエさんも施設に行って、藤山キミ子さんも死んでしまって、淋しいもんだ。おら、会うな居ねくて、とぜんとした（無聊）日になったは。んであ、「びっきむがし」がら語るか。思い出す順に語ってみっかな。

高橋市子さん

びっき（蛙）むがし

むがし。あったけど。　猿ど　びっき（蛙）居てな。

ブラグ（集落）で餅搗ぎあったけど。ほしたら猿どびっき食いでくてな。

「良ええが、おめ（お前）、甑《こしき》の糯米ふけだ頃、餅つき始める頃、裏のへんす（泉水）で赤子の泣き声すろ」

て、猿まだびっき（蛙）どさ言ったけどな。びっき、

「よしわがった」てな。

ほしたら村のしたち（人達）ドエンドエンど餅搗き始めだ。ほして搗けだ時、搗く人だ行ってしまって。嬶たち、

「ほら、搗けだ、搗けだ。盥《たらい》だら半切り、何だら持って来い」

て言ったどぎ、嬶達餅取るとて居だどさな。餅半切さ取るて、ほんどき、へんすの処で、

「オギャア　オギヤアー」

てびっき鳴き声たてた。赤子の泣き声みで。

「へんす（泉水）さ赤子落ちたんねがや。ほれ、行ってみろ、行ってみろ。大変だっ」

みんな騒いで。皆がらへんすさ走って行ってるうち、嬶達居ねくなった。猿、臼がらみ餅背おって、ほして背中さ背負ってワラワラど山さ上ったなだど。びっきまだヒタヒタって歩いて、

「待ちでろや。待ちでろや。俺どこ」

「おめ、ゆっくりこえ。俺、どんど行って、餅支度しているがら」

びっきピタランピタランど行ったべし、猿ドンドど行ってしまって、

「おめどこ待ちた」

猿おわばり（自分だけ）食ってだけど、ほしてびっき、

「おわばりんねぐ、食せねんねべ」

て、言うど猿、

「んだ、んだ。俺嬶あだの、親戚だのさも、餅食せんなんね」

臼背負っていくかんじゅするお。びっきビタビタ行くうち猿また臼背負ってよ、

「嬶、親かかと、親爺さ食せなんね」

どんて下ってきたど。ほすっと転んだ。転ぶじゅど、すっと臼、ガラガラど落ちて、餅臼がらみ、餅また、木の根っこさなんとガタンとぶつかって落ちて、臼ガタンと転んで餅みながら出はった。びっき前さ。ほしてびっきまだんめとこ（美味しい餅）食ったなよ。そさ猿な、

「俺さも、んめとこ食わせてころ」

猿、わ、へえほで（たらふく）食ったかんめして。びっき、すっと中の熱っついどこ、今度とってぶっからんでやった。ほしたればけっつさ（尻に）バーンと餅の熱いなくついて、アーッツて言うど。

「もう一つか」

って、また餅の熱いな丸けで面さバーンとぶっからんでやった。すっと熱くて熱くて、猿の面、こんだ真っ赤になったなだけど。んだはげ、猿、面も尻も真っ赤になった。すっと猿、沢さ落ちて行ったけど。ほして言ったけ。

「猿、沢さ流れる身はおしくなけれども、この餅食ねで行くな悔しい」

て、泣いたけど。ほして猿、流れていった。んだはげて、わばり食うかんじゅすっと、できねて言ったもんだけど。

どんぺからっこ　ねっけど

野村　これ、題は「びっきむかし」。猿でなくて。勝つ方が昔の題になる?
市子さん　んだ。勝った方ば名前にしているなだ。猿汁食うかんじゅして婆汁食うなは「猿むがし」な。

猿むがし

むがし。むがしあったけどな。

豆蒔きの季節がきたもんで、爺まだ、毎朝、朝仕事に、

「一粒は千粒なれ　一粒は千粒なれ
一粒は千粒なれ　一粒は千粒なれ」

て、豆播《ま》いて植えったなだけど。したあれば山から猿、ガサガサ　ガサガサて出はって来て、

「この馬鹿爺っこ。豆一粒千粒なのなんねべ。一粒は一粒だ」

って言ってよ、毎日、来んなだけど。

「一粒は千粒なれ　一粒は千粒」

て、爺が豆播いてっと、

「一粒は一粒、一粒は一粒」

毎朝、猿来て言うなだど。あんまり毎朝来るもんで爺、婆どさ言って、

「毎朝、猿の憎たらしな来っさげ、婆、ふかし（米をむしたもの）作って蒸《ふ》かしてころや」

婆にこせでもらって、ふかしば甑《こしき》がらみ、背負って行った、ふかしば、何時も猿、登る木の根っこさ、あげでおいたど。熱っつな。ほしたれば猿、ガサどまだ来たど。

「馬鹿爺っこ。まだ、一粒は千粒どんて豆播きすったが。一粒は一粒だ」

ってな。ほんでも爺まだ知らねふりして、

「一粒、千粒なれ」

て、播いったれば、木の上さ上がって来て木の上さ上ってぐかじゅ（つもり）したった。さあ、根っこさ、ふかしあっかったべ。熱っついなさ尻ついて、足とられて、ふかしの上で動くもなんね、そごで鍬の柄でひっぱだぎつげだど。猿なの利口だもんだお、死んだふりするど。爺、死んだどんて、猿、荷縄《にんな》でギリギリどからまいで縛って家さ担いで行った。家さいぐど、まず火棚《ひだな》さ、吊るしったべや。最初のうち猿、クルクルクルクルど見ったけど。吊るして次の日、爺、豆播き行ったべや。

「晩げ、猿汁だや。米搗いったな無いさげ、婆、米搗いてな」

爺、出がげっと、婆、米搗き始めだど。ドエドエどな。猿、目醒ましたけど。ほしたれば婆、年寄《としょ》りだもんでこわぐ（疲れ）なったべ。猿まだ、

「婆、婆。米搗きも楽んね。俺、搗いてけっか。俺どご、手ほどいでみろ」

「んね。おめどご晩げ食うなださげ、ほどがんね」

「ええべや。米搗いてがら、まだ縛ったらええべ。ほどいでけろ」

んだはげ婆ば、本気して猿の縄ほどいだど。

「どれどれ。俺搗いてける」

何と猿、あれ（力もち）もんださげ、ドンドンど搗くけど。

「搗いたか、搗けねが、ほりゃ見てろ」

て言うけど。婆、片がって臼、見んべどしたら打ち杵でドエンど頭、打たって死んでしまった。猿、婆ばどこ殺ろ

して、わ、婆ばのかっこうして、婆ばどこ煮てだど。こんど、爺夜あがりして（仕事から帰る）あがってきた。

「婆ば、婆ば、猿汁できたが」

「できだ。できだ」

猿、細こい声で、婆着物きて、格好して、てぬげこ（手ぬぐい）なのかぶってだど、こんだ猿汁、食って見ろどんてよこしたど。爺まだ、

「どれ、なんぼがんめが（美味しいか）」

どんて喰ってみたど。したれば、これなんとしなこい（噛み切れない堅さ）けど。

「これはしなこい猿だごと」

て食ってだれば、猿おかしがってケチケチ笑ってすまった。すっとこんだ、

「猿汁食うどんて、婆汁食った。猿汁食うどんて、婆汁食った」

爺まだ口からブクブクブクブク泡ぶく垂らして、猿どこぼたくったども、猿は早いもんで、逃げてった。猿なの生き物じゃ生半可なことすっと、こうゆうことになるってな。爺口がら泡たらしてな。ぼっかけだ。

どんぺからっこ　ねけど。

さくべい帖

野村　ありがとうございました。爺、仇討ないなですかや？口から泡吹くなまだ、何してですや？

市子さん　仇討は無い。人を食ったものは人に非ずってな。誰も助けない。猿に人が敗けたことになる。そういうもんだべ。人を食うと泡が出るって言ったもんだ。婆、しなこくてな食わんねって。

野村　小さい時、聴いたなおすか?

市子さん　んだ。んださげ、とっぺさっぺ（あっちこっち不明）だべ。ずいぶん昔だもの。さくべい帖さもないもの。さくべい帖。おれの婆も書いていた。

野村　さくべい帖って?

市子さん　学校行かない昔の人がつけた記憶帖がな。字習わねもんだお、自分さだけ判ればいいもんだ。おれの親婆も書いていたっけ。杉浦さんが「さくべい帖ってなにだ」って電話かけてきたっけよ。何か集まりに行くと覚えに書いてきた。

真室川

遠田且子さん　今のメモ帳みたいな?

市子さん　んだな。そういうものだげんと、字ではない。自分だけの印をもってて付けておくなだ。おれ、病気になって入院した時、ほんどき、今日のご馳走何忘れないうち「さくべい帖」さ書いておくかなあて、言ったれば相部屋なった親父の嫁まだ、『あらあー俺えのお父さんと同じ言葉使う。何処や』て言うなだけ。その人は小国《おぐに》の方の谷地《やち》の人だっていうけ。昔のあんまり字の書けない人のものだと、おれは思ったなよ。

野村　安楽城郵便局長の佐藤陸三さんの遺品の中に「民話さくべい帖」という一冊がありあんした。杉浦さんが東北文京大学民話研究センターの「民話」41号に陸三さんの「作兵衛帖」というものを書いています。文字を知らない作兵衛の失敗譚です。

市子さん　いや、一番大切なことは書かないもんだべ。一番大切なことは頭の中に入れるべ。その話は嘘だべな。

野村　陸三さんの資料には山菜や茸のこともたくさんありました。市子さんは山は？

市子さん　俺、山、おっかね人でよ。狐こコンコンなっておっかねくて。虫もおっかね。親父と山さ行くと一人置かれる。「ここで採ってろ」置かれると、さぶすい（心細い）。置かれるどおっかねくてな。山じゃ、一人で採るもんだ。て、途中さおかれるもんだお、すっとさぶすくて、おっかねくて。ガサッツと音すっと、熊、来たがどんて。ほしっと、俺の親父来ねもんで、遠山さなの二度と行かない。近くの山には蕨採りぐらいは行くども。山には山の神がいるもんだ。語ってみっか。

山の神様と餅搗き

山の神様は女の神様で、山神様《さんじんさま》だ。一二月一二日ていうと山さ上る。ほうして春になると田の神様になって降りてくる。その日は餅を搗いたもんだ。上る時は出立ち餅どんて朝二時頃搗いて、ほして自分らも神様と一緒に食べるな、普通の餅五時頃と二臼搗くもんだけ。普通の白餅。おらなの小さい時、早く起きろどんて出立餅にあげるってな、子どもが上げる。大事な日で子ども達も皆暗いうちに起されたもんだ。子どもたちと山の神は関係あるなだべ。普通の神様にはその後に餅、上げるもんだけ。婆、そうゆうことしたもんだ。正月は何ぼ臼も搗く。隣の親父もきて三臼も四臼もついて、搗き終わったら餅、嬶だちさ置いて、今度、隣りさ行って皆で搗く。春先までの餅、みんなで搗いて置くもんだった。冬は大変だ。まんず餅つきだば、隣りの親父さ三臼も搗がせても、お礼も言わない。終わるとご苦労も世話になったもないくて。当たり前みでにしてるもんだっけ。ユイって隣近所じゃそいうもんでな。ある家では一年に八八回搗くって。新町も搗いだべ。子ども使うなは、山の神様の前を若い女は、通れない。女でなくなったら通ってもよい。

遠田さん　農作業の節目とかに餅搗きしました。糯米の苗は水口の近いところに田んぼさ植えて、水が冷たいな廻して広がると水が温かくなる。子どもの頃、ひろこ（野蒜）摘みいきあんした。

市子さん　ひろこ摘み行ったもんだな。だち（俵）広げて、ひろこだえーっと並べでクルクルど巻いて、ええっぺ運んだもんだ。童だの手伝いよ。つぶ（田螺）とっていって一緒に煮て喰う。田螺いっぺ取れたもんだ。しょでん（昔）には居たなよ。

野村　今朝、宮沢の天宮権現、田螺のお宮さお参りしてきあんした。水の神様だって。市子さんの村に田螺のお宮ってありあんしたが？

市子さん　無いな。田螺のむかしあったな。田の中でいる水の中の生き物だ。

狐とつぶ（田螺）

むがし。むがしあったけどな。

むがしあっとき狐とつぶいたけ。山の神様さ餅あがったけど。狐、その餅食いてくてだけど。狐、つぶさ「かけくらべして、勝った方がその餅食うこどにすっぺ」て、かけくらべするごとになった。つぶ、コロコロと行くばり。狐、早いべ。早いなわかっている。「いいか。三回勝負だぞ。一回だけじゃだめだ。いいが、三回だぞ」って、走りだす。つぶ、

天宮権現（つぶの宮）

「このちきしょう。俺どこ騙すかんじゅしたな」

つぶだって、考えだどや。すっと狐の尾っぱさ、かぶついた（噛みっく）ど。ほうして狐、知らねで走り出した。尾っぱさ、かぶついたな知らねもんだお、走り出したべ。すこでま早くよ。ほして山神様の山道ば神社の階段トントンと駆け上って、山の神様さ着いたべ。クリッと向きかえて、尾っぱ神社の方に向いた。すっとつぶ、尾っぱがらポタッとお宮さ落ちたべや。

「狐、狐。おら、一番だぜ。着いて待じったっつた」

狐、どでした。びっくりよ。

「んだら、もう一回」

って、走るども尾っぱさつぶかぶついてな。

つぶは三回とも同じよ。ポタッと落ちて、一番だ。

「狐、この餅は俺食うなだぞ」

ほして、山の神様の餅、つぶが食ったけど。

どんぺからこ　ねけど。

息子と婆さまの姥捨山《おばすてやま》

むがし。むがしあったけど。

むがし、六五歳になるてど山さ、捨てられてでしまう村あっけ。姥捨山よ。

むがしなの殿様の命令が絶体で、さがらえない。ある村は殿様の命令で、六五歳になると、年寄りを山の奥のずっと遠い姥捨山ていう所。あるな棄ててこねんね。村が貧乏で食うものが無い。年寄りさ食わせるものが無いな。六五歳になると一人ずつ、背負って奥山さなげでて来たもんだった。ある家の婆さま、

「六五歳になったもの、兄、おれどこ早ぐ山さ連れであべ」

て言うど。んでも兄息子嫌《や》んだくてな。

「何じゅかして隠しておくさげ、山さ行かねでころ」

婆、白装束全部、長着物がら、下着、袖なしがら、揃えて山さ行く支度してしまったけど。それ出してきて、

「なじしたて行がねば、罰則されっさげ、行く」

って息子さ言う。息子まだ嫌んだって泣くなだけど。

「泣くどこのさわぎじゃない。連であべ」

って婆がら言わって、行くことに。白装束着て息子の背中に背負う道具さ乗へて、背負《しょ》って夜中に出掛けだ。ずうーっと山の道だけど、暗いし来るときの道なの分かりそうもない。

「こらあ、大変だ」

って言って婆、脇の木の枝ポチン　ポチンと、婆さまおぶさっていて、木の枝折りながら、

「俺、こげして、折りながら来たが戻って行く時、この枝見ながら帰れ、よ」

って言った。兄まだ泣きながら、うんも、すんも言わねど。山の奥まで背負って行ってみだども、

「俺な、いしゃ（あなた）どご置いていがんね。いしゃどご隠しておくさけ、いやえでころ（行ってください）」

ど、婆どご引っ張って来た。ほして床の間の隅《すま》に置き物のようにして、風呂敷かぶせて飾っておいた。ほして置物おくみで。隠しておいた。ほしたら、ある日隣がら殿様さ、命令きたけど。

灰縄を崩さないようにして持ってこい。という。殿様は大困り、みんなに
「灰縄を壊さねで持ってこいって」

な。村の人たち大さわぎ。どげして作るや。ほんで兄また親婆さ、殿様大困りのごと言ったった。

「かか、どげするや。隣りの国がら、命令きた。灰縄綯《な》ったなを崩さねでどげしたらいいべや。知らねがや」

て、言ったれば、婆さま、

「ほゆもの簡単だんだはげ。ほゆもの。藁ぬらして縄綯ってトタンの上さクルクルと巻いて、真ん中さほして火つけてやれ。ほすっとやんべなる」

聞いて早速、兄、藁ぶって、濡らして、綯って、トタンさ、クリクリどまいて。真ん中から火つけて焼け、て言われたとおり、火つけて焼いた。縄は灰縄なって崩さないで、すっかり出来上ったけど。トタンがらみ、そのままな。兄、早速、殿様さ持って行ったけど。殿様、たまげで、

「よくやった」

どんて褒めだけど。隣りの命令さ、国の殿様早速、納めだけど。ほしたら、また、隣りから言って寄越したど。隣りは大国でな。こんだ、「竹さ穴あげろ」っていう難題だけど。兄またお触れ見て、婆さ聞いたけど。

「竹さ穴さね。易いごんだ。大きな蟻、山蟻つかまえで、竹の上さ砂糖おいて、足さ糸つけて、竹の中さ入れてやれ。すっと蟻こ、その竹がら出でくる。蟻こ、砂糖の匂いでどんど竹の節抜いてではってくる。竹じゃ、節がある。そ

の出はって来た処さ穴あけると良いべ」

節ぬいて、穴あけて、殿様さ持っていった。殿様喜んだ。よくやったって。隣の大きな国の殿様さ届けた。そしたら、また、難しい命令がきた。

「杉のもと（根元）、うら（先端）、どちだか、木伐ってきて当てるな。どげする」

杉の丸太じゃ、うらも、もともまるで同じ。ほうすっと兄、また婆んばさ聞き行ったど。

「木のもとうら判るようにするには、って言ってよこしたんだげんと、どげしたら良いんだべや、婆さま」

「何にも、心配するごと無え。木ば水さ沈めろ。すっと根っこ重てし、沈むし、うらは軽いし、浮くべ。印つけて、おくとうら、もとなの判る」

と、教えたけど。ほしっと息子、大威張りして杉の木さ印付けで持っていったけど。すっと、殿様喜んで、隣りさ返事。

「こげた知恵のある息子たまげたあ。何でもご褒美、ほしいもの望みとうり上げっさげ、言ってみろ」

て言うけど。すっと息子まだ、

「何もご褒美なのいらね。俺。婆さまどこ姥捨山さ置いておがんねくて連れて帰って隠したはげ、許してころ」

って言った。したれば殿様、たまげてな、

「ほういう、知恵のある年寄り、捨てるなて、もってのほかださげ、これから、そういうごとのないようにしっさけ、まず姥捨山は止めだ」

って、言うけど。ほれがら親を山さ捨てねごどになったけど。

どんぺからっこ　ねっけど。

胡瓜姫《きゅうりひめ》ご

むがし。あったけど。むかしのあっとき、爺と婆んばと、機織りして暮していたけどな。爺ど婆、夏の暑い日でな。朝まな。暑い日なもんで、

「爺さま。爺さま。今日は何と暑いごと。後ろの畑さ行って、胡瓜もいでこいちゃや」

って、婆んば爺さ言ったもんだけどや。

「んだなやあ」

「んだどもな、種《たね》胡瓜採るな縄で結っつけたはげ、あればもぐなよ」

爺ささ、言ってやったなだど。爺さ、どれどの胡瓜良いべがど探しったれば、ピカッと光ったなだけど。おてんと様光らがしたわけんねべし、と思って見たら種胡瓜よ、印のついたなよ。もぐなって婆に言われたども、あんまりピカピカっていうもんださげ根っこん処切ってしまった。ほしたれば、そっから小さい赤こチョコット出はってきたど。こんどでして爺、胡瓜どごんねけ。

「婆さま。婆さま。おめ、切るなって言った種胡瓜、あんまり光るもんで切ったれば赤こ出はしたぜ。こりゃ」

「ほんであ、良がった。良がった」

って、大喜びよ。ほしっと二人で育てなんねどんてよ、一所懸命よ。

「名前付けなんね。誰と付けるや」

「んだねやあ。胡瓜がら生まれたもんだお、胡瓜姫こと付けるか」

って、胡瓜姫こって名付けた。飯糊《ままのり》でのばして食うもの作ったり、して、胡瓜姫こあつかってた（育てていた）。飯糊でのばして食うもの作ったり育てた。ずんずんおがって、姫こたちまちめんこい、おぼこになった。すぐな。

爺ど婆で機織って暮らしたてったもんださげ、胡瓜姫こ機織り覚えたけど。

「おれ家の胡瓜姫こも、大きくなって良い娘になった。赤い着物でも買ってきて着せなんねな」

って、織った反物持っていって赤い着物と、ひけて（とりかえて）来るって。ほして二人町さ行くことになった。

「胡瓜姫こ。胡瓜姫こ。隣さえぐね、悪いやろこ（男の子）居るさげ。遊び来たたて、家さへんなよ。入れんなよ」

「ん。ほってもへねえ」

って、爺ど婆まだ出かけだ。それば隣の野郎こ屋根さ上って見てだ。

「あ、出がけだ。出かけた。よし、あれどこ誘って来っぺ。胡瓜姫こ。俺ど、遊びあべ（行こう）。あべや。山さ」

誘い来たど。あまのしゃぐてな。悪い野郎こな。

「胡瓜姫こ。ここの戸チョコット開けろ」

「だめだ。爺と婆がら、開けるなって言わったさげてだめだ」

「ほゆうごと言わねで、チョコット開けろ」

「開けらんね、だめだ」

「ほんねば、さまぶち（高窓）チョコット開けろ」

どんて、やんやんて言うもんで、胡瓜姫こ、さまぶちチョペッと開けたれば、指チョペッとつこんでグイグイと開けて入ってきたど。胡瓜姫こ機織りだ。

キーッコパタン　ドンドン　キーッコパタン　ドンドン
どんて機織りしった。ほしたればあまのしゃぐ、

「俺ど遊びあべ」

て、むりむり引っ張るなだけど。んがねて言っても引っ張る。嫌だって言うてど、ズルズル引っ張って外さではっ

て行った。ほして、胡瓜姫こどこ、ズルズルど引っ張って、萱の根っこどこで胡瓜姫こ死んでしまったけど。あまのしゃぐ、胡瓜姫こ死んでしまったし、こんだ、わ（自分）、胡瓜姫こ裸にして、わが、胡瓜姫この着物着て、胡瓜姫こば萱の根っこさ埋めて、手ぬぐいなのきいっと被って、知らねふりしてだ。爺婆帰って来る頃だと、

キーコパタン　ドンドン
キーコパタン　ドンドン

「俺家の胡瓜姫こも機織り上手になったな」

二人、喜んで来たど。したれば、おかしいこと言うど。

キーコパタン　ドンドン
胡瓜姫こ機織れば　あまのしゃくぶち乗った　ドンドン
胡瓜姫こ機織れば　あまのしゃくぶち乗った　ドンドン

「何だべ。おかしい。何だごんだべ」

爺と婆ば、戸開けてみたれば、胡瓜姫この着物着て、手ぬぐい頭さ被って、

キーコパタン　ドンドン　キーコパタン　ドンドン
胡瓜姫こ機織れば　あまのしゃくぶち乗った　ドンドン
胡瓜姫こ機織れば　あまのしゃくぶち乗った　ドンドン

爺ど婆は、これ聞くと、

「こりゃあ、隣りの野郎こ、えぐなし野郎、あまのしゃくだ。ぶ叩きつけっぺ」

って、入ったれば逃げてったけど。ダンダンと逃げて行ってすまったけど。

地域野菜カンジロウ胡瓜

「ああ、俺家の胡瓜姫こ、殺さったなだな」

爺と婆、二人して山の方にずーっと行ったれば、萱の根が赤けけど。

「あー、此処ば引ぱらったなだべ」

ずーっと行くど血だらけの処あって、土がほじゃくったあとあって、爺ど婆掘ってみたら、胡瓜姫こ死んでいたな、出はってきたけ。困ってな。毎日通って拝んでいたなよ。毎日。雀だか、鳥こよ、李《すもも》の種落としたけど。胡瓜姫この埋めた処さ。毎日水かけているうち、真っ赤な李の木生えてきたけど。

「こりゃ、俺家の胡瓜姫この死んだしるしだ」

「おがさなんね（育てよう）。大きぐ」

爺ど婆、毎日、水かけていると大きな赤李の木が育ち、真っ赤な実がついたけど。萱刈り行くてど、萱の根も赤いもんだ。それも胡瓜姫この血で染まったからだっていったもんだ。

どんぺからこ　ねっけど。

遠田さん　この昔話を絵本にしました。市子さんの言葉を子どもたちは全部理解出来ないので、読みきかせ絵本用に再話させて頂きました。「真室川の昔話を絵本にする会」を結成しまして、佐藤なつきさん、佐藤喜典さん、佐藤保さんと私、とおだ　はる、野村さんが顧問。で活動しています。『きゅうりひめご』はクラウドファンデングで作りました。（「設立総会」は一七年四月一六日）読み聞かせ会は差首鍋で子どもたちとお母さんたち、町長、教育長も町の方たちも

絵本　表紙

参加されました。次を準備していた段階で、語り手の方が三人も続けて亡くなられて驚いています。町の平和堂菓子店から地域野菜のカンジロウ胡瓜で「きゅうりひめご」のお菓子も売り出されています。

野村　あまのしゃくには「子どもの遊び」があるのでしたね。

市子さん　んだ。「あまのしゃぐどっちだ。西はどっちだ。東はどっちだ」って指であまのしゃぐ・蓑虫よ。その形作って、頭出してこさえてだ。皆で遊んだもんだ。知らないうち、ブランと糸引いて下がってくる。不思議な虫よ。巣がある時、糸引いてパーと子どもが空中さ出はって行く。山にはそうした風に子どもが出はるな虫居るもんだ。唄もあった。今は声も出ないけど、うんと唄ったけ。

口語り　手術中の体験譚

野村　市子さん。病気、大変でした。大手術で。

市子さん　んだ。俄かに苦しくなって。夜、町立病院さ行った。日曜日で、先生いなくてな。次の日、検査したら紹介状書くから他の病院さ行けていわって、新庄さ行くことになった。家さちょっこり帰してころって言ったれば、帰さんね。て先生言うけ。んだって、おれだってやちゃねぐ、乱雑にしていたら、ちょっと片つけてきたいって言ったども、駄目だって言われて、真室川の町立病院から新庄の病院へ。そこでもだめで、山形の大学病院か酒田の日本海病院さ行ってと言われた。カテーテルじゅうものした。ベッドでよ。何か下の方でシュウシュウて、ビタビタじゅうもの。濡れった。血が止まんないなだど。見たれば血の海よ。ほさ寝ったなよ。動かさんねなだど。ほごで、寝るうち、息子たちは日本海病院さ頼んだな。ほして救急車で移っていった。手術してもしなくても、そんなに生きられない。どうするか、って言われて、どうしようてなら、手術することにしたいって、手術にかかった。

そうしたら、爺は病気で寝ているべ。「爺どこ置いて死なんね」って、麻酔かかってる時、叫んだけど。

ほして普通の手術ならたいてい一週間で普通病棟さ行くな、おれまだ三週間かかった。ほれ、口の中に入れったもの取ると死ぬって、何か入いってだな。三週間も入れておくと、喉もわるくなるって、喉さ穴あけてな。くへることできない。こんど息つくところないので、こうしたな。この穴開ける時の注射なの痛いもんで、両方の手足結っつけらって、あゆう痛い注射なの死ぬかど思った。んだ死んだようなもんだ。一回おれ、死んだなだべ。

野村　市子さん。手術してから、語り変わりあんしたね。何か前と違うような感じしあんす。

市子さん　んだがもすんね。手術中よ、滝上のお寺の和尚様来てけってよ、みな音、お経の声とか聞こえるもんだっけ。辺りのお寺さんがら、神様の、お宮がらみんな来てくったけ。たまげだや。いっぱい人たち集まって。看護婦たちはみんな黒い洋服きて、黒衣装で、足さ金の環はめで、ほして、こっちのベットの際さよって、クリッとこっちの方から出て来るなだけ。何人も。金の環足さはめで。村の人だ人いっぺ集まってご馳走こせよ。ほしてな、馬の助父ちゃん（重也さん）とシゲ子かあちゃんが、来てよ、踊りだどんて、きているな。魚さ、ざっぱ汁こせで、ご馳走いっぱいあるなだけ。目覚めるまで、まず賑やかなもんだった。

遠田さん　すごいですね。みんな、滝上の地蔵様は黒地蔵でしたな。市子さん信心深い？

黒地蔵さま

市子さん　若いころから、うんと神参り、仏詣りには行ったもんだな。極楽だべが、綺麗な処さいった。花が咲いてだ。ほんでもな。橋があるな。ほっからは行かんねごとになってるな。足が動かないなよ。綺麗な処だけども、行くことは駄目だけ。行がんねくて、ほして帰ってきたなよ。

吉村厚さん　うちの人も脳梗塞で倒れた時、川があって橋があって花園

市子さんは踊り上手

がみえる。そこに行きそうになったら、川の向こうに両親がいて、まだ来てだめだっていったと、私、聴きました。

野村　極楽の処まで行かれた手術の体験談は今日、はじめて聴きました。何か『今昔物語集』に出て来たような有難い世界。（出羽国竜花寺妙達和尚語第十三）　退院されて初めてお逢いした時、唄はだめだども、昔話はできるえぐ穴あけてきた。生きてきたぞ。って言われた時、感激しあしたや。私も聴きに通うて約束しあしたなです。『真室川昔話集』の頃は忙しくて語っている時間がなかった？シゲ子さんの家に泊めて頂いた夜に初めてお逢いした。市子さん唄も踊りも、皿この。上手でしたな。

学校さ行って追出された話

市子さん　おら、手術してがら、唄はだめ。語りは少し声を出せるようにしてもらった。若い頃、んね、童子《わらし》の頃からだ。一番目にうまれて、イチだもの。働いたもんだな。田がら畑から、あらゆること。小さい頃から働いた。親たちは金山《きんざん》さ、大川入りな、高坂の方まで金山の橇《そり》引《ひ》きに働きに行ったもんだ。仕事無いもんで、橇引き、トロッコ引き、炭焼きの炭引き仕事。親二人は朝早く、二時か三時にはでかける。その後は蜘蛛の子みでにいっぱい八人の妹弟ば、めんどうみた。おしめなのまだ無いころ、背中に赤子おぶうと、小便も糞もみんなされた。んださげ、肥し敗けして、背が伸びないってな。ずいぶん、小さい頃から一番目の姉、いち子だって、働いたものよ。親出るど、小さいなおぶって、田圃さ落穂拾いに行ったもんだ。ひこばえ（刈取後に出た稲）も取っていいもんださげ、青米も入れて、火だなさ乾かす。それを臼で搗いて、籾殻を飛ばして、白くして、そればといで、鍋釜で飯に炊くなだお、大変よ。やっと小石をとってやんべにしたと思ってると、小さいながニワさ、土間さこぼして、電気なの無い時分、皿こさ油入れて、糸こさしませて明かりよ、暗いな。それで米集めてよ。それ集めてご飯炊いておかねんね。風呂沸かして、親たちあがって来るまでしんめ（食事の支度）すねんねがったなよ。

ほんでも、学校さ行きたいと思って、行ったこともあった。八人の妹弟のめんどうをみているもんだから、学校さ一人ばおぶって、両手さ小さい児連れて、行った。したれば先生から追い出された。ぼくどう、木の棒持って、来るな、帰れどんて言うもんだった。おっかねくて行くこともできね。来るなって叱られた。とうとう学校とは縁が切れた。

石井季子さん　学校給食はあったんですか？　山形県は日本一早いようですね。

市子さん　んだど。あったど。俺は学校に行くと先生からぼださった（追い払われた）もんだげんと。シゲ子さんたち、言うもんだけ。山形県が日本で最初の学校給食したなだって。アルミの弁当さ塩引き入った温こい飯《まま》が、弁当持って来られないわらし（子ども）さ出だって。冬も浴衣着てるようだむずさいくて（可哀想で）取って食うなて誰もしなかったってな。いじめなって無い。哀れで。欠食児童どんてな。食うよ無いくて、それごそ年寄りいっぱい死んだ。山さ棄てる話もあった。ほんでも、あれ（元気）年寄りもいだべ。嫁がら勝つ姑もあったべ。

嫁と姑の姥捨山

むかし。むかしあったけど。
むかしのある家で、親爺死んで婆ばりなったけど。ほすっと、嫁また、その姑、やんだ嫌になったんだけど。

「これ、何処さが、おやじ。婆、いつでも何処かいい処さ行きたいって言うもんだお、連れて行ったらいいんねが」

なて言ったど。ほんで、兄も、あんまり嬶《かかあ》がら言われるもんで、

「んであ、連れでっか」

って、畚《もっこ》さ乗せで担いで連れていったど。

「婆。良いどころさ連れて行くぞ」

山の奥さいった。そこはおっかね、藤の花だが崖さ咲いて綺麗な処だけど。下は川、崖でな。そこさ下ろして、

「婆、うんと綺麗だとこよ。見ろ」

って。畚からおろした、藤の花咲いていた。婆見てだれば、後ろから、グイッと押してやった。すっと崖だもんだお、ガラガラど落ちていった。婆、

「俺どこ殺すつもりだな。死んでなるか」

どんて、途中の藤蔓さギチッツとつかまったど。すっと、薔薇やら、何がやら、そこを上ってくるな落ちないようにして、やっと、たぐついて、あがっていった。夜になってだけは。もう、薔薇で血だらけよ、真っ暗でな。遠くの方にポチッと明かりが見えたけど。

「今日はあそこで泊めでもらうべ。ほして明日帰るべ」

って、行った。頭ってばバオーンと髪なの逆立っていたど。

「はいっとー今晩は」

っていったれば誰も出はって来ない。盗賊《とうぞく》だち集まっていた。婆隠れていた。そうしたれば、盗賊たち博打《ばくち》はじめたけど。米がら銭からザクザクと賭けて、金なのビカビカどあるなだけど。ほして婆、隠れたなもっと見るかじゅしてドサッツと行ってすまった。倒れてきたものの顔は血だらけ、髪はぼうぼう、

「ほりゃ鬼来たー」

って盗賊たちみんな逃げて行ってしまったど。婆、みんな米がら金がら、そこらにある盗賊の服があんなさあ。何かにみんな入れて、背負って、明るくなったら帰って行ったど。自分の家さ。

「はいっと。こんにちは」

て入っていったら、親父と嬶、腰抜かしてしまった。死んだと思ったもんで、

「何とも、良い処さ連れて行ってもらって。このみやげ見ろ」

「良く帰ってきたな。金も米も、たまげたな」

「おめ達も行ってみろ」

「んだな。おらも行く。婆どこだや」

それで、二人山の奥さ行って藤見ってる後ろから、ドン。崖の下川さ流れですまったけど。んだはげ、ひとを恨めば穴七つって、人を恨まないもんだって聞いたもんだ。親婆の高橋清婆から聴いたもんだ。

どんぺからこ　ねけど。

渡部豊子さん　前に東京の人達来たとき、車で移動中に聞いた、河童の話。面白いっけや。語ってみらっせ。石井先生さも聞かせらっせ。

市子さん　ああ「河童の袋」が。久しぶりに語っか。

河童の袋

むがし。あったけど。

爺ど婆いてな。爺まだ、

「正月くるさげ、木伐り行ってくる。近間《ちかま》みな伐ったさげ、遠くさ行ってくるさげて、握り飯握ってけろや」

婆んだかって、大きな握り飯こしゃえでくったけど。爺そーと沢歩いて、

「ここが。ここが」

って見ていくとブーンと唸るもの、唸る声聞こえるど。何が唸るものいだもんだが、爺、よっく周りを見た。ほしたれば河童いたけど。

「河童。河童。何だもんだや」

「俺、寒みくてよ、んださげ、火たいて暖めでころ。おれの宝物くれる」

「ほう。木なのいっぱいあるもの」

て、爺、木伐っていっぱい集めて、火焚いて暖めてけったど。すっと河童、

「ああ、助かった。今度あったたまった、暖こくなった」

て、喜んでいた。沢さ水ないもんで、陸さ上がったもんで寒くなったなだべ。ほしっと、

「助かったや。つあつあ（爺さま）や。俺の宝物くれるさげな」

爺まだ河童の宝物なって、たいしたものんねべ、と思ってたら汚い袋なげても捨ててもいいようだな、呉ったけど。

「これな。口開けて、欲しいもの願うと何でも出はるなださげな」

「ほう、こりゃあ、良いもの貰った。貧乏してるもんだお、何でも出るな、有難い。魚がら米がら、ご馳走、出る

市子さんと石井ご夫妻・野村

じゃ。ありっ難い」

爺、木伐らないで家さ帰って、部屋さ入ってだど。して婆さ見せないで、一人して、食いで物言ったべや。

「魚出はれ、米出はれ」

どんどと出てくる。酒て言えば酒、生菓子食いでて言えば生菓子。ほりゃあいいものもらった。婆さ見せないで、箪笥の隅こさ突っ込んで、次の日山さ木伐り行った。

「今日は酒飲みでな」

家で帰って見ったども無いど。

「こさ置いたな無い。探しったども無い」

「爺、何探しったなや」

「河童がら貰って来た袋よ」

「あ、あんまり汚い袋ださげ、洗ってから南蛮味噌入れで火棚さ下げった」

ほすっと爺、川さ行って味噌流してな。綺麗になったなさ、口開けて何出ろって言っても一つも出なかったど。婆さ隠さないでいれば、良かったな。どんぺからっこ　ないっけど。

石井正己さん　ありがとうございました。真室川の河童ですね。
季子さん　お身体大切にしてくださいね。ありがとうございました。
市子さん　また来てけろ。

ふるさと創生語りのリーダー　高橋シゲ子さん

野村　敬子

平成二九年七月二四日私は「真室川の昔話を絵本にする会」の遠田且子さん佐藤喜典さんとお会いした。父親の三三回忌を終えた帰路で高橋シゲ子さんの御様子も伺った。そこでシゲ子さんが福寿荘という老人施設に入所、元気にお暮しで、野村が「いつ来るだろう」と心待ちの様子であるという噂も聞くところとなった。早速、施設に連絡をとって頂き、喜典さんの案内でシゲ子さんに逢いにでかけた。

前年に夫君・重也さんの葬儀での儚げな姿が目に焼き付いていたからであった。重也さんを失ったシゲ子さんには淋し過ぎる日々が続いていた様子かと案じてもいた。しかし施設での彼女は元気そうで、友達がたくさんいて良いと、以前と変らない笑顔であった。そして重也さんも藤山キミ子さんも庄司房江さんも亡くなった。病気には勝てない。淡々としておられた。

平成二年八月千葉の飯場でシゲ子さんは最初に昔話を語って下さった。それから江戸川区や世田谷区の語りの会、國學院大學オープンカッレジや同大学院野村純一ゼミで昔話を語られた思い出話を幾つかしてくださった。再会を約束して玄関まで見送りを受けて東京に帰った。

しかし一〇月の採訪ではご病気でお目にかかることはかなわなかった。平成二八年二月三日の採訪が御夫妻に語りを聴くことが出来た最期の機会となってしまった。

高橋重也さん・シゲ子さんは鴛鴦《おしどり》夫婦で、東京での語りの会には物静かにシゲ子さんの語りをバックアップされている重也さんのお姿があった。その活動が如何にも御夫妻らしい。

飯場とは千葉県大網白里の工事現場の飯場・宿泊所であった。真室川町でふるさと創生事業で昔話を聴き始めた頃であったがシゲ子さんから頂いた朝の電話からそれは始まった。「差首鍋大平の人達が行っている工事現場で飯場の飯炊きが急に行かれなくなったので、私が行くことになりました。ボランテアをしますのでよろしく」という電話であった。ふるさと創生昔話は前にも記したように、町民が語りを従前のしきたりやしがらみから解放されて、自由な内発的な発信を尊重することをうたって始めたものであった。婦人会長をつとめるシゲ子さんはそのふるさと創生の精神をいち早く体現されたのであった。

福寿荘で高橋シゲ子さんと

その飯場での語りは「行徳むかし語りの会」の会長さん・大窪絢子さんと共に聴きに行った。その日からシゲ子さんと私のそれからの三〇年近い、深くて長い「語り・聴く」付き合いが始まったのであった。

平成二八年二月の採訪が重也さんシゲ子さんと生涯の思い出となった。いつも「真室川民話の会」に伺うのであったが、その日は真室川梅里苑に宿をとり、御夫妻と聴き手の私だけにして頂いた。そこで大網白里の飯場で聴いた昔話の追認をさせて頂いた。シゲ子さんには老いが忍び寄ってきたと、噂話になっていたからであった。あのシゲ子さんが〜私は信じ難いのであった。しかしその日の語り動態にその揺らぎは全く感じられなかった。深い感動を味わった。私はその確然とした昔話世界に不覚にも涙を流してしまった。「鶴むかし」や「雀こむかし」を聴いて泣いたのは初体験であった。

重也さん　　シゲ子さん

野村　今日は野々村の沼に白鳥がきていました。寒いなか、有難うございます。

重也さん　あそこは人工のため池でしたが、渡り鳥が来るので、鳥海山とポスターにもなった。白い鳥は昔は田圃に泥鰌や螺を食いに降りてきた。だおう（朱鷺《とき》）もきた。捕って食ったもんです。あんまり旨くないって。あんまり捕って、今は佐渡で保護鳥ですな。鶴も来ましたが、こっそり食う。

シゲ子さん　鶴はしめらんね（禁じられた）。

野村　鶴の昔話ありあんすか？

重也さん　あるな。うちの婆さんおべったべ（知っているね）。

シゲ子さんの昔話

鶴のむがし

むがし。むがしあったけど。

爺と婆いだけど。爺ど婆、機織りしてくらしったけど。毎日キーコバッタン　キーコバッタンってな、機織りだけど。ある日、バダバダって何か家さ入ってきた。コトッ音してな。爺どでして（驚く）ぶっ飛んでったど。したら足折った鶴が入ってたど。

「なえだちゃ。シベリアさ行くなさ足折るじゃおんごとだ（大変だ）」

爺ど婆、小屋さ鶴へって、足さオトギリソウ（民間薬）付けてな、クリクリご木の皮、やっこぐ柔らかに叩いだなで結うってくって、だど。ほしてどんじょ（泥鰌）だの鮒こだの取って来て食わせてな。何日《いっか》も養ってくったどや。

治った。小屋の戸開けったれば出はって飛んでいったけど。

「婆。良がったなあ」

「んだなや。猟人がら見つかったら、おんごどだったは（大変だった）」

二人はどっかど（安心）してけど。それがら、ある夜んま。冷える日だったど。

「おばんです。おばんです」

見っと若い娘だけど。

「道に迷って困って。どうか今晩一晩泊めでころ」

「早ぐはいれちゃ。この夜ま。火さあたれ」

びっくは（仰天）よ。爺も婆も。

爺も婆も、囲炉裏さいっぺ火焚いで、あでだ。次の朝ま。こっ早く、娘はしんめして（食事支度）してくってだ。掃除もしてくってだ。爺も婆も喜んでな。

「機織り、おれどさもさへでころ（させて下さい）」

「おめ。機織りせんなが。でや、でや（どうぞ）」

「ほんでも、お願いがあるなだ。俺の機織りば、ほっても（決して）見でけんなや。七日もしたら小屋から出て来るさげ、それまでほっても（決して）見ねでころ」

「でや。でや。（いいよ）」

そうやって娘は機織り小屋に入って行った。

キーコ　パッタン
キーコパタン

一日中、飲むも食うもしねで織ってだどな。

二日、三日。五日経っても出はって来ない、そのうち、爺婆、心配で心配で。

「ちょこっと、見でみっか。もう出はってきてもな」

六日目になって、爺ど婆、心配で機織り小屋のぞきこんでみたど。

たまげた！たまげた！娘居ない。

鶴だけど。鶴、機織りすった。わ（自分）、毛、抜いで、毛で機織りすったなだけ。

「あららどでした。おめ鶴が」

「はい。あのとき、足折ったどこ助けてもらった鶴です。この布を持って行ったら町で高く売れるべさげ、どうが」

裸のようになって、鶴死ぬばり。

「まず、たまげた。鳥でも恩じゃ知るものだ」

爺ど婆見てる前で、鶴、よらよらど、ほんでも空さ飛んで行ったけど。その鶴の羽で織ったもの、有難いどんて、お寺さ納めで、今も残っているってな。聴いたもんだ。

どんぺからっこ　ねけど。

野村　ありがとうございました。どなたから聴かれあんした？

シゲ子さん　昔話はたいてい母親の親婆さ、孫婆さがら。正月礼、節供礼に母親がら実家の三郎兵衛家さ連れて行かれた。婆さが二人いてな。昔語り聴くな楽しみだった。婆さは普

段に行くと、機織りしったけ。この鶴の機織りじゃねげんと、部屋中、鳥この羽だらけにして、冬に着る下着織るな。暖こいもんだ。

野村　何の鳥ですや？

重也さん　んですな。いろ〳〵の鳥こ。にわとりも。寒雀なの。寒中になると雀こ、いっぱい凍みて落ちたり、網でいっぱい捕れたもんで。寒雀は醤油ぶって焼くと旨い。その羽抜いて刺して織ったようだ。寒くて子供も死ぬことがよくあって、年寄りは孫に「肌こ」織ったもんだ。羽ていえば此処の国は大昔鷹の羽ばお上に納めるもんだったってな。熊の皮被って鷹を捕まえるってな。年寄りから聴いたもんだ。

野村　菅江真澄の十和田湖あたりの「けふのせばのの」というのがありあんしたが、ここでも織っていたわけで。白鳥《しらとり》の毛を混ぜて織る鶴が機織りする意味は実感でしたか。毛布《けふ》もお上に納めたようでした。

シゲ子さん　雀このむがしあったな。

雀こむがし

むがし。お釈迦様が病気になったけど。生き物ていう生き物みな集まった。鳥こでは雀が一等先に行った。ほんでもよ、燕は紅鉄漿《べにかね》つけでで、遅れたどな。んださげて、雀は米ば食い、燕は罰かぶってな、泥ばり食うごどえなったなだど。葬式のがんで（棺台）の上さ、村の人だ紙で飾りこせだもんだべ。燕切ってくっつけるのもお釈迦さまの大事な葬式出棺さ、まんにゃわね（間に合わない）がったからだってな。遅れたからだど。

どんぺからこ　ねけど。

猫むがし

棺箱《がんてばこ》のむがし。っても言ったもんで、小学校さも行かねうちだ。三郎兵衛の婆がら幾度も聞いた。母親の実家で。むがし。むがしあったけどな。

旅の和尚いだ。毎日、拝んで旅して供養してくへんな。ある村で夜になってな、古いお寺あっけ。開けっぱなしの誰も住んでんないな。ほんで、泊まるべと入って行った。和尚は魚、ハタハタ・鰰貰《はたはた》ったな。囲炉裏さ火おこして、鰰焼くっと、良い匂いして。食うべとしたら、痩せた虎猫が入ってきた。何も食ってないなだべ。

「ないだ。トラこ。これ食うが」

ってな。鰰ぶってやったれば、アファアフど食うけ。一本一本ど、和尚のべろっと（全部）食った。次の日も和尚村廻って、その猫さ食うもの貰って来て。だんだん大猫になった。

「和尚さん。おぎ（大変に）、ごっつそうになりあんした」

猫、口たったけど。

「どうか此処さ居てくでえ（下さい）。もう少しで庄屋の娘死ぬは。そん時まで、ここで居てころ。猫は猫ですることもあっぺし。今にお礼します」

猫、ゴロニャど、和尚さんさ、なついてだど。そのうち、ほんて、庄屋の一人娘が死んでな。村の人だ、墓どさ、がんで（棺）持ってきて、拝んだ。棺桶《かんおけ》な。ほしたらスルスルど上って空さブランと下がっている。大騒ぎ。大急ぎで隣村の和尚おっさんば頼んできた。拝んでも降りて来ない。もう一人、もう一人、何人あどさま（和尚）頼んで来ても。宙吊《ちゅうづり》っていうか、下りない。

「あの古寺さ、旅の和尚がいたっけ。頼んでみっか」

って言って、来たど。猫が、

「恩返しだ。俺、ナムカラタンノトラヤーヤーっていうさげ。あどさんも拝んでいでけろ」

ってな。ほんで、行って拝んだらスルスルど棺桶下がってきたど。そんで村の人だ、

「立派なあどさんだじゃあ。此処さ、居てころ」

って頼んで、古寺ば立派にしてもらったけど。猫も恩を知るって、どこでも大事にしたもんだ。

どんぺからこ　ねっけど。

野村　ありがとうございました。飯場でも聴かせて頂いた懐かしむがしですや。シゲ子さん佐渡の赤泊イベントで真室川民話の会代表で語られた「子守唄のむがし」何てすや。

シゲ子さん　「せんどのやんま」だな。

せんどのやんま

むがし。むがし。あったけど。

長者の家で一人娘の婿探ししった。ある日、立札出したど。

「誰でも長者が出す問題を解いた者を婿にする」

って。いっぺ、集まったど。ほんでも誰一人として問題判る者はなかったど。

ある日。あんまり金持ちでない家の三男が来た。

「俺家さ泊まって仕事してけろい。俺が問題出すな解いたら婿にする。明日、山の上からどんころ丸太を転がすから

「渋谷民話の会」沼尻さん阿藤さん重也さんとシゲ子さん

手で受けろ」
　ということで、その若いもの泊まった。
「なんぼしたて。丸太の転がる勢いは手で受けらんね」
って、悩んでいた。すっと裏の方で子守っこが唄うけ。
〽せんどの　やんまの　どんころは
紙で貼ったる　どんころで
ころんできたとて　どでするな
ねんねこやーねんねこやー
　それで、はっとした。よしっと、次の日、向ったど。ゴロゴロっていうなば、スカッどうけた。
「よし、それでは倉さ行け。鎌の数勘定すろ。俺、煙草一服のむうちにやってみろ」
　さあ、兄、困った。したれば、子守っこの声がした。
〽ねろねろねろねろねんねこや
一ちょど一ちょだば二ちょだべな
十ちょど十ちょだば百ちょだべな
百ちょど百ちょだば千ちょだべなねんねこやーねんねこやー
「ああ、そうか。判った」
兄、倉さ入ってちゃちゃちゃちゃっつと、鎌揃えて、

「はい。判りました」
って、やったど。
「よくやった。もうひとつある。あしたの田仕事で、一面続く広い田の千刈ともてだ。くろ（畔のふち）ぬりしてころ。
鳥の足跡つけねで仕上げろ」
これには、兄も困った。夜に風呂さはいったれば、
〽ねろねろねろねろねろねろや
千刈ともての　くろぬるにゃ
鳥の夜上り見てなでろねんねこやーねんねこやー
兄、それ聞いて安心して、次の日、かかったど。長者が見にきたら、立派に田の畔《あぜ》くろ、塗ってあった。
鳥がカアカアど塒《ねぐら》さ帰る頃に泥を梳《す》くって撫でだ。
「よし。お前は婿に決まった」
って、長者の婿になった。子守唄を歌って助けたのは一人娘だったな。
どんぺからこ　ねけど。

野村　ありがとうございました。前、この兄と娘に名前コウスケとハナコとありました。

重也さん　んだ。名前付けたほうが判りやすいかなとだべ。田の土の中には虫がいるもんで鳥だその虫食いに来るもんだ。それで鳥の夜上りよ。ショデン（昔）は名前なし、爺ど婆、兄と姉子だ。

大網白里町の飯場で聴いた昔話（平成二年）

最初に語る昔話

鉄砲ぶちのむがし

「最初に語る昔話」は必ず笑話でした。

むがし。あっところさ、狩人が居たった。ある日、何にも獲れない。鳥こも兎こも居ない。

「今日は何にもだめだ。帰えっぺは」

って、沼の方に行ったれば、居たじょう。鴨居たじょおん。

「こりゃあ、いやんべだ。鴨三羽ガサモサ居た」

よっくど狙って、バンバンバンと打った。したれば鴨三羽と鴨どこ食うかんじゅしった熊どさも当たったな。熊まだ、大きもんだ、すぐ死なない。ガサモサガサモサど藪《やぶ》やら動くうち、土掘れて、山芋がどっさり出はってきた。すっとお、その熊、まだ死なない、ガサモガサモさど。動いているうちに、茱萸《ぐみ》の木さぶつかった。そうして、ヤサモサど動いてたれば、茱萸の実が、バラバラど落ちて来た。そのうち熊、まだ動いてな。ヤサモサど、熊の体は茱萸の木がらドサッと。葡萄《ぶどう》の木さ落ちてったど。ほしたら葡萄の木さぶつかったもんで、バラバラど葡萄落ちてきた。鴨、熊、芋、茱萸、葡萄たんだいっぺい。そんで村の衆みんな呼んできて、背負って村さ帰ったど。

どんぺからこ　ねけど。

狐ど長者の旦那

むがし。あったけど。

長者の旦那、わかぜ（若い衆）連れて町さ買い物行ったけど。正月のまちだち（買い物）よ。そうして帰り道、茶店で休んだけ。しっとお客だが喋ってだと。

「狐が若い女子衆になってよ。路ばたさいて、人ば騙《だま》すなだど。どこそこの兄も騙さったは」

って喋ってだ。爺は、

「俺は騙さんね。これから峠越えて行がねんね。さて、出かげるがな。夜遅くなるさげ、狐が化けて、それがめんごげ（綺麗）な娘こになって出はるど。その狐を俺が騙してみるがな」

て言うど、旦那、わかぜ連れて、茶店ば出でったど。茶屋の人だち、

「そうゆうごと出来るかなー。狐騙すなて」

旦那とわかぜ峠さ行くな見だけど。ずーっと行ったれば何だか薄暗くなってきたけど。わかぜまだ、魚えっぺ背負ったあけ、気持ち悪くなてきたけど。見っとめんごげだ娘こ道の真ん中に立ってだけど。ほすっと旦那また、

「ははあー話の通り、ええ娘こだな。狐さん狐さん。誠に上手に化けて良い娘こだ。今日は魚デッチリ買ってきたから、皆食せるがら、俺の話、聞いでころちゃや」

めんごげだ娘こ、旦那の話聞いたけど。

「町さ、俺の行きつけの女郎屋《じょろや》あるから、そごさ、にしゃ（あなた）あんまり良い女ごだから、百両で売るから、俺、その金貰うまでちょくらの間居てくれっと良いから。魚みんなやるからどうか相談聞いてころ。どうだ、相談だ」

「んだら、旦那さん。町さ行くべ。俺、近道おべったがら」

って、狐先たって、山道行ったれば、アッツと言う間に行ったけど。旦那入って行ったれば、

「まず、よくきた。早く這入れや」

「今日は良い娘連れてきたがら見てけろ」

「誠に、ええ娘こだな」

「百両でどうだ」

「百両は高い。八十両でどうだ」

「ほげだ端た金でだめだ」

「んだが。百両出す。先ずは風呂でも入って一杯やっていけ」

て、旦那とわかぜ、二人風呂に入れられたど。風呂に入ったれば温まるどこんね、だんだん寒くなってきて、ブルブル震えて、良く見れば、大川の淵に入って、上見れば星空の下で。百両どこんね。魚ばペロリ全部取られて、あたふたと家さ帰ったど。やっぱり狐は騙せねくて、すっかり騙されだけどは。ほんで、ほんな欲心だすもんでねえど。

どんぺからんこ。

狐むがし

むがし。むがしあったけど。

むがし、良い爺ど欲たかりの悪い爺ど居たけど。良い爺が川さ雑魚とり行ったど。ほしっと足傷した狐居たけど。

「おめ。何したおんだや？」

悪い爺がら、ぶっつ叩かったな。

「何だこんだ。この傷つけで、ほら足出せ」

良い爺まだ、首とさ結っつけだ手拭ほどいて、狐の足ば手当して包帯《ほうたい》みてな。してくった。

「狐や。やだら出はって来るもんでね」

て、放してやったけど。ほして、何ぼか雑魚獲って家さ行ったど。ほれがらに二、三日してまた爺、魚獲り行ったど。行ったれば、狐、水の中さ、けっつ（尻）尾っぱ突っ込んでだ。

「爺さ。えもすこしだ」

って立つかんじょすっとも立てない。爺が引っぱてくれっと、尾っぱさ、いっぺ魚がくっついて、鯉がら鮒がら、鰻がら、いっぱい尾っぱさくっついていた。これ爺様さ礼だってよ。婆さ持って帰って喜ばせたど。焼いたり、煮ったりして、食うてたれば隣の悪い爺が来たぁけど。

「なえだや。この家は。こんげ魚獲ってきたな」

「ん。狐がら貰ったどこよ」

「あの畜生。こんど俺もだ」

って、次の日、こっそり隠れて狐の来るな待ちでだど。知らないで狐出できたもんで、悪い爺がら捕まってしまった。

「こら。狐、俺さも魚獲ってころ」

無理無理狐の尾っぱさ、杭《くい》がけ結っつけで、雪の中掘って、川の中さ沈めでった。明日までいっぱい魚が付くどんてな。

悪い爺、次の日行ったど。ほしたら雨降って雪ザブザブと融けて悪い爺は足とられて流れていってしまった。んだはげて、狐じゃ苛《いじ》めてなんねって。

どんぺからこ　ねけど。

びっき(蛙)あねこむがし

むがし。むがし。

ある処さ飯食わねあねこ（嫁）欲していう男いたっつた。ほしたれば、或る日、ペタラペタラて、みどがね（弱い）娘こきた。

「こごの家では飯食わねあねこ、よだ（求めて）て。俺、飯食わねで働くさげ、貰ってけろ」

「ほう。飯食わねていうから、ほんだら、居てけろ」

て、いって、あねこもらった。本当に飯食わねで働くど。暫くして、

「実家から、法事あるさけ来いて言ってきた」

「ほう。そしたら、米三升背負って行ってこい」

て、いっても三升はよへて（弱い）くて米一升だな。米一升さお菓子袋一つ持たせっと行ったけど。兄まだ、婿な。くついで行ったど。ほしたら嫁ヨロヨロど歩いて行ったけ、蛙《びっき》になって、小さい沼さポンと跳ねこんで行ったけど。そしたら底の方で、

「叔母ちゃん。良く来たごと。さあ念仏始めんべ」

て、声してカーンて鉦鳴らして、
ギャゴギャゴギャゴ　ギャゴギャゴギャゴ
拝む音すっと。兄、石こボタンと落してやったれば、沼の中、ピタッと音しなくなった。暫くしてから，嫁こ戻ってきた。

「今、戻ってきた」

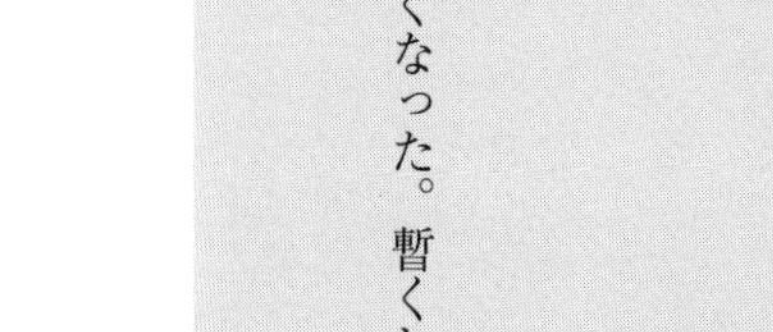

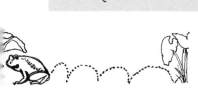

「何か変わったことねかったか」

「ん。お経の最中に、和尚さんの頭の上さ石落ちて来て、瘤できたなよ」

「その石、俺、落としたなだ」

「あら。俺の正体見られたからには、此処さいられないは」

ペタラペタラ跳ねで蛙になって帰って行ったけど。

どんぺからこ　ねけど。

びっき(蛙)ど猿のよりやだ（寄合田）

むがし。あったけど。蛙ど猿いてな。二人で寄合田して百姓しったけど。

春には田打つて、こぎたりして、耕して、さつき・田植して、苗植えてよ。田の草とって、草刈したり、秋には米、えーっぺ獲れたけど。ほれで、びっきど猿、秋始末あわせて、餅搗いて食うごとにしたど。餅搗きしったれば、良い餅出来ただば、猿、わばり（自分だけ）えっぺ食いたぐなった。猿、蛙さ、

「蛙、蛙。ただ餅食うなは、面白くないべ。山の神様のどこさ、持って行って上げでから食うべ。俺、あの高い山さ、臼、背負って行って、山の上からゴロゴロど転ばしてよごすがら、早く餅さかついだ（追いっく）方が食うことにしたら良いいべ」

　言うけど。蛙、

「俺はこのとおり。走れね。駄目だ」

って言っているこんめ（間）猿サッサど臼背負って山さ行った。ほして転ろばして、ダンダンと走ってな、追いかけてった。速いって、速いもんでな。猿、臼かついだど、餅は貰ったどな。その下の方がらビッタラ　ビッタラど上っていった蛙、臼の前で来たらば、

「ええが。臼、転がすぞ」

ゴロゴロど転がしてやった。また蛙は遅いべ。ピッタラど下っていった。したら、木の切り株さ餅がからまがって、ホヤホヤどあった。蛙喜んで、

「ンメ、旨いちゃ」

食うわ、食うわ。えっぺ食ったけど。猿、臼、空っぽ。何にも無い。蛙の食うどさ行って、

「俺さも食わせてころちゃ」

頼んだけど。蛙、熱い餅、猿のけっつ（尻）やまなぐ（目）さぶっからんでやった。ビタッと餅くついて、猿のけっつも面も真っ赤にヤケ（火傷）なったど。猿知恵って。それで、猿の顔から尻から赤くなったって。どんぺからこ　ねけど。

片このむがし

むがし。

毎日、雨が降らねくて、みんな困っていたど。

田圃もからからに干上って、皆が困っていた。オナカマ（民間巫女）じゅうながいて。その上さ神がついたど。

「俺は雨の神。鬼だ。雨が降ってくるように頼む時は、昔から、そういう時は、娘を人身供《ひとみく》差し出すと良い」

っていう、もんだ。オナカマが言うもんでな。皆な困ってなだべ。村の草分けっての爺さには、うんとめごい（可愛い）娘がいたった。その話聞いて、

「村の人が助かるごんたら、俺が行く」

って、オナカマ言うとおり、山の鬼さ行って、山の奥さ一人で入って行ったけど。皆が、オンオンて泣いて送った。ほうしてザンザンじゅう雨降ってきたな。

「お蔭で助かった」

村は雨で生きかえったなだけどな。ほして一年、二年どたって、三年目、草分けの爺さ、何とも娘さ逢いたいくてだど。ほして山さ行くことにした。

「握り飯たんと、こしゃいでころ（作ってくれ）ちゃ」

それ背負って、山の中さ入っていった。むがしじゃ、面白いもんで、爺さは山の奥の鬼の家さ着いた。野郎こ（男の子）、三つもなるよだな遊んでいたけど。

「里の爺だべ。爺だな。かか（母）と同じ匂いする。おっかあ、里の爺来たぜ」

走っていくけど。その野郎こ、片っ方が人、片っ方が鬼だけど。

「娘の子どもに相違ない。鬼のわけ（妻）なったな。食うかんじゅしたったべどんたども（つもりだったが）」

そうしたら、娘がではってきた。

「まんず。爺さ。早く隠れてけろ。鬼が帰って来るど悪いさけ、家の天井さ隠れでけろ」

そさ、鬼、千里車で帰ってきた。ドシンドシンと足音させて帰ったけど。

「なえだ。人臭い。誰が来たが」

クンクンどて嗅ぐけな。そさ爺さ、天井から握り飯転がしてやった。

「うまそうだ」

握り飯、ドンドンと投げだ。食いはじめで、旨いどんてむちゅうだ。

「爺さ。今のうちだ。鬼の車あるさげて、千里走る車だ。それさ乗って行くべ。片こも乗れ」

って、鬼が握り飯食ってるこんめ（間）、三人で千里走る車で、村さ飛んできた。片こまだな、

「おっか（母さん）俺は半分鬼だ。なんぼ小さいくても鬼だ。人を食う鬼だ。家さ着いたら殺してころ。半分に裂いて、さまぶち（高窓際）さ、刺しておくど、鬼や邪が来ないさげ」

そう言った。家さ着いた。片こ、家さ着く。そう言ったかど思うど、空中からニワ（土間）の藁ぶち石の上さ、ドエンと、飛び落ちて死んでしまった。爺さも娘も、オンオンど泣きながら、片この言ったとおりさまぶちさ刺しておいた。そさ、鬼追いかけて来た。ほの片こば見て、

「人じゅうものは、おっかねごんだ。俺も刺される」

って、逃げていったけど。それがら、節分に今の、やきこがし（田作を焼いたもの）、さまぶちや、戸の口、入り口さ刺すようになった。鬼は外ってな。

どんぺからっこ　ねけど。

金《きん》の好きな殿様

むがし。あったけど。

世の中で、何よりも金《きん》じゅうものは大事だ。そう思っている殿様いであったけど。ある日、山の神様さお宮造って、そして願かげしたど。鳥居たて立派にこしゃいでだけ。

「どうが。山の神様。俺、触るものみながら、金になるようにしてころちゃ」

願ったど。ほすっと、次の朝ま。戸開けるどんて戸さ手かけるどピカピカ金の戸、柱さ触ると、ピカピカ。殿様、大喜び。そさな、娘、お姫様よ。ではってきた。まだ小さいな。抱くどんて手かけたれば、ピカピカ。たまげた。金になって動くじゃね。ほして、殿様、ハッツとなった。そんで困って困って。泣くより仕方ねべじゅ。涙流して困って、神様さ、謝ったど。

したらば、娘のお姫様の上さ、涙おちたんべ。元の人に戻ったって。んだはげて、げえ（ひどい）なことはさんねもんだって。むがしから、言ったもんだど。

どんぺからこ　ねけど。

終わり頃に語ってもらう昔話

昔話の好きな婆

むがす。むがすあったけど。

あるどさ昔話語りの好きな婆様居たけど。ほして、そこの婆様さ、器量良い一人娘持っていた、金持ちの家だけど。ほごでほれ、婆様、

「俺どこさ、昔話、飽きるほど語ってける人ば、婿に貰う」

て、言うもんだから近所の男達、我も我もと来て語るげんと、飽きしる程まで語れる人居ねけど。ある日、研ぎ師、刀や、包丁、鎌などの刃物研ぐな仕事にしてる人廻ってきたど。ほうして、

「ほんでは俺、ひとつ語ってみるか」

って、語ることになった。研ぎ師語り始めた。

大家の裏にぶんなぬ木（山毛欅）ある。

「大風吹くとポタンと落ちるけど。坪石にあたって池にパチャンと落ちるなよ」

「大風吹くとポタンと落ちるど坪石さあたって池にパチャンと落ちるなよ」

「〜〜」「〜〜」「〜〜」「〜〜」「〜〜」「〜〜」

何回も何回も同じ事言うもんだから、

「何だ同じことばかり」

「んだって、ぶんな木、実、いっぺ成っているもんだから。明日、あさってまでかかる」

「飽き飽きした」

婆、飽きたって言うてすまった。その旅の研ぎ師、金持ちの家の婿にならったど。

どんぺからこ　ねえけど。

高橋シゲ子さんについては「女性と経験」第二九号（「女性と経験第二九号」女性民俗研究会　平成一六年）『語りの廻廊　聴き耳の五十年』（瑞木書房　平成二〇年）にリーダーとしての活動を紹介した。母親の生家「三郎兵衛」では祖母の姑・孫婆様と祖母と二人の婆様が居て訪問の折々、昔話を語ってもらったという。私も高坂のそのお宅に伺ったが、鳥の羽で織る布の、菅江真澄の「けふのせば布」を思いおこす古態であった。厳寒の地で赤ちゃんの命を護る肌着として、鳥の羽布を用いたという寒い家屋の過ごし方に感動した。改めて、北国の「鶴の恩返し」譚を身近な感覚とした。重也さんシゲ子さんの御好意で二度泊めて頂いた。ご長男夫妻の温かさが忘れ難い。

夫・野村純一と平枝に伺ったときには「真室川民話の会」のリーダーとして「最初に語る昔話」「終わりの頃に語る昔話」を伝承館の囲炉裏端で実践して居られた。

三〇年近い交流はほとんど身内のような感覚で出会いと別れを重ねている。語り手シゲ子さんの老いと、聴き手の私の老いも重なって、共に後期高齢者を生きる人生終盤に入った。花は盛りに月はくまなきをみるばかりではないとあるが、昔話の動態も然りと言えようか。

シゲ子さんの冬衣装

シゲ子さんのかっちゃま物語り

ソーレ　物語り語り候。語ればもっての物語り
一反畑に瓜作り　二反畑に花が咲き
三反畑に　大瓜ゴロゴロ　ゴロゴロッと
成ったるの物語り
ところが裏の裸野郎が来て　裸懐で
ヒョットコ　ヒットコを捥いで行ったの物語り
座頭に見つけられ　オッツに声掛けられ
手なすにしめられ　足なすに追われ
棒で縛れや　縄で叩けや　ジャエホエ　ジャエホエ
追ったるの物語り

昔話とむらおこし

佐藤　喜典

山形県最上郡真室川町

真室川町は神室山系を源流とする真室川と、鳥海山麓から流れ下る鮭川の流域に発展した農林業の町です。「私しゃ真室川の梅の花〜」ではじまる軽快な真室川音頭で真室川の地名が全国に知れわたりました。世帯数平成三年二、九七二戸　現二、七六四戸　人口平成三年一二、二三〇人　現七、九七八人。減少が続く過疎の町でもあります。

総面積三七四平方km余り、その八五%が山林で占められており、先人たちはその豊かな森林資源をもとに、厳しい自然と共存しながら生活を営み、さまざまな生活の知恵を生み出し、また風俗や習慣も養ってきました。

しかし、先人たちの伝統的な生活様式や慣習も、社会環境の大きな変化によって、年々失われつつあります。

山里の暮らしを支えてきた各種の生産用具、生活用具なども資料的に散逸し、次第に失われつつあるのが現状です。

この間、町としては生活の利便さや所得の向上を追求すべく企業誘致や農業振興などに取り組んできましたが、過疎化傾向から脱却できない現状にあります。

住民要求にこたえて道路や側溝を整備し、橋を架け、観光地を整備し、いろいろな施設を建設したりしてきました。しかしスピードと効率のみを追求しがちな現代社会において、個人個人の競争意識だけが先行し、先人たちの築き上げてきた伝統的な生活様式も一変しています。特に、私どものような農山村社会においても、家電製品の普及や自動車の普及によって、都市様式が先端文化であるかのように一挙に進みました。その結果金や物だけが豊かになり、本来、マチ、ムラとしてあるべき姿、協調性が崩壊し、人間関係や伝統的様式がおきざりにされてきたように思えてなりません。

平成元年９月15日の野村講座

　このような社会変化、ライフ・スタイルの変化にこたえ、心の豊かさと物の豊かさとの調和をめざして「ふるさと創生」が誕生したのもうなずけます。が、ふるさとを創生するだけでいいのでしょうか。

　金・物の犠牲になった伝統的な文化を「蘇生」することから始めなければならないのではと思います。ソフト事業、ハード事業が、全国の市町村で住民発想に基づいて取り組まれています。町でも、ふるさとづくり推進委員会を設置し、広く町民の声・斬新な発想を取り入れてきました。「自然資源を活かした産業の振興と二一世紀をひらく人材育成」を基本方針として、地域経済活性事業、芸術・文化保存継承事業、まちづくり推進事業の三つの基幹プロジェクトを組んでいます。具体的には地域にねざした活動家を支援したり、産業振興公社の設立、町民の森整備、町出身版画家中川木鈴氏の版木購入、昔話と民俗芸能の継承事業、町のイメージを変えるための真室川音頭の編曲、テレホンカードの作成、ふるさとビデオの制作等々を進めています。

　このような事業を進めているなかで、今ではほとんど聞くことのできなくなった昔話や伝説を生の音声（方言）

と映像（情景）で保存していこうという試みを始めました。これまでの町の立場としてはなかなか理解されにくい分野でしたが、ふるさと創生事業の一環として埋もれているふるさと文化を発掘・記録していこうというものです。

このきっかけとなったのが、町出身の野村敬子さんでした。一昨年九月、町のふるさとづくりシンポジュウムで「わが町はなにを誇れるか」をテーマにご講演をいただき、自然、風土、生活のなかから生まれた昔語り、伝説、いわゆる口承文化の大切さを教えていただきました。その時、ビデオによる動態記録のヒントを与えていただきました。

私は子どもの頃、じいちゃん、ばあちゃんから囲炉裏端や、寝床で昔話をよく聞いたものです。鬼ばんばのこわい話や、親切をしたため後に出世したり生涯裕福に暮らすといった話でした。その話を聞き、いろいろな情景を頭に描きながらじいちゃん、ばあちゃんのぬくもりの中で安心して眠りについた記憶があります。今もって「だからそういうことはしてはならないんだぞ」という善悪の区別が頭から離れませんし、知らず知らずのうちに躾されていたのかも知れません。ですから、昔語りは、テレビなどで放送されたり、本にもなっていることから、まだ身近にあるものと思っておりました。でも、語り手が少なくなっていること、町の方言での語りはこの地域にしかないものであると思うと、復活・継承するのはやはり今をおいてないと思います。

野村さんのこれまでの採訪は、それを基に単に資料や本を作り上げたというだけではなく、長年にわたり人を育て掘り起こしてきたことは素晴らしいと思います。一人で二〇〇話も語るお婆ちゃんも顕在ですが、昔のことを甦らせたのも、二十数年もの間足を運び、育て上げてきた成果であろうとただただ感心するばかりです。採訪においでになるときご一緒させていただいておりますが、私どもより町をよく知っており、これまでのご苦労がひしひしと伝わってきます。

昔語りはかつては、家族が囲炉裏を囲んで昔を語り、「……んださげ悪いごとさんねおんだ……どんぺからこねっけどわ」などと、物事の善悪などの教えや躾を学ん

清野照夫さん・佐藤輝代さん・編者

だ教育の場でありました。しかし、今、家庭内での語り（コミュニケーション）がはかられていない状況や、語り手の高齢化によって、また、この文化を伝える故老（物知り）が片隅においやられている現状を直視すると、記録として残すことは勿論、語り手を育て後世に伝承していくことが大事であると考えます。本来、口承文化は、その地域や家庭のなかに育つものだと思います。町は、これらのきっかけづくりを手助けする役目を背負っていると考えています。

　一昨年八月民話と文学の会・語り手たちの会が、合同の採訪においでくださいましたが、全くの素人の私どもにとっては願ってもない勉強の機会を得ることができました。たくさんの語り手を掘り起こしていただいたことはもちろん、いろいろな方と接し精力的に対話する姿に、町としてのあるべき姿を再認識いたしました。

　ふるさと創生でのビデオ採訪を通じ、昔話を語るお年寄りの表情はとても生き生きと感じました。お年寄り自身の存在意識もでてきました。やる気がおきてきたのです。若者を育てることも大事なことですが、生き甲斐対策として、お年寄り（物知り）を育てることも大事だと痛感しています。

　昔語りは本来、一人で成立し得ないものです。語り手と聞き手のお互いの人間関係があってこそ生まれる文化と思います。であるがゆえに、孤独な時代と取沙汰されている今日、おおげさかもしれませんが昔語りが果たす役割は大きいものと思います。家庭、ムラ、地域、町にとって忘れかけていた人間関係の在り方が復活できるものと信じます。幸い、町には、まだたくさんの語り手と、語り継ごうとする方々がおります。語りたくてどうしようもないお年寄りもたくさん見受けられます。今後、これらを組織化することにより、底辺も広がりをみせるのではと期待しています。

お年寄りの人柄の温かさ、言葉の温かさ、おおらかさに接しながら聞く語りは、テレビなどを見て得るのとは違い、想像力を増し、なによりも情感を得ます。

町立小学校では授業の一環としておじいちゃんおばあちゃんたちから昔話を聞くカリキュラムを取り入れています。昔話を聞いて子どもたちの想像した絵を描き、手づくり紙芝居を作りました。後日（平成三年一一月一七日）、それを大型スライド紙芝居として映し出し、改めて語り手の年寄りが肉声で語りを重ね、子どもと大人の新たな感動空間を創り出す「昔話と手づくり紙芝居まつり」が行われました。町民文化の創生、「昔話って何だろう」の講演が野村敬子さんによって行われました。当日のプログラムは次のようです。

平枝小学校「さるむがし」語り手　高橋シゲ子
釜淵小学校「博労とおへんと山んば」語り手　杉原美智子
真室川小学校「桃の花咲く隠れ里」語り手　庄司房江
小又小学校「百姓爺さん」（猿聟入り）語り手　新田つや
大滝小学校「すもうむがし」語り手　佐藤和恵
安楽城小学校「良い爺さまと悪り爺さま」　語り手　佐藤ツギ子
及位小学校「狐とむじなの知恵くらべ」語り手　高橋良雄
差首鍋小学校「だんごだんご　どこまでや」　語り手　斎藤美和

（この行事は先生方、子どもたち、語り手たちの努力でその後、一三年間継続され、また『手つくり昔話絵本』の発行も行われた。）

真室川町には独自にその地域に残る昔話を採訪している方がいます。高橋良雄さんがその方ですが、高橋さんは長年にわたりお年寄りを訪問し、テープを回し、それを活字にしたり紙芝居にしたりして子どもに聞かせています。この風土で育った方言を忠実に盛り込み、ムラの言葉に近い原稿を書きあげました。自らも語り手として活躍し、こよなく昔話を大切になさっています。

ビデオ収録と併せて、町では「昔話編集委員会」を設置しました。語り手が語るという意志表示をされて、聞

真室川音頭を踊る

きに伺い、ビデオ収録保存し、継承を行っていくもので、昔話集の発刊を行うことにしております。高橋さんの採集資料で及位地区一巻目二巻目を発刊しました。安楽城地区三巻、四巻目、真室川地区五巻、六巻と出版して行きます。

素朴ながら生き続けてきた昔話は、伝承形態がとぎれとぎれになりながらも、研究や語り継ごうとする方々によって、活字化、映像化されてきています。所によっては観光化されてきています。それなりに伝承の仕方はあるにせよ、本来、耳で聞き肌で感じながら肉声で語り継いでいくことの意義を考えていかねばならないのではないでしょうか。

昔語りでむら興しとおおげさなことですが、地域の協調性を育むうえで欠けてきた「語り合い」を活発化することが、マチ・ムラを創生する第一歩と考えます。

語りを通して、心の中に豊かなイメージを育んでもらいたい。特に幼い頃育くまれたイメージは、一生心豊かにすると思います。

平成四年「世界民話博イン遠野」のイベント語りに真室川から佐藤輝代さんが出演。子どもたちの手作り紙芝居も展示されました。

『民話と文学　最上・真室川の伝承』（民話と文学の会　平成四年）より転載、一部加筆しました。

当時（平成二年）真室川町企画開発課

オランダからのお客様と藤山キミ子さん

野村　敬子

平成二（一九九〇）年八月、成城大学民俗学研究所の依頼でオランダのライデン大学からの留学生・エシカ　バチエスさんと昔話「姥捨山《おばすてやま》」の採訪旅行をする次第となった。

高校時代の恩師・山形大学教授小和田仁先生御夫妻のお力添えを頂いた。学生たちとのデスカッション、芋煮会を体験し、小国の産屋《うぶや》見学、温泉体験をした旅の終わりに真室川町差首鍋《さすなべ》で「姥捨山」昔話の聴き取りをした。その時の語り手は藤山キミ子さんと高橋キクエさんであった。二人は山の暮らしについて何でも知ってると、算盤塾の教師・佐藤理峰さんが推薦して下さった方である。春はタラの芽、ウルイ、ミズ、アイコ、シドケは夏の山菜、秋は茸だ。毒茸の大天狗茸、小天狗茸、毒紅茸、土被茸といろいろ。本当に珍しい話をたくさんご存じであった。大昔から茸は「たけ」と言われて、人がたけを食べて舞踊ったから「まいたけ」だと。自分は熊もたけ・茸を食べて舞踊る姿を見た。と薀蓄を傾けた。私は後に日本最初の漢和辞書『倭名類聚抄』に「木菌、土菌、石菌有り。和名みな多介（たけ）」とあるのを見たり、『今昔物語集』で「尼たちが北山に入り茸を食べて舞うこと」を載せていたのを思いだしたりした。山の仕事師藤山キミ子さんの博識に舌を巻いた。彼女が昔話で語られた「茸の化け物」は山伏狂言「くさびら」の影響下にあるものであろうか、茄子が魔を退治する語り口には狂言が「茄子の印」を結ぶ呪文に通うものである。

　山の語り手として「里山と奥山」を語り、山人でも「茸の毒にあたった体験談」「山で熊を拾った話」などを語って下さった。そして、見上げるように身長の高いオランダ女性に驚いていてというより、感動された様子で藤山キミ子さんは「たまげた。こんな山のいり（奥）までよく来てけたちゃ」と手を握り、高橋キクエさんは「なして姥捨山の研究するな?」とその手を強く振りながら笑顔で尋ねられた。この二人の対応の見事さに私は驚いた。圧倒された。後で彼女たちは朝市で青物売りを長年継続した対面のベテランであると知った。なるほど、そうであった。お二人は若い頃から、季節ごとに山で採集する山菜や茸を新庄市や秋田県湯沢市の朝市で売り捌いていた、対面売りの苦労人なのであったという。お二人にエシカ　バチエスさんは「はい。オランダには山がありません。年寄りはいますが山に棄てられません」と答え、会場は一瞬にして和んだ。

山形の夜・山大生たちとエシカさん

　皆が「姥捨山」の昔話を聴いた。その日が藤山キミ子さんにお会いした最初の日であったが、以来三〇年間、私は四季巡る毎に一度、必ず語りを聴きに通い続けたのであった。しかし平成二九年春の約束日が、まさか藤山キミ子さんのお通夜になるとは～。「真室川昔話を絵本にする会」会長の遠田且子さんと共に枕元に駆け付けたが、最期に頂いた電話で伺ったとおり美容院で髪をカット、きれいに染めておられた。ビデオ撮影への心くばりであった。最後にお会いした時、「此の頃、昔話を語って居る時、思い出せないことがある」と、「お鶴」に幾度か挑戦されていたお姿が忘れ難い。もともと、三

〇年前に語られた「お鶴」に思い出せない花和讃は無かったので、老齢で語りは原点回帰、元に戻った形となっているのも重要に思われる。その伝承動態は録画とする。本書にはキミ子さんが平成元年に語られた「お鶴」をお示しする。祖母が鮭川の村芝居を見て覚えたものらしい。祖母経由で芝居の台詞らしい語り口も残存する。祖母の語りを藤山キミ子さんが、後半の人生の中で習い覚えた花和讃を挿入して、哀れに美しい語りに仕立てたものと思われた。

藤山キミ子さんの「姥捨山」（木の又年）

むがす。むがすあったけどな。むがすの村ではしきたりで、六一歳になっど、年寄り、爺も婆も山さ行って、木の又挟めで、生き殺ししたおんだどな。ある家の息子、がおって（困る）いた。

「俺家《おらえ》の婆も六一歳になった。いだます（惜しい）な。なんじえもすかだねんだ」

ある日、山さ行ったけど。ほうしたら、村の人ださ田貸してだ殿様、村の人ださ、

「十ひろの灰縄すぐに持って来い」

っていうな。難題出したけど。「題を解けない者さは田を貸さない。すぐに戻せ」てな。みんなは田の小作で、田取られたら大事よ、食うこともならね。婆ば捨てて来た息子、大慌てで山さ走って行った。

「婆。婆。生きてだが」って言うと「おーえや」って声しった。

「婆。大変だ。十ひろの灰縄じゃ、どげしてこしゃえるなや」

「ん。じょうさね。易いごんだ。まず、綿のよう柔らかく藁を打って十ひろの縄をぎっつぐコリッと綯《な》って、四つと

ころつないで、平らな石の上さ上げで、ほうして片っ方から火付けて、そうして焼け。灰の縄、線香みでに出来るもんだ。さし上げてみろ」

って いうけど。教えった。息子あ喜んで、

「えがったちゃ。がが。んであ、俺、すぐ造って、持って行く」

そうして、親の言う通りに灰縄造っていった。殿様どでして(驚いて)、

「これが灰縄か。実は、隣りの国からの難題であった。出来ない時はせめてくるって」

ほんで、息子は田も取られなくて、殿様も国を盗れるごともない。んでも、殿様、不思議がって、

「これ。この知恵はお前ひとりの工面ではなかろう」

「はい。これは山の木の又さ挟めできた親婆さまの工面です。きんな(昨日)置いてきたばりで、生きててくったさげ、聴いてきあんした」

それ聞いて、殿様、びっくら、

「年寄りなの役立たずと思っていた。早く山から連れてこい」

って、国を救ったと、喜んで、それから六一歳になっても山さ棄てられなくなったなだど。

どんぺからこ。


孫婆さはこれで終わりだども、他所の婆から茸採り行った時、聴いたのもある。

姥捨山

むがし。あったけ。

ある国の殿様は国が貧乏なのは穀潰《ごくつぶ》すの年寄り、食うばりで、働けないな。居るさげだてな。六〇年よりば山さうんと奥いり（山奥）さ、投げでこいって命令出したけ。親の居ない子はいねべ。ほんでも姑は嫁にとって、いらねもんだ。さっさどなげで来た家ばりあっけど。あに（夫）はおわがが（自分の母）でも、あねこ（妻）は他人だ。

ほしてある家のががも六〇歳になった。困っていだ。ほんでも親は山さ行くかんじゅして、待っているけ。ある月の良い晩にあに、ががば背負って山さ出掛けだもんだ。ドンドン行く。山いりで薮だらけ、大きな木もある。道なのあるもんじゃね。ほすっとポキッツ　ポキッってよ、何か音する。

「何だべ。がが」

「ん。おめ帰る時、道迷うど悪いさげ、木の枝こば折ってだなよ。これ目印にすれば良えべ。迷わねで家さ行くえ」

それ聞いたあに、

「俺は何と、親不孝だ。がが、家さ戻るべ」

って、戻って、あねこの目かすめで、木小屋さ隠しておいた。朝晩、飯だの汁だ、水だて、こそっと運ぶなよ。ほんでな、なげできたったふりよ。

ある日、高札立った。お国の殿様が隣の国から難問だされた。解けなくば攻め入るぞという事えなってな。困って知恵のある者を集めだしたなだべ。

「隣りから丸太のもと（根元）と、うら（先端）の、全く同じなだなを、送ってきた。どこがもとか、うらか。判じたら褒美をとらす」

っていうな。それ見てあに、木小屋さ行った。

「がが、がが。丸太のもととうらは、どげしてみるなや」

「ほんたごと、じょっさねべ（簡単）。水さ浮かべろ。浮いた方がうらよ、元は重でもんだ」

ほんで、あに、お城さ出掛けた。送ってきた木があっけ。ドボンとお城の濠さ入れたら、片っぽ沈んだ。ほんで、うらと、元を判じた。喜ばれたな。殿様がら。ご褒美という段になったべ。ほん時な、

「ご褒美を貰いにきたのではない。親ば隠していたのを、許してもらいたい」

殿様、年寄りの知恵っていうものに、初めて気が付いた。ほんで六一歳になっても山さ棄てることはなくなったなだど。ほんでもよ、今も、六一歳のこと木の又歳って言うなだど。

どんぺからこ　ねっけど。

巡礼お鶴

むがあしあったけどな。むがしのあっ時、阿波の徳島って、そのある村だべ。

婆と五っつになる女ご童《わらす》居た夫婦居たけどな。貧乏で貧乏で、ろくに飯も食わんねえようだ家在るかったど。

「婆さま、八〇にもなり、童は五つ。とても働けないはげ、夜逃げすっか。逃げるべ」

こうゆう相談しった。それ、お鶴、聞いたったど。お鶴あ、寝たふりして聞いて、そのうち寝てしまって、知らねこ間に眠って、起きたら、親二人、夜逃げして居なぐなったど。婆どお鶴さー、困った。

「婆、よんべ、夜逃げすっぺ、って言ってだけ。食うよねさげ」

「さー、大変だ。いし（おまえ）と俺どこ置いて行ったな、困ったな」

　ほうして、一年、二年たって、お鶴あ、学校に入るごとになった。役場からも入学通知きて、入ることにした。んだじゅも学校さ入ってみたども、五《いっ》づの時に親が作せて呉《こ》れた着物一枚しかない。夏の着物だ。足こ半分出はるし、腹あ出るし。不憫で不憫で、婆。学校さ行ったれば、みんながお鶴さ、

「夜逃げさって、親たち居ねなだっけ。あー、臭う、嫌んだことなー。側さ来るな。髪もかとえて（梳かして）貰わんね。洗濯もして貰わんね。誰も、机で並ぶ者居ない」

って、しこでまやしめらって（いやしめられ）泣きながら帰ってきたど。

「婆、婆、俺、ほっても学校さ行がねは」

　学校さ行くのを止めてしまった。ある日、

「婆、俺、つあつあ（父親）がが（母）探しにいく。何処さいるが判らないげんと。俺探して、婆さ連れてくる。順礼になって行く」

　お鶴、巡礼なって行くって、きかないけど。婆、困ってな、

「お前。巡礼じゅものは、白い着物着て、おゆずり着て、白籠手、白脚絆、草鞋はいて行くもんだ。ほんで、南無観世音さお頼みするなだぜ」

「ん、わかった。どげするか、婆、教えてころ」

「白い着物の上さ、ぼえっと着たおゆずりさ、阿波の国、阿波の徳島十郎兵衛の娘、年は九つ、名はお鶴、南無観世音、二親《ふたおや》様に逢いたいばかりに門にたつって覚えて、尋ねて歩く、一年も二年も、巡礼になって歩かねば、ががやおやじ（母や父）どこなの捜してこらんね。簡単なもんで無いぞ。父母の恵みも深き小河寺、仏の誓いたのしきかな」

　って言たれば、お鶴あ、

「ん。わがった。覚える。白い着物縫うてでくろ。必ず捜す」

って、婆さ頼むもんで、婆、着物縫って、ほうして着せて、金少し、困った時のために持たせて、巡礼にお鶴を出したな。山越え、野越え、谷越え、歩いて、巡って歩くうち、道さ迷って山奥さ入ってすまったけど。さぶすい（怖い）山道行ったれば川こあっど。そこで婆さでも、ががともつかない年の（中年の）女の人が洗濯しったけど。

「阿波の徳島十郎兵衛の娘、年は九つ、名はお鶴、南無観世音、二親様に逢いたいばかりに門にたつ～父母の恵みも深き小河寺、仏の誓いたのしきかな」

と拝むと、その女ご人あ、背中さ書いたな、見てたっけ、

「あら、巡礼の子が。阿波がらき来たながあ。昔、阿波てな、懐かしいな」

ほれ聞くと、お鶴あ、

「阿波の国懐かしいって。おれ、ズウット巡礼して巡って来たげんと、阿波の国ば懐かしいって言わった人いねがった。まさか、おれのがが、んねが」

「いや、いや、違う。おめの家では今頃、父も母も帰ってお前を待っているがもすんね。早く阿波さ戻るようにしなされや。んでも、腹へってだべ、髪の毛も綺麗にしたえ、あかぎり（皸）も切れてるし、むずせごと（可哀想に）」って、家さ連れてって、腹いっぺ食わせて、髪とかしてくって、あかぎりの薬、指から土掘り出してくったり、親切だけ。すっと、きっとがだと思ってな。

「俺の親んねても、親のように思う。今晩一つ、泊めでけろ」

「いやいや。できね。早く、婆さ戻れ。いいか、ここは山でもう少し行くと、左右の道がある。左の道を行くと里にでる。右に行くとおっかね（恐ろしい）ぞ。山に迷うばりだ。必ず左の道行けよ」

ほしてお鶴、家さ行くことになって、出はった。道がついてた。お鶴あ、根性曲げて、

「本当の親、ががで無いなら言うことなの、けずきたおのの（こんな者の）言うこと聞いてらんね」

左の道を鬼の根性出して、行くなって言われた右の道を行った。右さ行った。薮道もぐり、もぐり、足つらんねようだ道、むぐっていった。でば、大男出はって、鉄砲ドンと撃って。

「おえ、巡礼」

「はえ」

「命、出すか、金だすか。命だすなら殺すし、金出すなら殺さね、さあさあ、どっちだ」

「はえ、命ばかりはお助け下さい」

言うより早く、ドンと撃って殺してしまった。ほしてゴロンとひっくりかえしたれば、懐さ小判入ってだ。婆が出がけにけった金な。お鶴は死んでも渡さない覚悟の金よ。ドンていうなで、かか、どでして（仰天して）ぶっ飛んできた。

「これ十郎兵衛。わが子だと思わねで、鉄砲ぶったか」

「わが子で無い。小判てゆう、銭もうけだ」

「ほんであ、おゆずり見ろ」

って、みせだば、背中さ、阿波の徳島十郎兵衛の娘お鶴ど書かったべ。我が子だ。なんぼ悔やんでも悔やみぎんねわけよな。哀れなな、お鶴よ。

どんぺん　からあんこア　ねっけど。


ＤＶＤには平成二九年収録の「巡礼お鶴」がある。花和譜が入る。

藤山キミ子さんの思い出

伊藤　京子

藤山キミ子さんに初めてお逢いしたのは平成二五年九月の真室川町差首鍋《さすなべ》にある「ふるさと伝承館」で行なわれた語りの会であった。当日は伝承館に着くと昼食で、テーブルには語り手の皆さん達が持ち寄られた、おいしそうな手作りの諸物菜と、市販のお弁当がずらりと並んでいた。昼食の前に自己紹介。私は藤山さんの前に座りユーモアのある自己紹介に聞きいった。そこでは一緒にいらしたご主人の藤山一郎さんを先に紹介した。物覚えの悪い私でも昔の歌手と同じ名前なのですぐに憶え、藤山さんの話術に感じいった。

囲炉裏を囲んで語りの会が始り、この時も私は藤山さんの前に座り、じいっと耳をすます。藤山さんは野村敬子さんの顔を見ながら語り始めた。野村さんも深く相槌を打ちながら聴き続ける。語りの途中、野村さんに電話が入り、席を外された。藤山さんは語りを中断して、野村さんが戻られるのを待ち、戻られて席に着くと再び語りを続けた。この様子を見て、藤山さん、野村さん、語り手と聴き手の信頼関係にびっくりした。よく相槌も打てない私が語りの場で、受け身だけの聴き手にならず、その場に溶け込み、居心地がいい場所になったのは、お二人の互いの信頼の深さにあるのだと感じとった。

その筈であった。お二人は二八年に亘るお付き合いということなのである。山に入って茸や山菜を採る藤山さんからの聞き書きもいろいろな本にあるが、ここでは「口承文芸と環境の接点日本の昔話」（石井正己編『昔話にまなぶ環境』

三弥井書店　平成二三年）に藤山さんの横顔が記録されているので引用し紹介したい。そこでは泉鏡花「寸情風土記」の「秋は茸こそおもしろけれ。松茸、初茸、木茸、岩茸、占地《しめぢ》いろいろ」と比較しているような、茸の種類が語り出される。また当日の「野村採訪ノート」を参考に紹介させていただく。

野村採訪ノート

故郷、山形県北の真室川町には名だたる茸採り名人がいます。差首鍋の藤山キミ子さんは真室川民話の会の会員としても活躍されています。キミ子さんは採った茸を町に売りに行きます。峠を越え、奥羽本線下り列車で秋田県市場に売りに行きました。市場でも話し上手で人気者という、その話術は流石です。山人らしい「舞茸の謂われ」は『今昔物語集』「尼共、入山食茸舞語」の「其レヨリ後、此ノ茸ヲバ舞茸ト云フ也ケリ」に通うものです。この舞茸に結晶するように「採れば嬉しく舞い上がりたくなる気持ち」キミ子さんは茸採りの喜びを伝えています。その茸には祝儀性が高い口承世界が付随していました。藤山さんが鮭川村段ノ下の婆から聴いたものです。（『五分次郎』　桜楓社　昭和四六年）

口上　茸尽くし

春の鶯茸から、秋のモダツ、ほらシメジだホウキダケ、ほらマイダケ、今日はトンビダケ、ラクヨウショモタツでめでたくひとがたけ、よっくキクラゲ、女中方、赤面ベニダケ、ブスモダツ、ガシラガシラと悋気がおんぬり、ムキダケにしてくへんと思いぬれども、世間のテマエダケ、あるうえに、カンニンシイタケにしておくれやす。

昔話　茸の化け物

むがす。お祭りに芝居する旅回りの役者いだあけどな
のろまだもんで、一座から残さって、役者よ、一人で次の興業さ行くごどになったど。歩いているうち、日暮れで峠さかかった頃、夜んまなった。ほして険しい山道上ってったら、一面の霧で、足元がビダビダで、一歩もすすまね。だもんだべ、狐でも騙さったがど思って「コラ!化け物。デハッテこおー」て、言ったれば、「この夜んま。来たおめも化けだべ」「どうだ、化け比べでも、すっか」「いがにも」山の化けが大入道になった。「たいしたもんだなあ」て、見った。「今度はおめの番、何がしてころちゃ」ほんで役者だもの赤い着物着て、すこでまぶりの良いおなごになって、背中さ天狗の面ば背負って、踊ってみせた。「ほう。たいしたもんだな。今晩は遅いさげ、明日もこいっちゃ」「おいおい。そうすべか。おめお土産、持ってくんな。んだ。嫌だものあっか」「俺、茄子の煮だ汁嫌いだな」「おめ、何嫌いだや」「俺、砂糖のいっぱいの餅、嫌いだな」ほして、役者。村さ行くと「鍋いっぱいの茄子汁、こしぇでろちゃ」どんて。夜まの霧の中さ行った。ほして呼ばったど。霧の中さ何か出できた。「今だ!」茄子汁ぶっかけだ。したさシーンとなった。ほんてや、シーンとなって山からバラバラと何か飛んできた。大急ぎで村さ戻ってよ。朝間こっぱやく、村の衆ど行くど、峠の山ん中、一面に大きな茸べダッと、ペソラッとなっていだけど。そさ、砂糖の餅山のようによ。撒かっていたけど。霧の正体は茸の化け物だった。茸じゃ、古くなっと妖気が出るものだど。気抜いてやらなもんだ。
どんぺからんこねけど。

口語り　クマを拾った話

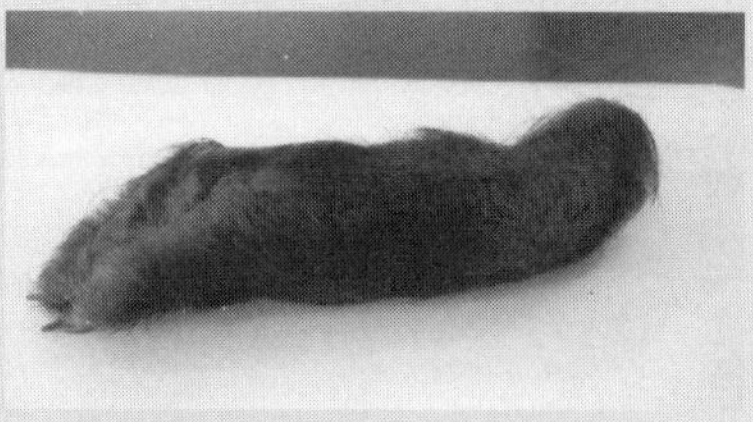

藤山さんが拾った子熊の手

若い頃の事よ。筍採りいった。根曲がり筍じゅう細こいな。山で、ちょうど昼寝がらさめだ時分、頭の上を隼、鷹よ。グルグル廻って、ほの下端《ばだ》、大きなクマが走りまわってる。何だべど思ってのぞいだら、崖下さクマの小さいな、子っこ熊が落ちてたなよ。頭は釜こぐれ。これくらいな。隼から食わってだなだ。ホヤホヤ湯気たってる。「あらー。この子っこ熊、むずこいこど、親熊騒いで歩く。こんだ俺たち食われっちゃあー」て、よ。行ってみたら、隼に食われた子熊この手足四本。頭と尾っぱ、尾っぱていったて、たいしたごとながったげんともな。「おら、これ欲しいどもなー」て。熊さ遭遇《であ》ったて、みんなさ皮だて見せねばなんねべ。ほんでも、鉈だの何もない、筍採りだおの、刃物ないべし。熊こ死んでだな、沢こさ引っ張って行って、石でガツガツ叩いて、頭もいでよ、手足もいでよ、筍より熊とって、ほして担いで、山から四里もある処さ来て、営林署の車さ「あいやー乗せてころや」て、乗せてもらって村さ帰ったな。三か月ぐらいの熊こだて。今も熊の手だけ残ってるんだ。

山ではな、月の輪熊が獲れようになるとマタギの人たちは呪文を唱えるもんだ。「フジトウイ、オンノロイ、ビシヤツ、ビシャホジャラ、ホニワ、ニクジリ、ソウモッコ、オンパタ、ソウワカ、アビラウンケン、ソワカ」って。捕ると感謝の呪文もあったたな。「大物が千匹、小物が千匹、あと千匹、たまえや。南無南無阿弥陀仏、アビラウンケンソワカ」じゅな。

親に別れた子っこ熊が歩いていたならば、山の人方は、連れて帰って育てるもんだった。自分に乳こが出るよだ母ちゃんたちは、めごがって、熊に乳こ飲ませたもんだってな。熊を持って帰るのは縁起良いって言われたもんだ。

月の輪熊はな、何処も、身体の全部が役立つって。熊を仕留めた者が権利がある。マタギのおんつあんだ（猟師達）がら聞いたんだけんども、熊の胆は高い値段でマタギの長じゅものが、シカリじゅな、権利があるって。冬眠からさめるっていうと、熊は穴の外に行って雪をなめる。足を慣らすため歩きまわり、糞をするもんだって。蕨とりに山に入ると、この熊の糞が落ちていたもんで、売ると良い値段になった。熊の栓ていうなだって。瓶に栓したみだく、熊の冬眠中に糞しねもんで、硬くなったもんだべな。秋に熊はありったげ食い物腹さつめで、終わりに漆で、けっつさ蓋してがら穴さ入って冬眠した。この穴で冬の間に子ども産んでんなだ。春先に子っこ連れだ熊がいると、気が荒いもんで、人は殺されるってな。おっかねもんだ。熊はバッケ（ふきのとう）水芭蕉、筍が大好きで、俺だの好きなものだべ、筍採りに行くど逢う訳だ。子持ちの熊オッカサン熊はよ、乳こ出すのに雪解け水を飲むなだ。それを飲むどタプタプと、フダフダ乳こ出んなだってな。此の頃、真室川さも熊よぐ出るようになった。山に食うものが無くなったなだべ。栗も好きだぜ。栗拾いに行って、何回も熊どあったもんだ。音しないように、コソッと逃げるんだ。山仕事だもの、山菜も、茸も、熊の好きなモノばり、採りに行くんだもの、人も熊も同じもの好きだわげよ。昔は分け合っていたんだべな。俺だ何十回も熊とあったもんだ。

山菜採りのこと

山は山の神が居るもんだ。男だは山さ営林署の仕事で入って仕事するヤマコのような人達は、マタギの人共と同じ、精進潔斎して山さ入ったもんだど。そうしないと怪我をしたもんだ。ある日な、弁当忘れた親父に嬶が山さ届けに入ったればまず、たまげたじゅ。めんごげだおなご（美女）が親父のそばさいた。ごしゃげで（腹が立って）大声で叫んだど。したらば親父崖に落ちて大怪我してしまった。それは山の神様が守っていたなだった。んださげて女は奥山に行くなって。俺は茸や筍で、そういり（奥山）には行かない。蕨などは木立やらで採って来る。山には順番がある。雪解けでまず青コゴミが出る。三月から四月だ。ミズ、ウルイ、アイコ、ウド、シドケ、タケノコ。毒茸は大変だぞ。ようく見る。大天狗茸、小天狗茸、毒紅茸、土被茸と山は毒茸だらけだ。山のもの採って次の日は朝二時起きして、真っ暗な中、出掛けた。高橋キクエさんと一緒、朝間の一番列車さ乗る。何時間もかかって歩くな。秋田の湯沢で売った。きのことついたものと付き合って五〇年。歌いながら、囃しながら売ったもんだ。年取ってやっと、昔話を語れるようになった。昔に年寄りに連れられて、山のいろいろを教えでもらったもんだげんとな、その頃といま、山が変わってすまったは。どうゆうもんだが（何故か）昔にあったものが無い。別に食うものでもない花や草も、きしえいだなあ（美しいなあ）ど見たものがみえなくなった。酸性雨だとか、放射能雨とか、いろいろあったげんとも、そのへいだべが、わがんね。昔に「爺の髭」（希産植物・オオシタヒゲソウか？）どんて茸採りに行って見つけた白い花、もう一回見たくってな。捜したげんとも無いな。ヘビマクラの大きいなあってよ。その上に蛇が寝てる。その昔話もあったなあ。

昔話　蕨の恩

むがし。山の中で、蛇が昼ねしったったど。したればナメクジラ（蛞蝓）がグリッと周りを這って歩いてな、蛇が動けない。テカテカと跡が付いてだなよ。蛇はその跡がおっかないもんだど。ないしてだべな。したればやあや。下がら、モクモクど地面が割れで蕨こ芽だしてな。蛇ば乗せだまんま、ズンズンどや。おがった（育った）べや、蛇、助かった訳だ。ほんで、ノロノロど這って藪さ潜ったけど。ほんでな、婆がら聞いた蛇除けの呪いは。

「蕨の恩を忘れたか。アビラウンケンソワカ」

ていうもんだ。
どんぺからっこねけど。

女子挺身隊出征の思い出を川崎で辿る（夫の伊藤昭の協力で調べたものである）

いろいろ藤山キミ子さんのお話を伺ってから、最後に人生一番の思い出話をして頂いた。それは安楽城村代表としてただ一人、女子挺身隊に出征されたというものであった。女子挺身隊については『真室川町誌』『新庄市史』にほとんど明確な記録は見当たらなかった。昭和一九年八月二三日に法制化された「女子挺身勤労令」二五歳未満の未婚女子を町内会・婦人会等を通じて動員するもの。川崎市では一九年一月に三三団体二〇〇〇名の女子青年挺身隊が組織されている。その形で動員されたもので、一、未婚（一二歳～四〇歳）、二、在学して居ない、三、軍需工業などに働きに行っていない女性達が対称となった。合計二九二、一一〇人が集められた。「藤山さんは白い召集令状だった」と記憶しておられるから、「白紙《しろがみ》」という「地区別挺身隊」に当たる。『女子挺身隊の記録』（いのうえせつこ著　新評論平成一〇年）では「男性の軍隊の召集状が赤い色紙だったことから赤紙と呼ばれたことと、区別して白紙召集とよばれた」と知るところである。

川崎の綱島温泉を宿舎として、日本電気の工場で働いたという思い出話には胸に迫るものがあった。その様子については藤山さんと同じ、昭和二年生まれの高橋シゲ子さんもはっきりと記憶されていた。藤山さんに召集令状が届き、村は大さわぎであった。まるで、それは男の出征と同じ扱いで、近所の見送りを受け、お宮参りをし、行列を作って大々的なものであった。シゲ子さんたち女子青年団の娘たちは真室川駅から、隣りの豊里駅までずうと線路沿いに並び、藤山さんの汽車を見送った。生きて帰るとは誰も思ってはいけない。涙の別れであった。シゲ子さんは本当に悲

しい別れで泣き泣き家に帰ったということで、男の出征より悲しかったと追懐していた。藤山さんも何が何だかわからず、特に挺身隊についての説明など全く無かった。村の誰も知らなかった。

軍需工場は「住友通信工業（現在、日本電気）」の玉川向工場?であったらしいということで、地形に不案内な山形県人には良く理解出来ないままであった。綱島の宿舎という藤山さんの記憶から、「東横線の綱島温泉に借り上げ寮があった」という戦時中の記録もあり、その会社と理解した。『日本電気社史』によると「一九四三年一〇月三一日に公布された軍事会法」で海軍工場と陸軍工場が共に軍需物資を製造したとある。「皇国三八五四工場と呼ぶ所であったが、そこでは製造した金属部品にペンキのようなものを塗る作業をした。それは敵の来るのをいち早く発見するために極めて重要な部品である。お国のために一生懸命に励め、と軍人が命じた」と藤山さんは話している。

東京に帰ってから、その製造所らしきところを調査することにした。神奈川県立川崎図書館で私の夫が捜してくれた『日本電気ものがたり　続』（日本電気株式会社　昭和五六年）『電波兵器研究記録』には戦時期の兵器生産の内実が記されていた。「一式空三号無線帰投方位測定器、電波探信儀関係、方向指示機」などが玉川向製造所で生産されていたとある。藤山さんがペンキを塗ったのはそうした機械と思われた。藤山さん達の綱島温泉寮の食事はオートミールのようなドロドロした食事であったという。隣村の金山から行った花柳界のお姐さん方はまずいと食べず、全部藤山さんに丼をまわしてよこした。藤山さんは腹いっぱい。皆、懸命に働いたそうである。「労働行政史」に拠れば終戦時女子挺身隊は四七二、五七三人、産業別では「機械」が最も多い仕事と知られる。藤山さんの従事したのもそうした分野と知られる。

藤山さんが女子挺身隊で活躍した場所、川崎市では川崎空襲があった。空襲・戦災記録の本が出版されていた。中に東芝小向工場八重垣寮にいた方の手記があり、様子を知ることが出来る。

「山梨県の女子挺身隊の方々が入寮され、朝に、晩に「花の女子挺身隊」を歌って出退勤をしていた」と書かれていた。藤山さんも歌ったのか。今となっては、もう聴くこともできない。藤山さんは「黎明声あり世紀の電流〜」と口ずさむことがあった。それは野村さんの「採訪ノート」にある。『日本電気株式会社百年史』（日本電気社史編纂室編　平成一三年）に拠るとそれは日本電気の昭和一五年に出来た社歌冒頭であった。作詩・作曲者はとても有名な北原白秋・山田耕作とあった。記憶力のすばらしさに驚くのである。他の記録類には怖いことも書いてあった。八幡製鉄所が爆破された時、玉川向工場の課長が体験を聞きに行き「死者が出ると士気に影響を与えるので、直ちに死体を棺に入れて見せないようにする。棺桶を用意しなさい」と言われて、藤山さんの働いていた工場では「二〇〇人分の棺桶を用意した」とある。何と恐ろしい。そこも空襲で爆破されたが、藤山さんは運が良く無事であった。戦争中の生死、運命は紙一重で、女子挺身隊員は各自家に帰ることになった。

いろいろなお話を聴かせて頂いた藤山さんは平成二六（二〇一六）年お亡くなりになった。野村さんが採訪に行くと約束して伺うとお通夜であった。葬儀に出て永遠の別れをした二人。魂の通いあった本当の語り手と聴き手の姿のように思われた。

合　掌

●女子挺身勤労令（昭和一九年勅令第五一九号）

第一条　勤労常時要員トシテノ女子（学徒勤労令ノ適用ヲ受クベキ者ヲ除ク）ノ隊組織（以下女子挺身隊ト称ス）ニ依ル勤労協力ニ関スル命令ニシテ国家総動員法第五条ノ規定ニ基クモノ並ニ当該命令ニ依ル勤労協力ヲ為スベキ者及女子挺身隊ニ依ル従業ヲ為ス者ノ雇入、使用、就職従業又ハ給与其ノ他ノ従業条件ニ関スル命令ニシテ同法第六条ノ規定ニ基クモノニ関シテハ本令ノ定ムル所ニ依ル（以下略）

松谷みよ子さんと高橋キクエさんの語りを聴く

野村　敬子

松谷みよ子さん

群馬県猿ヶ京で行なわれた「日本民話の会」に講演を頼まれて参加したことがあった。

その時、私は真室川町の昔話採訪に「日本民話の会」を案内すると松谷みよ子さんに約束した。真室川の母が亡くなってその約束も果たせないうち、雑誌「びわの実学校」に母の死んだ時のことを書いた私の手紙を元に「死ぬ時姿を見せた人」を載せたと送ってこられた。平成一六（二〇〇四）年、筑摩書房『異界からのサイン』寄贈本が届いた。「野村先生おかげんわるいと風の便りに～案じています。如何ですか」という手紙の添え書きもあった。その年は野村が講演に出向いた旅先で倒れ、彦根の病院に救急車搬送され、入院、東京女子医大に転院、進行性胃癌の手術、と、私の生涯で最も緊迫した頃であった。それを風の便りにお聞きになっていたという。松谷さんの文章を次に引いてみたい。

「死ぬ時姿を見せた人」から

敬子さんが山形からの電話を受けて、新幹線に飛び乗り、まだ命あるうちに母堂と対面できたのは二〇〇四年九月二日であった。手を握り、頬を寄せ、名を呼ぶなかで母堂は静かに息をひきとった。不思議なほど甘やかな母との別れでしたと敬子さんはいう。九三歳の長い人生だったので、ほっとして向こうの世へ行った感があり、娘である敬子さんも老いのある部分を共有していたからであろう。

亡くなったあと、敬子さんは不思議な話をきくことになる。御近所の女性たちが念仏をあげに来てくれて、こもごも母堂の姿を見たというのである。美容師の小松さんに手を取られて歩いていた。それを見た数人に女性たちが、「あら、近岡さん、病気治ったよう」と話し合ったという。時刻は二日五時三〇分。敬子さんが手を握り頬を寄せて看取った臨終の時刻であった。

松谷みよ子さん、野村

「現代民話の主人公になって、母が再生してくれたと、不思議な気持ちです」敬子さんは故郷の山形を愛し、夫君、國學院大學教授の野村純一氏を助けて、多くの調査や編纂にたずさわり、いま、アジアからの花嫁への支援や聞き書きを行っている敬子さんにとって、こうした話を聞く機会は多かったろう。それがまさしくあったることとして、母堂の上に起ろうとは、思うてもみぬことだったにちがいない。

平成一九（二〇〇七）年夫は亡くなった。その一年後、姑が亡くなった。

看病と仏事に明け暮れているうち、松谷さんとの約束は先送りされてしまっていた。その間『語りの廻廊』を出版した。その本について松谷さんの「本と人形の家」で話を頼まれて出掛け、採訪の約束も果たせそうと伝えた。驚いた。私が松谷さんに頼まれて出かけた日、「日本民話の会」が別のところで会を開いていたという。約束を果たせないままに、夫と姑の病気と死亡などで随分日が経ってしまっていた。日を経るうちに、「日本民話の会」が二つの会になっていた。しかし約束は約束であるから、二つの会をそれぞれ案内した。「日本民話の会」からは会報などで真室川採訪報告もあり、其の後映像記録を拝見することもできた。現在も荒石かつえさん、石井浩子さん、山田裕子さん・紅林宏子さんたちが継続的な訪問もされておられ楽しみにしている。

採訪後の松谷みよ子さんは「キクエさんの物語もっと覚えたいわ。また行きたい」と電話をしてこられたが、残念ながら亡くなられてその機会は失われてしまった。その日の採訪ノートには高橋キクエさんが松谷さんに語られた昔物語や伝説などが記され、当日の案内など御世話になった様子が辿られた。松谷みよ子さんは「お大日さま」一一月一五日を選んで皆さんと真室川駅に降りて来られた。真室川町役場に表敬訪問をされ、たくさんの絵本を寄付された。当日、「真室川民話の会」の皆さんと高橋キクエさんが小国の新助家に案内して下さった。キクエさんは昔、当家で働いていたということで伝承にも詳しい。当日はバスで庄内地方の参拝者が多数見えていた。その方たちは鮭漁をされる川漁師たちの縁者であるという。遠い昔、不漁で困った漁師が旅の山伏に鮭の遡上を呪ってもらったので、鮭を持って祭りに参加していると聞いた。キクエさんは物知りで松谷さんの問いかけに、「山伏たちが拝んでいると、手にしていた数珠がバラバラと川に飛び散ったら、それがべろっとみながら全部、鮭のよ(鮭への尊称)になって泳いだ。それから毎年、鮭のよが獲れるようになった。鮭のよは海から最上川を遡って、その上流に卵を産みにくるなですと。その鮭のよを、お大日様に一匹まんま鍋さ入れて煮て供えるなです。その湯気の立ってる前さおかけじ(掛軸)、義経弁慶が置いていったていう書き物ば広げて、ご開帳すんなだって聞いたもんです。それが真昼一二時ちょうど」バスの中での予備知識をキクエさんは伝えてくださった。「ご馳走は芋の子汁、鮭のよ」いろいろ応えておられたが「真室川の伝承には根っこがあるわ。すごい」と松谷さんはキクエさんの手を握って感激の様子であった。伝承館聴き取りの時もキクエさんの「継子譚」の中世的すごさを驚かれていた。児童文学が見えなくした旧来の語りが内蔵した残酷さを「ごけかかむがし」は依然として持ち合わせるからである。キクエさんは純粋に口承文化の語り手である。

松谷さんは帰宅後、改めて出会いの感激をと、キクエさんたち「真室川民話の会」の語り手に絵本を贈られていた。

キクエさん、藤山さん、沓沢直子さん

キクエさんの語った「お大日さま」

むがし。八〇〇年もむがしのことよ。新助家の婆一人で夜んま、留守番しったど。したればどやどやと山伏たちが入ってきたけど。

「婆様。婆様。腹減ってこまっている。どうか何か食うものば頼む」

って言うけど。婆、困ったけど。あんまりまなぐ（眼）見えねがったど。

「はい。はい。それは困りましたべ。今朝炊いた大根飯、ほれでもいいごんたら、あがってけろ。蕪漬もある。食ってけろ。湯も沸いてるさげて入ったらいいべ」

して、みんな、大根飯食って、蕪漬食って、風呂さ入って、休んだど。次の日、一同は礼言うど、

「ありがでがった。この掛け軸、毎日拝むと、婆様のまなぐも良くなるぞ。礼の気持ちだ」

って掛け軸ば置いて、皆で出はって行ったど。ほしてな。婆、毎日、その掛け軸拝んでいたど。したれば、ほんて、眼が良くなってきた。びっくらよ。それ聞いた人達、拝まへでころどんてよ。みんな来るよになってな。

その頃、川渡りの人達がきたど。この間、川で山伏たちが、鮭が来る呪いしてけったけ。ほしたら鮭のよが来るようになった。婆の家さ泊まったっていうげんと、誰だべや。っていうことであった。ほのうちその山伏は義経弁慶たちであったと判ったど。平泉さ行く途中だったって。ほして、婆はどでして（驚いて）、

「おら、ほんげ偉い人だなて知らないで、大根飯に蕪漬なの食わせだは」

って、言うこんで、西川では新暦、小国では旧暦の一〇月一五日には村中で大根、蕪を食わないで、お祭りすることにしたけど。掛け軸を出して、見ると、その年の次の年、自分の運命がわかるというなですと。赤子見えれば、自分の家に子が授かる、火が見えれば火事になるさげ気をつける。みんな真剣に見たもんです。あらたかでな。ほんで、今も、お祭りし「お大日様」やるようになったなだど。お祭り中、拝む人がいっぱいになって、それこそ、押し合いで、のしだて（はり板）ぶっつさける（破れる）ような時もあった。それは豊作。来た人、村のどこでも寄って芋の子汁ご馳走なったもんだ。」

ほんでな、お大日様がら帰って、ぼええっと（にわかに）死んだ人いたど。はて、って見たら、大根蕪の絵が描かった手拭首とさ巻いったけど。

どんぺからこ

ごげかがむがし

むがし。夫婦あって、男の子二人持ってだけな。野郎こ二人三つと四つになった時、がが（母親）死んでしまった

なだど。親父、二人も育ってるな大変で、ごげかが（後妻）貰ったじゅおな。ほうしっと、ごけかかじゅおの厳しくて、何とも大変だ。親父とごけかか飯食うても子どもたちには、一回おる抜くなどしたど。食わせねな。ほんで親父、自分の子どもだ哀れで見で見ねふりしったたどお。或晩、親父どごげかか、何か喋ってだ。それを子どもが寝だふりして聞いてだ。

「このままだば、俺らもいしゃ（おまえ）も食うよねぐなる。童《わらす》ば山さ行って殺したら良いべ」

「何たらごとして殺すや。俺は殺せね」

「んだば、俺、殺す」

ごげかがじゃ、言うけど。親父、

「どげして殺すや」

「明日、味噌煮るよだ釜さ湯沸かして、そこさドボンと入れる。めちゃこいなば。明後日山さ弁当もたせるがら、炭焼き窯さ大きなば（兄を）バンと入れてやれ」

兄のほうは殺されると判っているもんで、心配でたまらね。ほんでも、親父もごけかがさ何も言えない。やろこば何回も抱いて、抱いてから山さ行った。子どもの小さい方は合点すね。判らんで遊んでるげんとも、兄は気が気でない。すっとごけかが、

「山さ、弁当届けて来い」

って、兄、言われてな。困った。俺が居ないうち弟が殺される。家の前で山さ行ったふりして、きっぷす穴（節穴）がら見て泣いった。そこさ役人、警察のような人来た。

「こらこら。ないして泣く」

「今な。俺、山さいくど、そのこんめ（間）弟が殺されるもんで、きっぷす穴がら覗いたった。釜で煮られる。助け

てころ」

泣くけど。家ん中さ入ったれば、庭の隅こでバンバンど火たいて、グラグラど大釜さお湯沸いたったど。

「何だ。この家は。この温たこい盛りに火焚いて。何しったや」

「あら。旦那様。味噌煮で。春先に煮るな出来なくて。今頃です」

「それって。どんな豆だや。ひとつ味みするか。何だ！これは赤いなは子どもではないか」

と、真っ赤になって死んでいる弟をみつけた。ごけかが、捕まって。

穴掘られてそこさ、首とばり出して埋めらった。

山がら親父帰って、その姿、子どもの煮て赤くなって死んだ姿見て泣くばり。

「この人殺し。家の前さ埋めでけろ」

人の通る道端さ穴掘って、首とばり出して、立札たてだど。のこぎりおいて。

「このかが、子ども殺したなださげ、首、ズズッと挽いて殺してけろ」

って書いてな。その路通る人たち、のこぎりで首と、挽いて殺したもんだって。悪いことはすねもんだって。

とんぺんからんこあ　ねけど。

正月の若木

むかしあったけどな。むがしむがし。安楽城《あらき》村さ爺さまど婆さまいだけどな。爺さままだ、子供欲しいたて、子供出来ねもんだはげ、まず二人で一生懸命働いて暮らしったけど。そのうち年いって、爺さま頭ぺろっと禿げですまったけどは。婆さまは婆さまで、髪まっ白くなってすまっては、暮らしたっけど。ほして二人、田っこ作って、春になれば我達食う位、耕作して、野菜少し作って、二人でいだかったど。ほげしているうち、春も過ぎて夏なって、こんだ秋なって、秋なれば稲も刈らなんねし、山菜も始末しねんねし、二人して一生懸命働いて、何とか始末してだもんだど。冬なって雪降ってきたけど。今と違って雪降るもんで、旧の正月ていうとこの窓（屋根の軒ちかく）まで雪積もったもんだ。まず正月なった。年越しきたもんだはげ、爺ど婆、屋根の雪降ろして、家の前すっかりかしき（雪払いの道具）でならしてだど。ほして年越しの晩、赤げとどこ（鮭鱒）で飯食ったけど。ほして湯さ入って、正月元日二日、三日と休んだなだど。ほして正月の四日、四日というと、百姓達の仕事のし始めで、若木迎えて行ったもんだ。山の木、何処の山の木伐っても良い。正月四日の木は何処の木伐っても罰当たらない、ごしゃがんね（叱られない）時期だっだど。皆な、早く起きて、鉈鋸持って、山の木背負えるだけ伐って、家の前さえっぺ背負って来たもんだど。ほしてえっぺ、囲炉裏の中さ薪置いて焚いったもんで、しょうでん（昔）にはえっぺ乾燥した木焚いてたもんだ、爺さま若木伐ってきたな、これけ位ずつもいで、ほして、

「婆さま。婆さま。若木採ってきたな囲炉裏の木の上さ乗せると、燃えるさげ上げろよ。上げてっと熱くなってどんどど燃えっさけて、上げろよ婆さま」

どんて、たがって持ってきて上げだど。婆、餅あぶってだな、脇さ寄せて、爺の持ってきた若木ばノコット積んだ木の上さあげだど。そして餅食いながら二人してあたって、あんまり熱いもんで二人で、そっくりかえって、あたったなだけど。ほしたれば、年とった頭の禿げた爺さまの頭さ、プッツ　プッツど髪黒くなって出はり始めだど。何だべど婆さま見ったど。ほしたれば、たちまぢ爺さままだ、その禿げた頭、黒くなったなだど。ほして爺さまどこんね。五〇歳ぐらいの親爺になってしまったど。ほして、婆も火さあたっているうち、白髪真っ黒になってしまったけど。二人とも若くなったなだけど。爺さまは五〇歳、婆さまは四〇歳ぐらいになって。

「何だて、この若木さあたったさけだが、いさ（あなた）若くなって、俺も髪くろくなって。何したてたまげたもん

だ。若木じゃ。効くもんだ」

　って、餅食ったけど。ほしてほげしているうち、爺さま、

「婆さま。婆さま。俺子供欲しいど言てったげんと（けれども）。こげに若くなったもの、子供の一人もできねもんだべが、子供の一人も作ってみんべ」

　て、部屋（納戸）さ行って子供つくりしたけどな。ほしたれば、本当に子供、婆の腹さ入ったなだけど。白髪が真っ黒ぐなったもんだし、腹の子供もどんどんおがって（育って）たちまち子供生まれたけど。男の子が一人生まれたけど。ほして、何したてえがったもんだ。

「まずまず、頭禿げた者、子供でぎだ。えがったえがった」

　二人してや、大喜びだった。ほして話したけど。

「何と名前つけるぺ」

「正月に生まれたもんだお、正月の正をとって正太と付けたらいいんねが」

　て、正太と名前付けたど。その正月の正太はおがるもんでおがるもんで、たちまち大人になってしまったけど。ほして爺さまも婆さまも若いもんで、正太も働き者で、三人で一生懸命に働いて、そこの家は大した福しくなったけど。若くなったし、子供持ったし、面白せくて、面白せくて、何ぼ稼いだてこわくね（疲れない）なだけど。ほうして幸せに暮らしたけど。

　とんぺからんこねけど。

キクエさんが松谷みよ子さんに伝えた物語

キクエさん　えげすか先生。私の通り口たって下せよ。

わらべうた

〽ネーズミ　百なっても　二百なっても　猫の声聞ぎだぐね
テンーパタン　テンパタン
孫・ひこ・やしゃご　ぞんぞりごのはてまでも　猫の声
聞ぎだぐね　テーンパタン　テンパタン

筍物語

ソーレ物語　語り候
語りをもっての物語
筍の言うこと聞けば
おがれ　おがれと　摩《さす》られて
わしほど因果な者はない
去年の秋から　かたまりて
よろんよろと出来たる筍よ
桶屋の兄さんに取り出され
くやしいと思ったれば
桶出来たんの物語

達磨大師物語

ソーレ物語　語り候
語ればもっての物語
達磨大師様
お江戸見物お出なさる
九段の坂を下るとて
オンコロコロリと転び起き
そこで茶屋に腰をかけ
茶屋の団子をつまみ食い
これ達磨　おあしを頂戴と
達磨にお足はあるもんかと
言ったるの物語

白ぶちこ

〽せんどの山の
白ぶちこ
一匹吠えれば
皆吠える

おたかに

〽ねろねろやー
ねぶると
ねずみに餅もらう
おきるとお鷹に
さらわれる
ねろねろやーど

柴田敏子さんの昔話を語り継ぐ

渡部　豊子

柴田さんと意識して話し始めたのは何度目かの例会（新庄民話の会、昭和六一年四月発足）であった。もしかしたら一年近く経っていたかも知れない。

「若げなさ感心だなやあ。昔話、好ぎだなが」

と、優しく声をかけてくれた。

「うん。小っこいどぎ、思い出すもんださげ」

挨拶は交わしていたがこれがきっかけで言葉を交わすようになった。四、五年もすると、すっかり柴田さんの人柄と語りに惚れこんでしまった私があった。そして、東京だ福井県だと二人で語りの旅にも出掛けるようになったのだが、今思えば全て柴田さんの計らいではなかったのか。

そのころから、会うたびに少しずつ自分の生い立ちや生家のこと、昔話に対する思いなどを話してくれたのである。

柴田敏子さん

柴田さんの実家、小野家は真室川町名子の小野弥太夫という組頭をしていた人が先祖で、一里四方に土地があったという。家の前には「ゴエイサツ」というものがあり、前を通るときは被りもの、傘、手拭などを取り丁寧に頭を下げて通ったという。

昔、真室川町川の内に代官所があり、そこから十二の長嶺を越えて大沢に入る道筋に小野家があり、追い分けは現在でも残っているという。十二の長嶺は他の村から村へ入る要路であり「ゴエイサツ」とは、どのような役目を果たしていたのか記すものが無いのが残念である。

その時代のある年、土蔵が破られ大事な物はほとんど盗難にあってしまい、家系図「ゴエイサツ」を記していたものなども一緒に失ったのではないかというのである。

しかし、先祖から家宝だと伝わる巻物二巻は残っていて、一巻は「山立根本（やまだてこんぽん）の巻」という日本全国どこの山に入って狩猟しても良いと記された巻物であり、私も平成二〇年頃に真室川町民俗資料館に二、三年、展示されていた時期に拝観したことがあった。

小野弥六家に伝わる山立根本の巻

ふるさと伝承館の柴田敏子さんと杉浦

余談になるが、平成二九年九月一六日発行、『熊と狼―人と獣の交渉誌―』東北歴史博物館編集の中に、北秋田市阿仁根子《あにねご》に「山立根本の巻」（個人蔵、現在、北秋田市管理）があり、「弓の名手、萬事万三郎が下野国で日光権現を助けて赤城明神を

『柴田敏子の語り　十二の長嶺の昔』

退治したとあり、その功績によって日本国中での狩猟を認めるという由緒書がある」と、記されており、驚いたところである。

もう一巻は、長さ七尋（一尋は約一・八メートル）に及ぶ巻紙に、五百体もの観音像が描かれている巻物で、大事にしないと目が潰れると言い伝えられているというのである。また、小野家には、山の神様を内神として奉ってあるお宮が山にあり、夏の間はお田の神としてお宮に、冬には家の神棚へ山の神様としてお移し申し上げる。

旧の一二月一二日、代々当主が厳かにご神体を山に迎えに上がり、家の神棚へとお移し申し上げると、村人たちがこぞってそれぞれの重箱に餅を入れてお参りに来るのでとても賑やかであり、小野家では山の神様の月、一二月は餅を搗かないのでお蒸《ふか》し（赤飯）をしてお供えし村人の重箱に入れてお返ししたというのである。

柴田さんはこのように由緒ある家に、昭和六年、五人兄弟の二番目（女三人、男二人）として小野弥六家に生まれたのである。子供のころは体が弱かったため祖母は殊の外柴田さんを可愛がり毎日毎晩、懐の中で昔話を語ってくれたのであった。

そういう環境の中で育った柴田さんの昔話は、山の神様、観音様、水神様と神信心の深い昔話や情の籠もったものが多く、人柄が滲みでる優しい口調の語りである。

ある日、語りの途中、突然、

「渡部さん。私が語れねぐなったら俺の昔話、語ってけろな。これから会うたび、語っからな。約束だよ」

と言った。

「なーに言ってんな。語れねぐなるなて何一〇年も先のごどだべや」

こんなこと言いながらも、語りの後での一服はおいしかった。「渡部さんこういう昔話覚ったが」「こういう昔話、語ってみろ」と。こういう時は至福の時間であった。

昔話を語り継ぐ約束をしたその年の平成一四年一〇月二八日、急に思い立ち、二人で十二の長嶺に向かったのである。途中、実家のお姉さんも一緒したのであった。紅葉が真っ盛りの中、十二の長嶺から眺める村々や小野家の山の神様を姉妹で指差しながら眺めている姿は、なんとも微笑ましいものであった。私も語り継がせてもらうには、柴田さんの生まれ育った家、回りの風景、何よりも十二の長嶺なるものを知らずして語れないと思ったのである。〈来て良かった〉と、しみじみ思ったのであった。

そして、しばらくぶりで柴田さんの語りを聞くことになった平成一五年七月七日、「これで全部だよ。語って欲しい昔話、全部語ったがらな」と、最後に「金の入った小袋」を語ってくれたのであったが、数えてみると何とその話数、六二話にもなっていたのである。

その後、この素晴らしい昔話を私独り占めにはできないと、当時民話の会の会長であった大友義助さんに相談し、『柴田敏子の語り――十二の長嶺の昔――』を編集したのである。

それから間もなく、柴田さんは体調を崩し入院、手術入院と何度か繰り返し、お伺いしてもなかなか会う機会がなかったが、たまたま杉浦邦子さんと訪ねた折り、元気な姿で迎えてくれ楽しいひとときを過ごしたことがあった。

昨年の夏、再び何年振りかで不在であろうことを承知で訪ねたところ、偶然在宅していてお会いすることができたが、急だったので玄関でお暇させてもらった。

最近になって近所の人の勤務する施設に柴田さんが入所していることを知ったのである。聞くところによると、耳が不自由なため読書していることが多いと言う。

（ここまで書いてペンを止めた。どっと思い出が蘇り、柴田さんがどうしているか矢も楯もたまらず入所しているという施設に車を走ら

バッケを摘む柴田敏子さん

せた）

施設の人が親切に私を案内してくれ、テーブルでぬりえをしている人の肩を軽くたたいた。振り向いた途端、「エッ」と、目を見張って立ち上がり、手を伸ばして抱き合ってしまった。

柴田さんは思ったより元気で、二人きりになると迸《ほとばし》るように長い間のことを話してくれたのである。

話によれば、何年も入退院を繰り返し、ようやく元気になった頃、花でも植えようと庭に出たところ、つまずいた拍子に庭石に強く頭を打ち、頭はもちろん右の耳が切れ、救急車で運ばれ手術をしたのであったがその記憶が全く無かったというのである。耳の方は何度か手術し、退院まで二年近くもかかったが、今度は胃に腫瘍が見つかり手術、腸への転移と長い間の闘病生活であった。昨年、私が伺った時は、此処の施設に入所する直前で、間もなく入所したのであった。

「耳が不自由で……」

と、嘆いておられたが、私は心得たもので、話すときは左耳に口を近づけて大きい声で話したので、会話には不自由しなかった。

笑ったり、涙ぐんだり、あっという間の一時間であった。暖かくなったらお花見に連れて行くことを約束しお暇したのだったが〈なんで早く来なかったのか〉と自分を責めながらも柴田さんに会えたという実感が体中に湧いて来たのだった。

他人の昔話を語り継ぐということは、その人を理解し尊敬し、昔話を心から好きだという思いが重なり合ったとき、始めて語り継ぐことができると思うのである。

私は、すばらしい人の語りを戴いたことに感謝し、これからも祖母の語りと共に「柴田敏子の語り」を心を込めて語り続けて行こうと自分に誓ったところである。

語らせてもらう時には必ず「柴田敏子の語り」であることを申し添えて。

渡部豊子さんが語り継ぐ「青沢の捨子」

むーがす　むがす、あったけど。

むがす、松之助爺さまぁ、青沢の山越えで、酒田の港さ魚買い行ったけど。婆さまがら、

「盆の支度すねんね。昆布だの鰊《にしん》だのて、盆さ使うもの買って来てけろちゃや」

て、言わって、

「んだら、天気良《え》えさげ行ってくっか」

て、酒田の港さ来たなだっけど。ほして、婆さまから頼まったもの、天草がら、エゴ草、昆布だの鰊だのえっぺ（たくさん）買って、まだ、青沢の山帰って来たけど。荷物背負《しょ》って、大汗かぎながら山上って来たもんださげ、〈ここで、一服つけで行ぐがな〉て、ブナ林の木の下まで来たでば、なんと、おぼご（赤子）捨てらってだけど。

「ややや……。こうゆう所《ど》さ　おぼご置いで行ったら、山犬（狼）だの熊だのて、食っちゃぶらって（食い散らして）しまうべちゃ。何だどんて、こういうどさ置いで行ったもんだべ」

て、言ってみだども、〈よぐよぐの事だんだなぁ。おぼご捨てるなて〉ど思って、抱ぎ上げでみだど。ほしたでば、

なんと、普通の人なの着れねぇよだ、真っ白い絹の紋つぎの着物着ったなだけど。

「こりゃ、普通のおぼごんねちゃ。よっぽど由緒のある家のおぼごだんだなぁ。ここ（ここに）置いだら、このおぼご命ねぇな」

て、しぼぁらぐ考えったきゃ、

「我《わ》ぁ家《え》でも子供あえっぺ（たくさん）えだども、なぁに、四人育でるも、五人育でるも同じだ」

て、言うど、懐さ抱いで連で来たけど。

ほして、我ぁ家の子供ど同じように育でだけど。

ほの子供　だんでぇ（だんだん）育って来て、村の子供達《んぼご》ど同じ、顔ば真っ黒、つぎはぎだらけの着物きて、あっつこっつ走り回って遊ぶようになったけど。んでも、どごどなぐ品があって、言うごどなすごど別だけど。

あっ時、近ぐのお寺の山門どさ（所に）行って、木の棒《ぼ》っコ持って、一所懸命なにか書いでだけど。和尚さん、それ見で、

「坊。なにしったや」

て、声掛げでば、

「和尚さん。このお寺まだよ、「チョウセン寺」て、いうなが。こごさ書がったな　ほげ（そう）読むなだが」

て、言うけど。

「ほう。坊まだ　書物読むどが、字書ぐな好ぎだなが」

て、言ったでば、

「うん」

て、言ったけど。和尚さんまだ、ちょうど小僧っコ置ぎでど思って居だったもんだあげ、松之助爺さまさ行って、

「この子供《んぼご》ぁ、普通《なみ》の子供ど違うようださげ、俺どさ預げでみねが」

て、言って、お寺さ　預げられるごどぇ　なったけど。ほしたでば、一つ教えっと一〇覚る利口な子供で、一二、三もなったでば、和尚さんの代わり法事なの勤めるようになったけど。ほして、檀家の人達がら、

「和尚さんより、声ずっと良《え》え。法事ぐれだば、小僧さんで良《え》え」

て、言われるようになったけど。

ほして、なんばが良え和尚になるべて、村の人達も喜んでいたけど。

ほげしてるうず（そうしているうち）、村さ腹病み流行《はや》て来て、村の人達ぁ、バタバタ、バタバタど、死んでいったけど。ほしたでば、ほの小僧っコも、檀家からでも　もらって来た食い物　良《え》ぐ無《ね》がったもんだが、

「和尚さん、腹痛《いて》え」

て、言うど、一晩で死んでしまったど。

和尚さん、ほれごそ泣いで、村の人達も、松之助爺さまも、みんな泣いだけど。

「命、無《ね》えなだったべちゃや。青沢で拾《しょ》って助けだ命、これまでだったなが」

て、松之助爺さまぁ、泣ぎながら葬式したど。

ほれがら何年かして、爺さまの家で、娘さ婿取ったけど。

ほしたでば、生まれだ子供《んぼご》、二つなっても、三つなっても、さっぱり口きかねぇけど。ほして、仏様の鉦《かね》、「カーン、カーン」ど、叩《たで》ぇで遊んでる子供だもんださげ、（この子供、不思議な子供だもんだ）ど、思ってえだったど。ほういう時、ちょうど、村さおながま（巫子）回って来て、村神様おろしてくれるごどになって、みんな拝んだけど。ほの晩、松之助爺さまの家さ　宿当だったけど。ほうすっと、爺さま、

「実は、おら家《え》の子供《んぼご》、鉦叩《たで》ぇで不思議な子供だじゅ。神おろしてけんねが」

て、頼んだでは、死んだ小僧っコ、仏様なって出はってきたけど。ほして、

「おら、なんにも知らねで、こんじょ（今生）たったども、あの世さ来てみだでは、おれまだ、酒田のほうで生まったなだっけ。父親母親、すぐそばさ居るなだども、こっちの墓さ埋めらってるさげ、抱がってぇども、抱がらんねぇ。親に抱いでもらうには、おらのお墓の土、親のお墓探して、そごさ一緒に埋めでもらわねば、抱いでもらわんね」

て、言ったけど。

「んだて、どげして探すどご。お前《め》、捨てられてえだ人だもの、わがんねぇべや」

て、言ったでば、

「おれ、捨てられでだどぎ着ていだ着物さ　紋あっさげ、それ探《た》ねでけろ」

て、小僧っコの仏様、言ったけど。

松之助爺さま、早速お墓の土　袋さ入《へ》って、口のきかね子供背負《んぶ》って、捨て子の白い絹の紋の付いだ着物掛けで、青沢越えで酒田さ探《た》ねで行ったけど。

立派な着物だもの、お屋敷みでだ所《どご》ばり　何軒も何軒も探ねだども、

「けぇずぁ（これは）、おら家《え》の紋《もん》　んねぇ」

「おら家んなも　んねぇ」

て、言われるじょお。

「あーあ。だめだなぁ。戻らんねんねがわなぁ、めご（めんご）」

て、背中の子供《んぼご》さ喋りながら、ずーっと来たでば、立派なお屋敷の前さ　品の良え旦那さまが立ってえだけど。ほして、子供の着物の紋見で、呼び止めだけど。　松之助爺さまぁ、

「実は、おれ、酒田さ魚買い来た時、青沢から捨て子拾って、こうこうこういう訳だ」

て、今までのごど、すっかり語って聞かしぇだでば、ほの旦那さま、

「いづが来るど思って、今日が明日がて、待っていやした」

て、言うけど。ほして、

「おれは、親が死ぬ間際まで、何も知らねがったども、おれまだ、双子で生まった兄だなだど。んでも、ほの頃、双子生まれっと、「犬畜生腹」って、どっちも育だねぇさげ、一人は捨てなきゃなんねぇがったって。そして、だれが、良《え》え人で拾って貰いだいと、おら家《え》の若勢《わがぜ》、泣ぎながら隠れでみでだら、『魚買い来たよだ、親切そうだ人に拾われて行ったけ』て。その後、全然消息わがらねぇくて、親が息引ぎ取る時、『もし、幸せに暮らしていればほんでええし、らぐんねぇ（貧乏）暮らしてるようだば、お前、何とが助けでやってけろ』て、遺言さったども、この頃、『今日明日、来っかすんねさげ、気い付けでみでろ』て、親が枕神立ってよ」

て、言うけど。ほして、

「今日で三日目だども、来ねもんだべがて、ずっと、門のあだり挑めったった」

て、言ったけど。ほして、早速、菩提寺の和尚さん頼んで、お墓の土、我ぁ《わ》家《え》のお墓さ入れで、拝んでもらったど。

ほしたでば、何と、爺さまさ背負《んぶ》った　三つなっても口きかんねぇ子供《んぼご》、両手合わせで、

「なんまみだぶづ、なんまみだぶづ」

て、声出したけど。

「いやいや。やっぱり、世の中さじゃ、神も仏もあるもんだなあ」

て、爺さまぁ始め、みんな動転《どで》してすまたけど。んださげ、死んでも親子は求めあうもんだど。

どんべ　すかんこ　ねっけど。

活気あふれる　真室川伝承の会 ふきのとう 交流会 ―埼玉県寄居町

永井　章子

平成八（一九九六）年五月二六日（日）から二七日（月）、「真室川伝承の会」と「ふきのとう」との交流会が埼玉県寄居町、かんぽの宿で行われた。二二年も前のことである。記憶も曖昧で、今回、あらためて寄居での交流会の録音テープを聞いてみた。録音テープを聞きながら、一人で何度も笑っている自分に気が付いた。こんなに見事に、楽しく語られた昔話を、私は贅沢にも、何度も何度も聞かせていただいていたのだ。今はもう会えなくなってしまった大勢の方たちの温かい声を聞きながら、自分がどんなに幸せな時を過ごしてきたか、昔話がどれだけ私に生きる力を与えてくれたか、を再確認することになったのである。

杉浦邦子さんに連れられて「ふきのとう」で三回（平成五年二月、平成六年三月、平成七年二月）真室川を訪れた後、今度はこちらで迎えようと寄居での交流会が企画された。真室川から二二名、面会者二名、ふきのとう関係者三四名、日帰りも約一〇名。真室川からの大勢の語り手だけでなく、現代の都市の語り手も勢揃いした。今回は迎えるのが私たち「ふきのとう」のほうなので少々緊張。準備、会場、進行、私たちの役目である。実行委員を決め、数回委員会を開いて準備を整えた。私たちを歓待してくださった真室川の方たちを思い出して、それに応えられ

「ねずみ経」を語る徳永明子さん

参加者を待つ受付係

る会が開けるか心配だったが、それは杞憂に終わった。

朝五時半に真室川を出て、一四時前に寄居着という強行なバスの旅にもかかわらず、疲れも見せず、次々と昔話を語って下さる真室川の皆様の元気と明るさには、目を見張るものがあった。同行して下さった役場の村松さんによれば、バスの中でも歌や踊りの準備で大変盛り上がっていたそうである。真室川の自然を持ってくることはできないが、真室川の空気はそのまま持って来て下さった。それは、真室川の人と自然が持つ温かさである。そこで、自然で気取らない、しかも、聞き手を唸らせるほど見事な語りを聞かせてもらえることになった。

一日目の午後の交流会第一部では、これぞ昔語り、という話、「きつねとかわうそ」「へーしんたろう」「どやむかし」などが語られた。新田小太郎さんの戦争の話もあった。真室川の語り手だけではなく、小河内《こごうち》芳子《よしこ》さんを初めとする現代の語り手たちも語った。小河内さんは、日本の児童図書館職員の先達で、その年米寿を迎えておられた「語り」の大先輩である。「ふきのとう」からは「ねずみ経」「とめきちのとまらぬしゃっくり（創作）」な

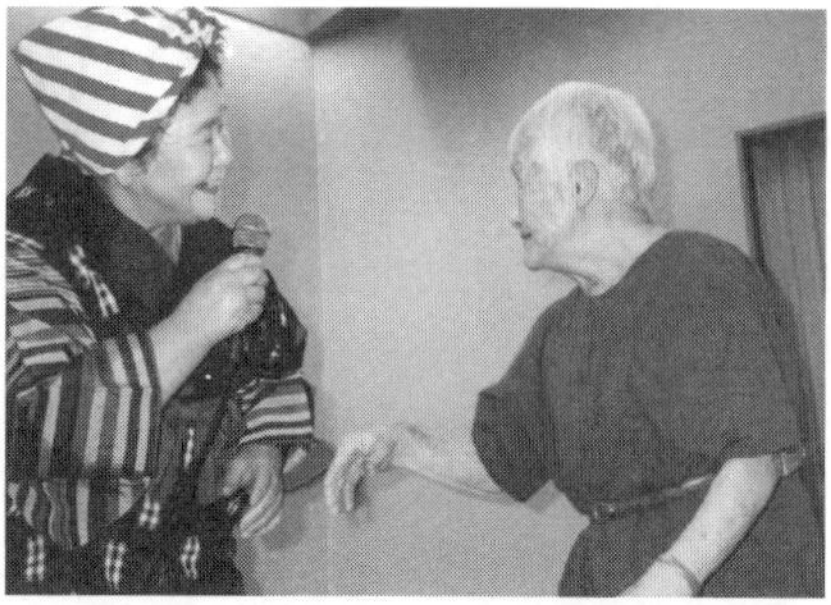

おしんに扮した沓沢ケイ子さんと小河内芳子さん

どが語られた。

そして、夜の宴会はまさに芸能発表会。踊りあり、歌あり、の楽しい交流会になった。大黒舞で始まって、衣装にも凝り、真室川の皆様の練習の成果がたっぷり披露されることになった。「ふきのとう」からは、國井明美さんが代表して南京玉すだれを披露。その後、南京玉すだれは、「ふきのとう」会員で習い練習して、私たちの唯一の芸となった。真室川の皆様の唄や踊りのあまりの楽しさに、小河内さんまでがロシア民謡を歌って下さった。真室川音頭もみんなで歌い、踊り、楽しい時間を過ごした。野村敬子さんいわく、「芸能は語りの母」だそうである。

夕食後は五部屋に分かれての交流会第二部。それぞれの部屋で、真室川の語り手からは「米福糠福」や「長者の婿取り」など、「ふきのとう」からは「こぶじいさま」や「いぬとにわとり（創作）」などが語られ、楽しい時間を過ごした。二部の交流会終了後も、土田賢さんの部屋では「安達が原のやまんば」が夜遅くまで語られていたそうである。

二日目の午前は、また全員で集まって交流会第三部。「長びつの中の親父」「若衆の初夢」などが語られ、みんなで「ばっけばっけふきのとう」の唄を歌い、最後に野村敬子さんに会の総括をしていただいて閉会した。

帰るころにはすっかり打ち解けて、はじけるような笑顔でバスに乗られる真室川の皆様の姿が今でも目に焼き付いている。寄居での交流会は大成功。真室川の皆様にとっても「ふきのとう」の私たちにとっても、実にいい節目になったと思う。

昔語りの世界は、語り手と聞き手が作る不思議な空間である。語りが終わると消えてしまう。寄居での語り手が皆楽しそうに生き生きしていたこと、聞き手も素直に目を輝かせて「おはなし」を聞いていたことをはっきりと思い出す。本当の楽しさは、その時その場にいた者にしかわからない。それは、伝承の語り手の時も現代の語り手の時も同じだ。

あれから二二年、語りを取り巻く環境も変化した。けれども、厳しい現実の生活の中で、昔話が、聞き手のみならず語り手をも、励まし元気付けるものであることを、今、身をもって感じている。

百姓漫才をを語る佐藤ホヨコさん

世の中には映像があふれ、耳に届けられる言葉が主だった時代は遠くなった。語る意味、語る目的、語り手のおはなしに対する意識、変わっていく言葉、変わっていく伝え方、そして、聞き手の変化。時代の流れの中で、私たちは何を伝え、何を残さなければならないのか、今こそ考えなければならないと思う。伝承の語り手は少なくなり、見回せば現代の語り手ばかりになっている。語る目的も様々だが、活動は活発だ。けれども、このままでは現代の語り手も減っていくに違いない。大人たちは労働力不足の中で働くことを余儀なくされ、聞き手の子供たちのほうも忙しく語りを聞く時間を作るのも難しくなりつつある。娯楽がたくさんある現代に、子供たちが自発的に「おはなし」を聞くことを選ぶとも思えない。

そんな中で私たちが無理してでも昔話を語る意味は何だろう。子供たちには、「おはなし」を自由に聞く楽しさを味わってもらいたい、そして、「おはなし」を聞くことが、学習ではなく、楽しみであってほしい、と私は思っている。実際に目に見える成果や効率ばかりが優先し、心が置き去りにされがちな社会の中で、心を自由に遊ばせることができる時間が人間には絶対に必要だと思う。そのために、私たちは、ずっと昔からの知恵や勇気、笑いやあやまちまで詰まった昔話を、人の温かさに乗せて語っていく必要があるのではないか。今できることは、

皿こ踊り　キクエさんたち

子供たちにまっすぐ向きあって、心のこもった言葉を使って、生の声で、しかも愛情をこめて「おはなし」を語り続けることしかないのではないか。昔話を聞かせていただくことで皆様にもらった山のような宝物を、どうやって次世代に手渡していくかが、私たちに残された課題である。

「ふきのとう」が真室川を訪れる時、私は必ず参加させていただいたのだが、それは、真室川の大きな自然、昔語りとその場の温かさ、そして、それにもまして、そこで生活している芯のある人々にひかれたからなのだと思う。

真室川との出会いを作って下さった野村敬子さんと「ふきのとう」の杉浦邦子さん、私たちを喜んで迎えて下さった真室川の皆様、昔語りへの旅をご一緒して下さった「ふきのとう」の皆様に、心からお礼を言いたいと思う。

ロシア民謡を歌う小河内芳子さん
左は徳永明子さん

真室川音頭の踊り

真室川音頭を唄う

今度は真室川で逢いましょう

東京で聞いた真室川の語り手

江夏由起・田中初美・宮石百合子

　真室川の語り手の方々に東京で語っていただくようになったのは寄居町での交流会（一〇六頁参照）の後からである。平成八（一九九六年）年五月二六日〜二七日真室川の語り手とふきのとうの交流会をもった。

　二六日の夕食後は大広間で大宴会になった。真室川の方々は芸達者で唄あり踊りあり、衣装や鬘まで自前で、その意気込みに圧倒された。東京側は國井明美さんの南京玉簾だけだった。このことがきっかけで私たちも何かしなくてはと、南京玉簾を習い、のちにふきのとうの唯一の出し物になった。宴会の後は各部屋に真室川の語り手が四〜五人に分かれ、東京の人たちも分散して各部屋の方たちの語りを聞いた。そのお一人が小嶋さんだった。その時、娘が東京にいるので度々上京すると伺い、上京される時には、お目にかかりたいですねと話がはずんだ。交流の一端を書いてみる。

小嶋《おじま》キヨさん——語るのが大好き、聞いてくれてありがとう

早速翌年に小嶋さんを烏山区民センター（世田谷区）にお呼びして語っていただくことができた。付き添いで娘さんが一緒に来てくださり、「こんなに楽しそうに

語っているのを横から見られて嬉しいです」とおっしゃっていた。

つづいて私たちの所属している「おはなし泉」は、世田谷区立砧図書館で「小嶋キヨさんの昔語り」を催した。方言の語りを聴いたことがない世田谷近辺で語りの活動をしている方々へチラシで呼びかけた。内容は「小嶋さんは、地元の山形県真室川町の小学校などで子ども達に語っています。東京で方言の語りを聴く良いチャンスです。子ども達の参加も待っています。」だった。

当日は一時間たっぷり語っていただいた。その様子をビデオに撮り、後日小嶋さんへ送るととても喜んでいただけた。ある日小嶋さんがお風呂から出てきたら、丁度ご主人がそのビデオをご覧になっていて、ポツリと「おまえはこういうことをしていたのか。たいしたことをしていたもんだ。」というようなことを言って褒めてくれ、それは嬉しかったと言っていらした。江夏は夫がビデオ撮影が好きだったので頼んだら引き受けてくれた。それで思い出になればと気軽な気持ちだったがとても喜んでもらえてよかった。

笑顔で語る小嶋キヨさん

また、「民話と文学の会」の例会に新宿に来ていただいた。この時は、小学校低学年の男のお孫さんと娘さんも一緒で語りを楽しんでくださった。お孫さんもおばあちゃんの昔話は大好きと言っていた。小嶋さんはいつもにこやかで声は大きく、語るのが楽しくて仕方がないという様子がにじみ出て、哀しい話や怖い話も笑いながら語っている雰囲気だった。

冬の寒い時期には娘さんのお宅のある北区の浮間に一、二ヶ月位滞在されていたので何年かの間に七、八人で浮間に二〜三度伺い語っていただいた。その時は前もって何を語るかをメモ書きして何話も語ってくださった。新聞のチラシの裏に大きな字で話の内容を書いて用意しておられることもあった。「皆が来てくれたのに忘れたりしたら申し訳ないから」との事だったようだ。

そして、持ち寄ったお菓子などで世間話をしてお茶会も楽しんだ。娘さんの倉持満喜子さんにもお世話になったことも思いだされる。

若い時はとても苦労して大変だったけど、今が一番幸せな時だ。自分の話を皆が聞いてくれるし、家族も応援してくれて充実した時間を過ごしていると嬉しそうに言っていらした顔が忘れられない。

平成二〇（二〇〇八）年真室川の梅里苑で東京から一二〜三人参加して交流会をした。この時は寄居の時と同じ様に夕食後の宴会では真室川の芸達者な方々に押されながら南京玉簾を披露できた。小嶋さんは、いつもにこにことして大きな声で語り、自分自身が語ることを楽しんでおられたのが印象に残っている。小嶋さんとのご縁は真室川の語り手のなかでも深かったと思われる。

高橋《たかはし》シゲ子さんの思い出——一諸にとげ抜き地蔵へ行きました

高橋シゲ子さんには三回上京して語っていただいた。その中で平成一三（二〇〇一）年一〇月二三〜二四日について書いてみる。

二三日は渋谷で語られ、二四日は宿泊先の恵比寿までお迎えに行き、世田谷の文学館において、「おはなし泉」の会で語っていただいた。この時のチラシの呼びかけは「シゲ子さんは、地元の小学生に語るだけでなく、子ども達が語り手として育っていくための指導（口承の伝承）をなさっていらっしゃる素敵なおばあさまです」でした。

当日は、机を並べた上に座布団を敷いて座り、頭に手拭いを姉さん被りにして語りをされた。「この格好で語りをするものだ」と言われ、語りに儀礼があることを知った。聞く方々が方言語りをあまり聞いたことがなかったが、高橋さんの語りの雰囲気に引き込まれていた。高橋さんはやさしい顔立ちで物言いも穏やかな明るい方で本当に昔話にぴったりのおばあちゃんという感じだった。

　その日の午後から、宮石・田中・江夏の「ふきのとう」メンバーでお年寄りの原宿と言われている巣鴨へお連れした。とても喜んでいただき、とげぬき地蔵でシゲ子さんは、真室川のお友達のために手拭いを何枚も購入して、観音様のご利益があるようにと濡らして持ち帰られた。

　真室川の皆さんにはさぞかしご利益があったと思う。方言の語りを聞くだけではなくこのような交流が出来て貴重な経験だった。

椅子の上で正座して語る
高橋シゲ子さん

佐藤《さとう》輝代《てるよ》さん――みんなでお見送りしました

　輝代さんに初めてお会いしたのは、平成三（一九九一）年八月の「民話と文学の会」の真室川の採訪の時である。五、六人でご自宅に伺い何話か語っていただいた。当時、まだ方言の聞き耳が無く、ほとんど聞き取れなかった。テープに吹き込んで後にテープ起こしの作業があったが、担当になった話を何度聞いてもあらすじはわかっても言葉を原稿に起こせず、一緒に行った吉野庸子さんにお願いした。輝代さんの声のトーンはいい声で唄もとても心地よかった。小柄で可愛らしく、なかなかの美人だった。一人暮らしでいらしたが訪れた私たちに菓子やら漬物を用意してくださり、茶の間でちゃぶ台を囲んで聞いた風景が思いだされる。茶の間から濡れ縁に出ると上にはぶどうか何かのツタが緑のカーテンになり夏の日差しを和らげ、垣根の先の田んぼの緑がきらきらしていた。

　それから何年かして輝代さんは病気になられた。息子さんの勤め先が東京の郵便局だったので飯田橋の逓信病院に入院されたので、杉浦さんとお見舞いに伺った。そ

佐藤輝代さん（伯母・伊東ヨソノさん宅の囲炉裏端で）

の後も仕事で飯田橋に行くことがあり二度ほどお見舞いに行った。それから間もなく亡くなられ、目黒雅叙園の近くのお寺で葬儀が行われ参列した。丁度お盆の時で真室川の親戚の方たちが上京できないので、東京での知り合いとして「ふきのとう」の会員たちがお見送りした。東京の聴き手を代表して野村敬子さんが弔辞を述べられた。こじんまりしたお寺さんで、控室では輝代さんの語りのテープが流れ、何回かお会いしただけなのに、輝代さんの記憶されていた唄やお話も無くなってしまうことにとても寂しいと思った。

他にも、新田小太郎さん、柴田敏子さんには「ふきのとう」の会員に向けて、幼い頃の暮らしや、どのように昔話を聞いたのか、などを教えていただいた。高橋シゲ子さんはご夫妻共々上京された折には、この時を逃してはいけないと午前、午後とハードなスケジュールを組んで語っていただいたこともある。

どのかたも真摯に語りと向かい合い、誠実に人生を歩いておられる姿を自然に見せてくださった。思い返してみると貴重な経験だったし、今の私共の考え方などにも少なからぬ影響を受けていると思う。

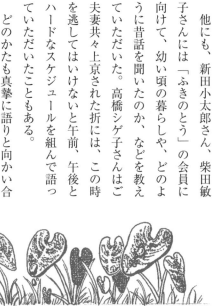

沓澤ケイ子さん（左）と小野栄さんの大黒舞

商いも踊りも昔話もみんな大好き　沓澤ケイ子さん

杉浦　邦子

真室川町の語り手の方々の中には、現役で仕事をしておられて、私たちが訪問したときにはお目にかかれない方もあった。沓澤ケイ子さんもそのお一人だった。軽トラックに乗って、軽快に動き回っていらした印象がある。

多忙ではあっても、「真室川民話の会」（平成九年「真室川伝承の会」から改称）の名簿には、当初から事務局員・会計として名前が載っている。皆から「ケイ子ちゃん、ケイ子ちゃん」と呼ばれて信頼が厚いとお見受けした。ケイ子さんと私たち「ふきのとう」との出会いは、平成五年に「ふるさと伝承館」（安楽城地区差首鍋《さすなべ》）で交流会を行ったとき、小野栄さん（大正一二年生）と二人で大黒舞を披露してくださった時だった。息の合ったお二人の着物の襟には、〔金百歳〕・〔銀百歳〕の文字が縫い取られていた。当時評判だった双子の姉妹、金さん銀さんに託したその年齢は毎年増えていった。次は

「おしん子守唄」を見せると言われたが、それは、翌年、寄居での交流会の折に実現した。

一五歳までの命

沓澤ケイ子さんは、昭和四（一九二九）年に砂子沢で生まれた。両親と八人きょうだいの家族で、二番目に生まれたケイ子さんは、子をとって「こぉ、こぉ」と呼ばれていた。父親は小国《おぐに》出身、桶屋に弟子入りをして箍屋《たがや》をしていたので、「タガエ」と呼ばれていた。

小学校一年生の時病気になり、三学期は全然学校へ行けなかった。肋膜とか結核とか言われたが、原因も病名も不明の上、弱って起き上がることもできなくなった。父親は、握り飯を持って、あちこちのカミサマ参りをした。カミサマとかオナカマ（巫女）といわれるのは、民間にあって託宣をする職能の人である。今でもオナカマに相談に行くという話を聞くことがある。父親は当時評判だった名木沢《なぎさわ》（尾花沢市）へも行ったが、どこへ行っても良いことは聞けず、それどころか「一五までしか生きられねぇ」と言われたこともあり、「駄目だぁ」とがっかりして帰って来るのだった。

ところが、「これ、臼で叩《はた》いて、飲ませてみろ」と言って、何かをくれたカミサマがいた。父親は、夜九時頃帰るとすぐに、もらった物を臼で叩きはじめた。テンコテンコ、テンコテンコという臼の音が隣家へ聞こえた。すると、隣では、「ああ、タガエの子は死んだでぁ」と思って、翌朝早く、「こぉ、えくねえだか」と、訪ねてきた。「んねぇ、んねぇ。こういう物もらってきて、臼で叩けっていうもんで叩いたわ。臼の音聞こえたかぁ」

人が死ぬと早団子を搗くので、隣家では隣の子どもはとうとう死んでしまった、と思ったのだった。

それはともかく、ケイ子さんは、叩いて粉にしたものを、薬の紙で三角に折り包んで、「角《かど》から飲めよ」と言って渡された。それが、香《こ》ばしいもんで、香《こ》ばしいもんで、「もっとくれ」とねだるほどだった。大人になっても、あの香ばしさと味は覚えているという。その粉を二、三日飲んだら立ち上がれるようになったが、あんまり痩せて膝かぶが、ポンと出ていたことを覚えている。手を引かれて、トイレまで行くこともできた。喜んだ母親が、マコロン二つとゆで卵をくれたが、それは食べる気になれず、綿入れの袂に入れておいて、トイレに投げてしまった。それでもだんだん食べられるようになり、二年生に進級できた。

親たちが「一五までしか生きられねんだ」と話しているのを戸の陰で聞いてしまったから、自分でもそう思っていたのだが、「あれ、まだ死なねぇ」――一五歳まで生きて、尋常小学校高等科二年を終了・卒業することができた。

成人後は大変元気なケイ子さんの子ども時代のエピソードである。

安楽《あらき》城郵便局に勤める

その年の秋から安楽城郵便局に勤めることになった。局長の佐藤忠太さんと父親が同級生だったので、「娘持ったんでねぇか。娘、貸せちゃやぁ」と言われて、就職が決まった。

佐藤家は屋号を与衛門と言い、広大な山林を所有する安楽城きっての素封家として知られる。採訪の時、小作人はニワ（土間）に入るにも履き物を脱いだ程の大旦那だと教えられたが、採訪には伺わなかった。戦後、安楽城郵便局長として、民俗やわらべ唄の調査研究とその発信で知られる陸三さん（二四五・二六三頁参照）は末弟である。ケイ子さんは陸三さんと親しかったが、職員としては忠太さんに仕えたのだった。

大きな大きな大戸に付属した潜《くぐ》り戸は小さかったのが印象に残っている。潜り戸は、どこも同じように小さいそうだ。潜って入ると、「来い、来い、来い」と言われて、与衛門の屋敷に隣接する局へ連れて行かれた。男性は皆招集されてしまい、局長さんと年取った男の人と女の人しかいなかった。そこで、局のことは全て、貯金・保険・電報等全てのことをやらざるを得なかった。実は、前述の栄さんが辞めたので、ケイ子さんはその代わりに入ったのだった。栄さんに、「これ暗記しろな」と言われたのは、電報の打ち方、電文を正確に伝えるための特殊な読み上げ方だった。教育勅語を暗記したんだし、これは平仮名だから（易しい）と思って一所懸命覚えた。

アサヒノア、イロハノイ、ウエノノウ、カワセノカ……。

栄さんとは、生涯の友達である。栄さんのお葬式の時には、お寺の和尚さんに言われて弔辞を読んだが、その中でも電報のことを話したとのことである。真室川町では、葬儀に際し、親しい人が弔辞を読む習慣がある。

郵便局には自転車に乗れる人が誰もいなかったので、電報が来ると鞄に入れて配達した。遠い西郡《にしごおり》や小国などへ行くのは大変だったが、そのお陰で、小国では唄も昔語りも上手なヨシばあちゃんに出会うことができた。いつも炬燵に入ってケイ子さんを待っていて、「入れ入れ」と誘い入れては、いろんな話を聞かせてくれたのだった。「青沢峠の捨て子の話」もその時に聞いた。

空襲警報が出ると、監視所に「空襲警報発令」と伝えるのも仕事の一つだった。そして、重要書類を袋に入れて、背負って、与衛門の蔵に入った。蔵には、蛇の殻《から》が一杯。蔵の中に、米俵が富士の山のように積み上げてあった。

二〇歳近くまで勤め、裁縫を習いたいと思って退職した。

結婚と仕事

二五歳で結婚して、しばらく新庄に住み、下宿屋を営んだ。夫は、メリヤスシャツの上下を背負って売って歩いた。夜、風呂敷一杯仕入れて、昼間売り歩くと全部売れた。そのうち車を買って、二人で山形へ仕入れに行った。後には、ずいぶん仕入れるようになったが、儲けはあまりなかった。それでも頑張っていると、みんなにお金があってよく売れた時代が来て、その時が一番儲けもあり、良い時期だった。

砂子沢に店を開いたとき、安楽城郵便局は陸三さんが局長になっていたが、役場が移転したからと言って、旧役場の電話を店につけてくれた。元、郵便局にいたので親しみを感じてくれたのかも知れないと、振り返っておられた。

店を出しても、客に「〇〇を持してきてけろぅ」と言われると、家まで持って行った。そのうち、お客さんを迎えに行って連れて来ないと売れなくなった。その次は、買い物をした客と品物とを一緒に家まで送っていく、そういう時代になっていた。

〈これは免許を取らねば、できねぇ〉と思って、五九歳のとき運転免許を取った。その前に、バイクの免許取って、雨の降る日も後ろに荷物をつけて走っていたが、〈こんだ、送り迎えしねばできねくなったし、時代さ遅れるなぁ〉と思って、教習所に行った。「まず、運動神経はええのよ。一回で取った」とのことだが、初めて車に乗ったら、足が短いのか、ペダルに届かない。「先生、車さ乗らんねぇ。車の免許取らんねぇ」と言うと、先生が座席をぐっと前に出してくれた。そうしたら、届いたのだそうだ。

商工会婦人部の仕事もした。梅《め》っこ（梅干し）を作って、「梅っこかあちゃん」と名前を付けて売り出したら、面白いくらい売れた。梅は、矢沢梅を寒河江《さがえ》まで買いに行って、おなご衆《し》たち五人頼んで手で漬けたので、評判が良かった。商品名を公募したので、ケイ子さんも応募したら、優勝して採用されたのだそうだ。商工会は、庄司房江さんが婦人部長で、ケイ子さんが「梅っこかあちゃん」の部会長だった。ミョウガ、ミズ、アイコ等、山菜など塩まぶしして袋入りにした。付加を付けて売ったので、どこへ行ってもよく売れて楽しかったと回想されている。

店は、道路がかかるまで続けたが、拡張工事で店を閉めた。八〇歳にもなったので、仕方ないと思う。

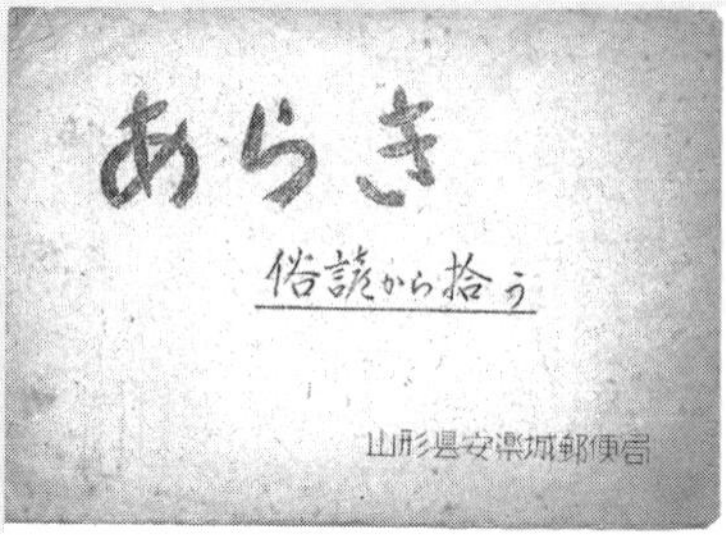

再び砂子沢に暮らす

佐藤陸三さんは、郵便局のPR誌「あらき」（上記写真）に郷土の民俗・昔話・わらべ唄などを掲載する一方、その保存・継承に努めらておれたが、昭和三六（一九六一）年に「安楽城の童唄合唱団」ができた。小学校の先生も熱心に指導にあたられたという。ケイ子さんも、息子と同級生の女の子たちが童唄を歌ったことはよく覚えていると言われる。陸三さんは、子ども達の衣装である縞のもんぺと絣の着物を、ケイ子さんの店に注文された。その頃は縞も柄《がら》も選り取り、豊富にあったそうである。余談だが、陸三さんは先生方に頼まれて、児童劇の台本も数多く作っておられる。

安楽城郵便局とケイ子さんのお店は、程近い距離にある。陸三さんは、ちょくちょく店に来られた。ちょっと怖い顔だけど、気持はいい人だったと懐旧談も出てくる。「掃除ぃ来い。寄せねえで掃除しろ」と言われて、所狭しと民具を集めた部屋を掃除したこともあったそうだ。ケイ子さんはこの町の人らしく、時になれば来客に食事を饗し、豊富な話題で客をもてなすのを当たり前のこととして接してこられたのであろう。

お店を持ち、商工会の仕事もこなし、と多忙なケイ子さんも、何時の頃からか民話の会で語る時間ができた。「青沢峠の捨て子」の話の中に出てくるお寺を実際に訪ねてみたり、車を運転していて狐に化かされた（?）体験談をしたりと、実生活から遊離しない話柄に特徴があるように思われる。

平成二七年にお目にかかったとき、子ども時代の体験を元に語られた事実譚ともいうべき話は、大変興味深いものだった。次に紹介する。

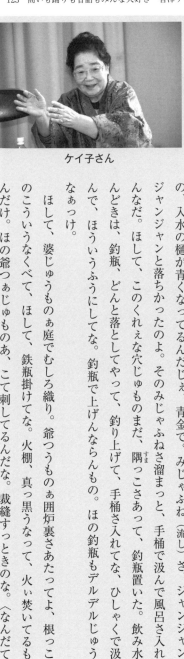

よそべえむかし

三、四年生頃かなあ。一つ上だ女の子いだかったなよ。
「ようこちゃん家《え》さ遊び行ってくっさけな」

って、うちさ断ったな。ほすと、

「ようこちゃん家さ遊び行ぐなだらな、あそこの流しさ、大っきい穴あっさけぇ。あそこ薄暗れぇさけぇ、遊んでて後ろ込みすっと、上がってこられねくなぁなだぞ」

って、教ぇられた。

薄暗《うすくれ》えかったもんな、農家の家なの。ほして、とんと降りると下流《したなが》しでよぅ。山だもんだはけぇ、杉の木の大ものばりゆわってるもんだはけ、流しぁ、ジョンジョン　ジョンジョンて入水《いりみず》、樋《とよ》っこからザーッと流れてくるもんだもの、入水の樋《とよ》が青くなってるんだじぇ、青金《あおかな》で。みじゃふね（流し）さ、ジャンジャン、ジャンジャンと落ちかったのよ。そのみじゃふねさ溜まっと、手桶で汲んで風呂さ入れんなだ。ほして、このくれぇな穴じゅものまだ、隅《すま》っこさあって、釣瓶置いた。飲み水んどきは、釣瓶、どんと落としてやって、釣り上げて、手桶さ入れてな、ひしゃくで汲んで、ほういうふうにしてな。釣瓶で上げんならんもの。ほの釣瓶もデルデルじゅうなぁっけ。

ケイ子さん

ほして、婆じゅうものぁ庭でむしろ織り。爺つうものぁ囲炉裏さあたってよ、根っこのこういうなくべて、ほして、鉄瓶掛けてな。火棚、真っ黒うなって、火ぃ焚いてるもんだけ。ほの爺つぁじゅものあ、こて刺してるんだな。裁縫すっときのな。〈なんだて

爺っつぁ、裁縫する気配もねぇけど。おれの婆さだと、こて掛けするもんだどもな〉

「なして、よそべえ爺っつぁ、こてあったためてんなだべ」

って、おれ、家さ来て、言ったかった。

「なぁしてだべなあ」

って、教えねぇもんだった。おれの親よ。

ほして、二、三回行ってるうぢ、何時でも、こて刺すんだなぁ。何に使うなだべど思《も》って、ようこちゃんと遊んだってえだて、ほのこて、何に使うんだべど思って、ちょこちょこ見い見いしてたって、使わねぇんだ。

あるとき、男衆が来たわけ。タテゴ（袖のあるちゃんちゃんこ）着た男の人よ。ほうして、こう懐から出したっきゃな、袋さ入《へ》った物。くるくるっと解いてよ。ほうして、爺っつぁさ、やったはけ。爺っつぁまだ、勘定しった、札《さつ》こよ。勘定しった。

「んだか」

って、わ座った座布団の下さ、したっけ。ほして、爺っつぁとお客さんとお茶飲みして、ほしてお客さん、帰ったへば、ほの札出して、座布団の上《ゆえ》で、こて掛け始まったぁなだ。ああと思って、こて掛けしたのを見たんだし、こんだ、うちへ来て、

「ががつぁ、ががつぁ。爺っつぁな、お金持ちなだな、お金こて掛けしたけぇ」

「だか、ほれ見てきたかぁ」

て言うなだ。

「大っきくなったら、こて掛ける人間になれよなあ」

って、言わった。「でも、金貸したり借りたりは、絶対するなよな」って、教しぇられた。

後に商売をしたとき、コチャコチャ、グチャグチャの札を貰った人は面白くないだろうと思って、夜にアイロン掛けをしたが、その時には爺っつぁのことを思い出す、と言われた。また、この後、次のような思い出を語って下さった。

爺っつぁに「餅二つ持ってこい」「餅、風邪引くさけぇ、蓋してこい」って言わった。くだけ餅の中に、塩で味付けた餡この入った餅な。藁して、南京袋して蓋してあった。

爺っつぁ、こんだ、囲炉裏の灰《あく》さ、ずったり立てて、「稲部屋《いなべ》さ行って、藁一本持ってこいな、こぉ」って。

一本持って行ったら、キュッとめごを、鉄瓶の口で濡らして、ほして、餅焼いたな、パンパン、パンパンと灰叩《はた》いて、(めごで)ぐるっと(二つにして)、

「ほら、ようこと二人、分けて食《け》え」

「ほれ、婆さ、半分置いてこぃ」って。婆さ、ニワさ、筵織りしてるもんだものな。

家庭で食べる餅のこと、囲炉裏の灰の中で餅を焼くこと、それを半分に分ける方法、食べ物を大事に保存する方法など、興味深い話は、尽きることがないのだった。

「若返りの水」の主・伊藤寅吉さん

野村　敬子

伊藤寅吉さんは折々、富夫人と共に語りの会に出席された。三滝《さんだき》の名水・若返りの水長命水を一升瓶に入れて持ってこられた。美しい紅色の紫蘇ジュースの時もあった。それを飲むと若返ると言い伝える信仰の水でもあった。昔は水源をきれいに掃除をしていた。かなり名が知れて戸沢公・新庄の殿様にもさし上げていた。伝えでは戸沢藩の役人が調べに来たそうである。近代では評判を耳にした人々が競い合って水を求めにやって来た。しかし真室川町が水道を普及させる時に、飲料水としての役目を終えた。現代は伝承の水である。伊藤寅吉さんの住む三滝には昔話「猿蟹合戦」ゆかりの土地「出会いの森」があるという。

猿と蟹　出会いの森

昔のある日。沢蟹が穴から出てきたところに、猿山から猿が出てきてぱったり両者が出合う場所が「出会いの森」である。山と水辺の生き物を語る昔話の場所が、眼前の風景に存在する愉しさは格別である。伊藤家における伝承と一体化する場の保有に注目したい。これは、三滝語りであった。猿から青柿を甲らにぶつけられて蟹はだめになった。しかし、むじなが来た。むじなに猿が青柿をぶつけられて殺された。と、語るものである。単なる昔話、伝説とは一味違う三滝語りであった。

その語りは本書の録画資料で楽しんでいただきたい。

富夫人の作られた長生きの紫蘇ジュースは「真室川民話の会」を訪れた方たちには印象深く、折々東京での話題になっている。富夫人と私は梅里苑の朝風呂の中で出会った。河北町・谷地言葉の美しさに心惹かれて声を掛けてからの知り合いである。私は父親近岡富治の仏事で梅里苑に泊まっていた。三滝の婦人会の方々の言葉と異なる県南の言葉に惹かれた。父親がその県南で奉公した縁もあったのかも知れない。「三滝に伊藤寅吉さんというお方が～」と、声をかけたら「あら、伊藤は私の夫ですが」から話が弾んで「近岡商店の方?」「はい。山富の」「あら、私も富ですが」と、仏事の父が結んでくれた縁ということになった。以来、昔話の会での出会いを重ねている。

富さんは県南の河北・谷地言葉でお話をなさった。寅吉さんが山から木を川下りで降ろす仕事に関わって居られた時、富さんの谷地と結ばれる河の町に至ることからのご縁と伺った。如何にも真室川らしい川の結ぶ人生のお話である。富さんは昔話の「木降ろし」の一話を聴き覚えておられた。

木降ろしと平家語り

むかし。三滝山の大木を伐って都に納めよと命令がでたそうな。木挽き達が一番の木を伐って、川に筏にするべえとかかるども、夜のうちに元に戻ってしまう。法印さまに占ってもらって、火をたきながら木の葉や枝を焼いて伐った。それを流して合海までいったら、夜になって、一晩したら筏のりが来てみると大木は無かったってよ。夜のうち山さ戻っていったって。川筋の村の人達は川の中を松明が明々と照らして行くなを見たってね。京都や奈良のお寺さんの建築にも真室川の木材は求められていたそうです。谷地までその木を流してきたもので真室川と谷地は縁が深くなりました。どんぴん。

伊藤寅吉さんは富さんが病気になられ、看病のためということで、「真室川民話の会」会長を退かれた。本書の録画のためにお出で下さって、久しぶりの対面であった。伊藤寅吉さんの語り口は穏やかで独特の雰囲気がある。ゆったりとした語り時間が流れていく。是非、録画で聴いて頂きたい。真室川町には富さんの世間話を裏付けるような歴史もある。河北町の工藤義七が真室川の欅の大本を京都東本願寺御影堂虹梁にと願って運んだという話であるが、その様子を描いた屏風も残っているという。

ご本人は口になさらないが、伊藤家は平清盛の流にあるという伝説がある。三滝伊藤家は栗谷沢の伊藤平左衛門家の分家もしくは別家である。その栗谷沢の平左衛門の伊藤信夫さんからの聴き取りでは次のような伝えがあったという。伊藤平左衛門は平清盛に縁をもっていた。川筋を上って山伏姿の平家の侍たちが雪の季節に修業のためにと落ちのびてきた。難渋しているのを沢歩きの地元の人が親切に、案内し雪解けまで世話をした。その修業山伏の一人が土地の女性と仲良くなって、その間に生まれた子がいた。都下りのその人物がジョウカイ坊・ジョウケーと名を変えた平清盛であった。清盛は修業に励み、栗谷沢で入定した。伊藤家はその子孫というわけで、その本家のある集落には錫杖が出土した「清盛入定の場」がある。熱病で死んだ清盛とは蔭武者であったそうだ。

歴史上とは別の人物が山伏姿で当地に到来した伝承である。当地は山伏修業地の険しい山岳地帯であるために、伝承の楽しい足跡は、新町三蔵院にも残されている。眞室《まむろ》齊《ひとし》先院主から頂いた『平知盛―平家最後の勇将』（大平智也　近代文芸社　一九九五年）もこの説を扱う。眞室氏は羽前と讃岐にのみ見られる姓である。西海に沈んだという安徳帝は生きていた。平知盛に助けられて阿讃山脈を祖谷山に向かって四国一番の山岳石槌山中の横倉山に行在所を作り潜んだという。知盛の家臣に眞室氏があったが、京都に住んで四国と連絡をしていたが、源氏に疑われ危険と知り東西に分かれて修行者に身を変え、その一族が出羽の眞室氏となって修業道場を開いた。

歴史好きの現代人には無視されているが、当院には平家伝承が纏綿した。久しく山岳登拝の拠点の三蔵院として定着していた。村のサンゲサンゲ行事を行ってきたが、修験体験の行屋籠りには、いろいろの伝承物語を内蔵したもののようである。

伊藤寅吉さんの「胡瓜姫ご」は平成元年に聴かせていただいた。

毎年、伺う度に決まって語って頂いた。大切な昔話と思うからであった。もしかして、平家伝承をもつ伊藤家が西から運んできた昔話であったらと、室町時代物語の『瓜姫物語』を読んで（川から流れてくる型ではない）、畑から採って来る型、その類似点にロマンチックな想像をするからでもあった。しかも当時、北国に瓜は栽培していなかったのではないか。それで当地の語りは瓜に通う北胡瓜をその主人公誕生植物に準えたのではないだろうか。私は北国のシベリア胡瓜栽培史を繙いてみた。詳しくは『女性と昔話』（野村敬子　自刊　平成二九年）に「昔話の伝承と深化—山形県北の瓜姫譚・胡瓜姫ごをめぐって」に論述した。そこでは当地栽培種の「丸いシベリア胡瓜」の存在こそが西の「瓜姫説話受容」の鍵となったのではないかと結論付けた。

胡瓜姫ごの生まれる胡瓜は丸い北の胡瓜であった。伊藤寅吉さんが語る「胡瓜姫ご」は子ども達が聴いてイメージを絵に表現して手つくり紙芝居になった。その感動を描いた子どもたちの絵もご紹介したい。真室川町教育委員会発行『むがすあっけど　紙芝居絵本』（野村敬子編　真室川町教育委員会　平成七年）に納めたものである。平家伝説について、もの静かに伊藤寅吉さんは問いかけに微笑むだけである。壮大な浪曼として語り継がれ、北胡瓜栽培の南限地帯に、東下りの瓜姫物語が到来した文化交叉の証ということにも考

えられようか。
平成元年に聴かせて頂いた最初の「胡瓜姫ご」を次にお示しする。

胡瓜姫ご

むがす。むがす。あるどころさ、仲のええ爺さんと婆さんどいであったど。爺さんと婆さんの夫婦さはおぼこ（子ども）が無くってだど。ある日。家の胡瓜畑で、子どもの声がすっと。爺さん聞きつけて、胡瓜畑さ行った。見ればめんごい（愛らしい）女のおぼこが泣いってだけど。

「婆さん。胡瓜畑がら、あんまりめんごいんで拾ってきた」

婆さんさ見へだくて、大喜びで爺さん抱いてきたど。婆さん喜んで、

「爺さん。爺さん。おらだ（自分たち）さおぼこ居ないはげて、神様が授けてくったなだべ。育てて行くべ」

めんごくて、めんごくて。毎日、旨いもの食わせていたら、忽ち大きくなって行ったけど。ほれごそ、見違えるほどに大きくなって、、利口になったけど。

「大きくなったし、何と名前付けたら、えがんべえ（良いだろう）」

「胡瓜畑から生まれたはげ、胡瓜姫ごと付けたら、えがんべえ」

ってな。ほうして、またズンズン大きくなって、綺麗な娘になったけど。ほうしたら婆さんの機織り手伝うようになった。とてもうまくなって、朝早くがら夜んま遅くまで機織りだけど。

うづぎ　さあづき　しんごがづ

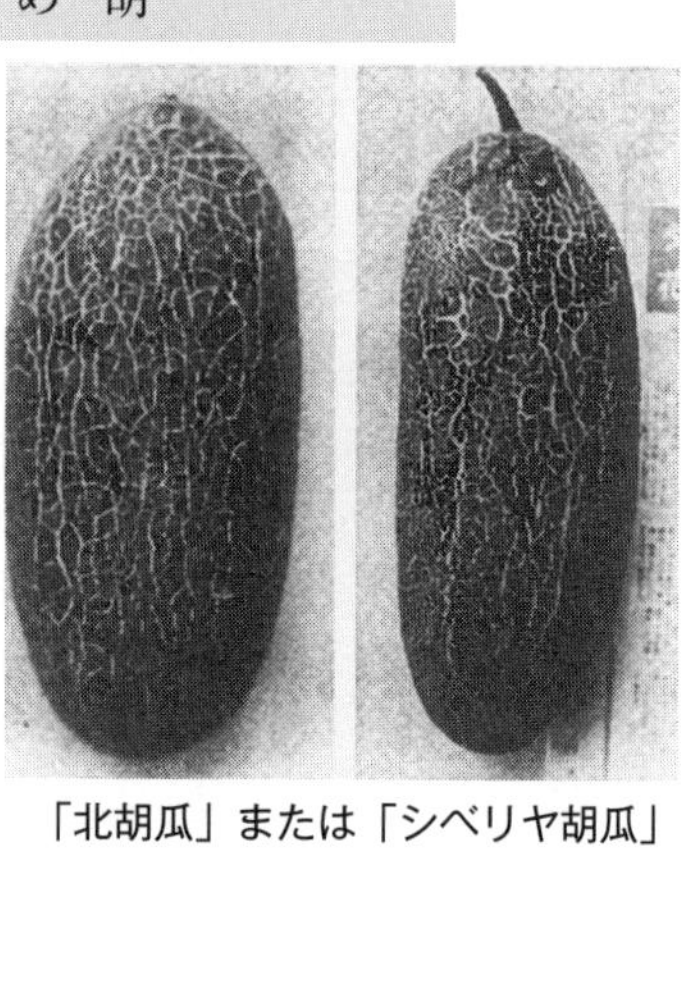

「北胡瓜」または「シベリヤ胡瓜」

しわすのにんじゅうはぢにぢ
とんとん　からりん　とんとん　からりん
とんとん　からりん　とんとん　からりん
機織りの音が、それこそたぐみに聞こえできたど。胡瓜姫こは優しい娘で、もの食うっていったて、ちゃこい口あけてな。とろろ芋味噌煮でも、芋の毛一本一本綺麗に取って、とげ取って食うがったど。

ある日。爺さんと婆さん、町さ行くごとえなったど。

「胡瓜姫ご。胡瓜姫ご。町で赤げ着物買って来っさげ。村の誰が来ても、一切戸を開けではなんね、駄目だぞ」

って、教えて、ほして、二人は出てったど。爺さんと婆さんが、出ていった後、あまのじゃく来た。胡瓜姫こがあんまり上手に機織りするもんで、あまのじゃく来て呼ばったど。

「胡瓜姫ご。胡瓜姫ご。戸開けろ。機織り見せでけろ」

「だめ。爺さん婆さんがら、誰が来ても一切戸開けてだめって言われたがら。一切開けらんね」

あまのじゃく、ほんでも開けろってきかねどな。

「ほれだば、爪の入る隙間こでいいさげ、開けろ」

って、あまのじゃくに言われて、とうどう、爪の先入るほど開げでけったど。ほうしたら、あまのじゃく爪ひっかげて、ガランと、戸開けて入ってきたけど。ほして胡瓜姫ごの着った着物を剥ぎ取って、頭の先から足の先まで胡瓜姫ごになり済まして機の前さ座り、がぐだれがぐだれ織りしていたけど。そごさ爺さんと婆さんが帰って来た。胡瓜姫ごの機織りしった処さ行って声掛けたども、見向きもしなかったけど。爺さんと婆さんは返事が無かったので不思議に思っていたけど。芋を煮て食わせた。ほしたら、いつも小さな口をあけて食ってだ胡瓜姫ごが、アフアフど大きな口空けて、何坏も何坏も食ったけど。不思議に思ってだけど。まだ機織り聞いてだれば、

うずき　さあづき　しんごがつ
しわすのにんじゅうはぢにち
びくだれ　がくたれ　がーだら
びぐたれ　がぐだれ　がーだら
それ聞いて爺さん婆さんまだ、不思議に思ってな。いだったど。
「俺えの胡瓜姫ご、なして、こんげえ機織りあ下手になったなあべ」
「今度、とろろ芋煮て食へでみんべ」
て、食へでみた。ほしたら胡瓜姫ごだど一本、一本、綺麗に芋の毛とって、綺麗に食ったな。アファフど大きな口あけ、何坏も何坏も食ったけど。不思議に思っていたけど。まだ機織り音聞いたれば、

うづき　さあづぎ　しんごがつ
しわすのにんじゅうはじにち
びぐたれ　びぐだれ　がーだら
びぐだれ　びぐだれ　がーだら
「俺家の胡瓜姫ご、なーして、こがえ機織り下手になったなだべ」
次の日、婆さん、おつけの実採りに裏の畑にいったれば、鳥こ飛んできて歌うけ、
胡瓜姫ご　のるまえに　あまのじゃくが先にぶず乗った
ホーケキョ　ホーケキョ
って、何回も何回も叫ぶけど。

紙芝居　小学生が描く

婆さがそれを聞きつけて、爺さんどさ教えたど。ほうしたら、爺さんが、ごしゃいで、ごしゃいで、胡瓜姫ごの着物をはぎ取った。ほしたれば、やっぱり、あまのじゃくだったど。爺さんがごしゃいで、あまのじゃくの体を荷縄でグルグルど縛って、野原をグルグル引きずりまわしたど。

ほうしたら萱の根っこが、あまのじゃくの血が染まって真っ赤になった。今でも、萱の根元を刈ると、赤く染まってんなは、そのためだど。

爺さん婆さんの庭にいっぱい植えった李《すもも》の木あっけど。その李の木のうち、一本だけが葉っぱと李の実が赤くそまってきたど。不思議に思って根元を掘ってみたらば胡瓜姫ごが埋まっていたなだど。あまんじゃくは殺した胡瓜姫ごを李の木の下さ埋めたなだけど。

どびん　からんぽ　ないどー。


伊藤寅吉さんはその李で作られた果実酒を届けてくださった。本当に赤い、赤い酒であった。娘の体から植物が生えるハイヌレア型の一話には赤色が纏わり鮮烈な印象を持続する。この赤李は夏に実を付ける。秋の稔りの季節まで米が不足しがちな時に、甘い実を付けるので、子ども達には歓迎されたという。地蔵様の前にある李を「子守の木」と言って、赤子を負ぶっている「子守っこ」たちは、断りなく取って食べても良いものであったという。

伊藤寅吉さんはゆっくりとした語り口で、独特の間を保ちながら語られた。現代語りでは時間を決めて、語り手たちが時間制限を得て平等な配分で一話を限定することもあると聞く。語りの会に伺うと、そのほとんどを「胡瓜姫こ」一話に限られていたように思う。そのたびに私は「もしかして、ご先祖様が都の方から運んで来られた大事な一話に違いない」と思ってみた。

耳の記憶と「旅学問」

——真室川・ふきのとう交流史寸描——

杉浦　邦子

　生まれ育った土地に伝えられてきた昔話が、そこで暮らす人の生活語で語られるとき、聞く者に働きかける圧倒的な言葉の力については、本書のどの頁からも窺うことが出来る。「昔語りの実践と研究・ふきのとう」（平成四年発足　本誌では「ふきのとう」と表記）では、発足当初から、伝承的な昔語りを聞かせていただくことを心がけてきた。会ができた翌年には、総勢九名で真室川町の語り手を訪ねる旅が実現できた。

　昔話を聞くには、〝春むかし〟、欲を言えば雪のある冬がいいと、町の社会教育課にわがままなお願いを申し上げたにも関わらず、希望を叶えてくださった。鉄道の駅から昔語りの会場へ、宿へと車を出してくださったのだ。真室川では、特に冬には〝足〟がなくてはまったく動けない。翌年も翌々年も、町役場の方、なかでも村松勝雄さんにはたいへんお世話になった。そして、真室川在住の新田小太郎さん（大正七年―平成一四年）は、私たちが訪問する度に、車で駆けつけて行動を共にし、何くれとお世話くださった。

　その頃、私たちは、いつも真室川町関沢《せきざわ》にある関沢荘という、良いお湯の出る温泉宿に泊めていただいた。ここは、野村純一編『関澤幸右衛門昔話集』の語り手、沓澤ミノさんのお孫さんが経営しておられる旅館で、その門の脇には、鷹匠・沓澤朝治翁の碑があった。近くには、かつて若い衆が寄り合った作業小屋もあり、新田さんのお宅からも遠くない距離にあった。そこで、チョウ夫人と一緒に宿を訪ねてくださることも、度々であった。チョウさんはお手製の漬け物や笹巻き等を差し入れてくださった。夫婦雛のようなご夫婦ね、という声も上がった。

チョウさんからは、「富山の薬売りの話」「皿々山」などを聞いたが、「猿聟入り」は、おじいさん、つまり夫の小太郎さんから聞いたと言われたのは以外だった。後年、「おじいさんは、昔語りが上手だった」と、おっしゃっていたが、農家の嫁として夫婦で語り合う時間などなかったであろうに、何時お聞きになったのだろうか。

「ふきのとう」の真室川を訪ねる旅は、平成一二年までに五回行った。「ふるさと伝承館」で沢山の昔語りを聞かせていただき、夜は、宿舎の「関沢荘」に語り手の方々が訪ねてくださって、大宴会になることも度々だった。語り手のお年寄りの方々が最高にお元気だった時期かも知れない。当然のように美味しいご馳走を持参してくださり、昔話と土地の食べ物は、常に一緒にあった。心も身体も養われる思いだった。〝語り上手は料理上手〟と思ったものである。昔話は暮らしの中にある、と実感できる瞬間でもあった。

あるとき、若い会員が、「一人で感じた喜びを彼と一緒に」味わいたいと、フィアンセを伴って参加したことがあった。たまたま、柿崎一夫さんという「最上川舟歌」の名手が同席されていたので、夕食後の集いは、むがさり（結婚式）の唄で盛り上がった。長持唄、箪笥担ぎ唄、花嫁道中の唄、婚家で嫁を迎える唄（これは土田賢さんが姑役になる）という具合に祝っていただき、もう結婚式がすんだようだと言う、二人の幸せそうな笑顔が忘れられない。

訪問する度に、参加者から感激一入の手紙が届いた。「なにもかもが心に響いてくる毎日でした」「年を重ねることまでもが愛しく思えてきた旅でした」「身も心も躍っていた」等々と。会員と語り手の方々との便りも交わされていたので、各人各様に貴重なものをいただいたと思う。平成六・七年には、真室川保育園へお年寄り達

新田小太郎さんをお見舞いし、小太郎さんとチョウさん（後列左）を囲んで。
宮石百合子・撮影

とご一緒に伺って、会員のおはなしも聞いてもらう機会があった。その時の参加者の便りを紹介したい。

「（前略）とりわけ印象深かったのは、保育園で一緒に子どもたちに語ったこと。じいやばあの〝むかし〟も私たちの語りも、どちらも同じようにのびのびと子どもたちが楽しんでくれたことは、とても大事なことだと思いました。また、交流の意味で私たちの語る語りを相槌を入れて聞いて下さったことも、心に残ることです。伝承の語りも現代の語りも同じように心を通わせて楽しんでゆけるのだと、この二つのことが確信させてくれました。

語り、情、味、土地の香り、どれもこれもあたたかく、こんなに人と人とが親しく交流し会えたことがうれしかったことはありません。真室川は私にとっての語りのふるさと（と呼ばせて下さい）ほんとうにありがとうございました」（奈良県・大西登貴子さん）

いつも唄う声と笑い声の絶えなかった夕食後の交歓会の中ではあったが、真面目な話もされていた。新田さんが〝昔話を覚える〟ということについて、ご自分の体験談を話してくださった。運良く録音されていたので、永井章子さんにテープを起こしてもらって「ふきのとう便り」（平成八年一〇月七日）に掲載した。次に転載したい。

私の昔話体験　―覚えること―　新田小太郎さんの話

おら聞いた昔（昔話）な、二歳頃から六つぐれえまで、ばあさまから聞いた。それと学校さ上がると、こんどな、ちっちゃいやつ（短い昔話）教えてくんのよ。四年か五年ぐれえになったら、（ばあさまは）昔話語ってくれてない。

その頃になったら皆、昔話、興味持ってるわけ。今ゆった話な（「旅学問」）、小学校五年の時、ある友達から聞いた昔話。この友達っていうのはな、皆さんがお泊りになっている関沢荘のおやじの生まれた家、幸右衛門《こうえもん》（屋号）の沓澤ミノさんっていう人の子どもでおれと同級生だった。それが分教場さ通ってて、小学校五年生からな、本校さ通うことになったなよ。するとな、雪道だべ。関沢から阿久土《あくど》の小学校まで六キロぐれえ歩かねばならなかった。冬になれば、ざーっとな、一本道。それこそメートル法でいえば二〇〇メートル、三〇〇メートル、一本道。私《わ》の好きだ人とな歩きてぇもんだ。わらわらと行ってな、その場所とるわけだ、その人の後ろとか前とか。後ろだと必ず前の人の昔聞くようで、その昔話を語ってくれたのが、謙蔵っていうわらしだったの。「謙蔵、また語れや」あんまり面白《おもし》ぇかったもんだなや。その話聞いたなや。ひと冬聞いたうちに覚えてしまう。

ほんとうに完全に記憶できるっていうのは、もう小学校五年生ぐらいまでで、あと、勉強しねえと覚えられねえのよな。構えて勉強しねぇと。語り聞いたのをすっかり丸暗記できるっていうのは、やっぱり、門前の小僧と同じで、小学校五年生くらいまで。だから昔は、四書五経でも素読ってあった。意味はな、後でも分かるわけ。年取ってからでも。それを全部丸覚えせねぇと、大きくなってから語られねぇわけ。今の話（佐島さんの語った「長い名の息子」）だってな、当時同じような話を聞いても、何のことだかさっぱり分からねかった。今になって初めてその名前の意味も分かるし、その名前のためにこの子どもが殺されてしまったというのも分かる。

よく野村敬子さんが言うのよ。何か思い出したら、何でもかんでもテープさ吹き込めって。でも、我々はテープなんて馴染みが薄くて駄目だ。こう置いてよ、「昔あったけど」なんて言われねぇわけよ。「なあ、新田さんよ、今度は何でもかんでもいいさけ、思いついたことみんな吹き込んでおけ」って何回も言われた。その時な、テープ買ったり、こんな物、鳴るやつな、二回も三回も買ってるんだ。そのうち電池なくなって鳴らなくなったりして、直すときわからねえわけ。それでそのままになってしまうわけだ。なんぼしても今覚えられね。年取って八〇歳にもなれば、頭、固くなって。

八〇歳になってからでは遅いさけ。まだまだあなたたちの年頃であればな、練習すれば、さっきの早物語みてえにやれるわけだ。早物語なんか、リズムなんです。昔（昔話）っていうのはな、リズム。だから、言葉分からねだって、聞いてる人がその調子さ乗って分かるような気になる。ああいうものは、練習してリズムを身につけることができる。「なんのなんの太郎兵衛の」「なになに左右衛門の」言うとったってな、それはそのリズムが何となく分かるんだな。ちょっと勉強するとな覚えられる。勉強して覚えられるのは、皆さんの年まで。もう七十歳過ぎてから練習してものを覚えるなんていうことは、大変なことですもの。

ちっちぇ自分の孫でも他所の子でもな、おれ、まず昔、語りたくなってきたら、引っ張ってくるわけだ。「やんだ、やんだ」って言ってもな。「まず聞け、まず聞け」って。まずな、おれの孫たちもな、聞きたがらねで、テレビ、バチッとかけん（点けるん）です。「まず聞け、まず聞け」引っ張ってくんだよ。「まず爺《じん》ちゃ、うるせえや」って。「うるせくたって聞け」って。「お前ら、うるせ、うるせって言いながらな、耳さ、たこいるまでおれ言うことさ聞いてろ。それでいつか思い出す」って。今、（孫は）皆、大人になってしまったんで、同じことを繰り返し語ったく（語りたく）なくなったのよ。

ここには、幼稚園の先生もおられるっていうから、やっぱり無理してもちっちぇ人にな、一所懸命教えるわけだ。幼稚園の頃聞いた昔話ていうのは、一生身についている。大事です。大事にしてほしいと思います。いがんすか（いいですか）。それ勧めてんだ、おれ。教えろって。聞かねかっていいさけ。だから、孫さ教ぇるにも、子どもさ教ぇるにも、そういう気持で教ぇてもらわないと、そのまま大きくなったら困るんだ。時期がありますから。時期なくしてしまったら、絶対覚えられないですよ。やっぱり昔（昔話）は、耳から聞かねば。

この間、おらほぅに、今度新しい県立の大学できました。東北芸術工科大学っていう大学できましたけどな。そこの先生、来るんだ、新庄へ、講師で。そして、その先生が、ざーっと新聞に出してですな、その話語ってくれるんだ。大学の先生だから大したもんだと思って、みんな聞いてるわけだ。ところが、この間、簗掛け八衛門《はちえもん》の昔話、語ってくれたんだ。その昔ですな、簗掛け八衛門は、大鷲にさらわれ佐渡島へ連れて行かれてしまって、そして、帰ってこられなくなって。それで、鮭の大助が助けてくれたって。そして、その簗掛け八衛門っていうのを、柳田國男、佐々木喜善から聞いた（ママ）話するんです、その人。そう、立派に言うんです。大学の先生だから。おれはこうこうこういうふうに聞いたんだって。ところが語っているとこ聞いていたら、「簗掛け八衛門っていう人が」って言うところまで語り出して、「これはやえもんかな、はちえもんかな」って、こう言い出したわけだ。すっかり嫌《や》んになってしまったな。本で見た話ではな、やっぱり嘘である場合ある。本書いた人だって間違った字書けば、大学の先生でもその通りだと思って語るから。「あの佐々木喜善や柳田國男から聞いた（ママ）」って言ったって、語るのに、簗掛け八衛門が「ヤエモン」ってバカなことはねえって、おれ言うのよ。そうでしょう。名前なんて、いちえもん・にえもん・さんえもん・よえもん・ごえもん・ろくえもん。ななえもん、なんて言わねわ。しちえもんて言うわ。そういうこと聞くとやっぱり、昔話は耳から聞かねば駄目だと思う。この話もな、生意気なおれの孫たちだって、「爺の話、ばかくせぇ」と思ってもな、「ハチ」を「ヤ」には読まねえんだ。そういう事うんとある。

わし、最近な、「旅学問」もな、胸を張って話せるようになった。今までは、さだけねぇ（恥ずかしい）とおもったけどな。ほんでも、こりゃやっぱり、こういう話してやらないとな。謙蔵っていうその子どもはな、必ず「旅学問」を語った後で、「んださけなぁ」って言いました。「生兵法は怪我の元っていうもんだ」って。ほんで、「いい加減なこと聞いてな、それをほんとのことだと思うと大変なことになるぞ。んださけ、人の真似ばかりしたら駄目だ」って、必ずこう言いました。小学校五年生の、その子どもが。その言葉は、私の中にはっきり残ってます。八十歳になっても残ってます。小学校五年生ださけ、おれ早生まれで一〇歳。七〇年たっても、今、はっきりそのことが、呼吸するように、飯食うように、息つくように語れるわけだ。聞いたことっていうのは、それ、大事です。

平成一二年以後は、会として団体で訪ねることが難しくなった。少し時間が経って平成二〇年にもう一度、みんなで伺った。実は、この間に新田さんをはじめ何人かの方とのお別れがあった。それでも、「昔話の語りあいっこ」も夜の宴会も、以前に変わらず、和やかに楽しい時間であった。

物語（新田小太郎さんの語り）

そーれ　物語候　語りをもっての語り物
とん三郎さ鉈一丁、貸した
二日目にとりに行たてばほんたもの借りで来ね
三日目にとりに行たてば見た事もね借りで来ね
四日目にとりに行たてば用もねもの借りで来ね
五日目にとりに行たてばいつ借りてきた
六日目にとりに行たてば無理なもの借ってこね
七日目にとりに行たてばなんで借ってきた
八日目にとりに行たてばやっちもねもの借りでこね
九日目にとりに行たてば苦情の高えもの借りでこね
十日目にとりに行ったてばとんでもねえごど言うな
とうど、とん三郎に鉈一丁取られだりの物語

甚五右ヱ門芋を作り続けて五百年　佐藤信栄さん

杉浦　邦子

平成二六（一九一四）年夏のある朝、テレビから山形県真室川町という音声が聞こえた。急いで目をやると、画面には山を背景にした畑が映っている。甚五右ヱ門《じんごえもん》芋という里芋についての話題で、大柄な青年と小柄なお年寄りの姿があり、その横には「佐藤信栄《さとうのぶよし》」さんの文字があった。はっとした。急いで古い採訪ノートを繰ると、信栄と書いてノブヨシさんと読む方、間違いなく話を聞かせていただいた方である。早速、電話をしたら、有り難いことに覚えていてくださった。青年は、農業の後継者であるお孫さんと伺った。

「民話と文学の会」の採訪で、平成二（一九九〇）年八月一七日にお訪ねしたときは、お母さんのナツさん（明治四一年生）にお目にかかるのが、当初の目的だった。ご長男である信義さんはまだお若かったのである。しかし、多くの語り手の方々が高齢になられた現在、信義さんはお元気で、小学生に昔話を語ったり、教えたりして活躍しておられることも分かった。

信栄さんの子ども時代

その年の冬、一二月一〇日に再会を果たすことができた。挨拶が終わると早速、母ナツさんは佐藤陸三さん（一二四

佐藤信栄さんと編者

五・二六五頁参照）と同級生だったので、わらべうたを歌って聞かせられたこと、「真室川民話の会」会長だった渡部佐重《わたなべさじゅう》さん（大正九年生、故人）と信栄さんとは従兄弟同士だったこと、元真室川郷土資料館館長の佐藤貢さんには色々教えられたことなど、懐かしいお名前が次々と飛び出し、二、三〇年の時間が一気に埋まってゆくように思われた。佐重さんは、豊かな声量で見事な昔語りを聞かせてくださったが、なかなかの芸達者でもあった。そして、郷土史や伝説にも通じておられた。信栄さんに「昔話もいいが、伝説を残しておけよ」と言われたそうである。そのためだろうか、「私の語るのは、伝説に近い」とおっしゃっている。

信栄さんは、昭和九（一九三四）年三月五日、甚五右ヱ門《じんごえもん》家の長男として誕生された。屋号は、森の家《もりのえ》という。高い所にあるからとのことである。確かに、道路から少し上がった所に玄関がある。小学二年生だった一二月八日に真珠湾攻撃、太平洋戦争が始まった。三年生の時、学校で男の子達は少年飛行兵の適性検査を受け、合格した。合格者は二、三名で、セルロイド製の桜に錨を描いたバッチをいただいたので誇らしい気持になった。霞ヶ浦に行きたいと思ったが、お母さんは泣くだけだったと言われた。その頃、お父さんは、盛岡の騎兵隊におられたそうであるから無理もないであろう。しかし、訓練を受けることもなく、小学六年の八月一五日が来た。この日、学校へ行ったが、終戦の詔勅を聞くことはできなかった。砂子沢の小松さんというお医者さんが、ラジオ放送を聞いて電話してこられた。「負けた」と一言、ガチャンと電話は切れたが、ともかくも敗戦を知ることが出来た。

信栄さんの通った安楽城小学校は、男女共学だった。作業ばかりの毎日だったそうである。男の子達は、〝薪背負《しょ》い〟や〝炭背負《しょ》い〟が主な仕事で、小父さん達（出征していない男性）が焼いた炭を山から運び出すのだが、高学年になると、山の奥まで行かなければならなかった。女の子も一緒に、農家の手伝いもした。田植えの苗運びは小さくても出来るのだった。弁当はお握りを持って行ったが、農家だから食べ物には困らなかった。喧嘩も多く、学校生活は楽しくなかったそうである。そして、戦争が終わったら、今度は、教科書の墨塗りだった。メチャクチャの教育でした、と述懐された。

やはり同じ年に他県で生まれた方から、昭和八年四月から翌三月までに誕生した人達は、小学校生活が戦争の中にすっぽりと埋まってしまっていたので、日本のどこに住んでいても同じような思いをしたのだという意味のことを伺った。ほんとうにそうだったのだと思ったことである。

小学校卒業後は、高等科に入って、新制中学を卒業した。二年生までやめた人は高等科卒業、三年生まで通った人は新制中学校卒業となったとのことである。そして、真室川高校に進学したが、姉が結婚し、祖父が亡くなったので、泣く泣く定時制の農科に転科した。当時は昼の定時制（四年）があった。卒業後は、家の跡取りとして農業に従事した。その頃ももちろん里芋（甚五右ヱ門芋）を作っていたが、自家用として五百株しか作らなかったそうである。

母ナツさんは、姉家督である。つまり、婿取りであった。姉家督とは、男女を問わず長子が家督を相続するもので、長男が生まれても、先に生まれた姉に婿養子を迎えて家を継がせる制度である。当地方では、少し前まで多く見られた制度だったが、姉がいても弟が相続した信栄さんのように、最近では長男相続が多い。

昔話についてこの慣習をみると、姉家督が代々続いたならば、ある家の昔話は、女性達によって管理・継承されたということが出来るのではないだろうか。それはさておき、信栄さんの子ども時代に昔語りを聞かせたのは、母方の祖父母であった。

「むかし語るからおとなしくしろよ」って言われて、おんなじ昔、何回も聞くもんだから、

「婆ば、間違ったぞ。婆ば、そこ、こげぇだ」って言うと、

「信栄ぁ、おれより覚えたはぁ」って言ったもんです、と懐かしんでおられた。

さて、この度の再会のきっかけとなった甚五右ヱ門芋であるが、森の家の人々はずっとこの芋を普通に、当たり前のこととして栽培し、常食としてこられた。近年、真室川町の「伝承野菜」に、また「最上伝承野菜」に登録されたり、その美味しさが広く知られるようになって人気となった。また、種としての特徴が研究者によって明らかになってきているそうである。まず、佐藤家に伝わる話を聞いてみよう。

甚五右ヱ門芋の話

むかぁし昔なぁ。今から四百年ぐらい前に、ここの土地さ、新しい殿様来たけどなぁ。その殿様まだ（は）、秋田の角館って所から来た殿様だけど。その頃まだ、米が足りなくて大変だったなだけど。大谷地って所さ、方々さ湧き水がこんこんと出たもんださけ、その湧き水を見かけて、新しい殿様まだなぁ、いっぴゃあ田圃増やそう。「田圃広げた人さ、お祝いに何か宝物呉れっさけ一生懸命頑張れよ」って言われて、田圃広げしてったけどな。

うちの甚五右ヱ門の何代前だか、爺と婆まだ、家《え》の前で芋煮しったとこさ、その殿様来たなだけど。

「婆さま、婆さま。何煮ったや」

殿様まだ、食いたぐなって、

「婆さま、婆さま。おらにも一杯ご馳走してくれねぇか。所望する」

そう言わったら、婆さま、喜んで、

「いっぺぇ　あがらっしゃれや。お代わりさっしゃれや」

したら、殿様も家来も喜んで、何回もお代わりして、しゃもじで鍋のけつを出すほど、全部食ったけど。ひょっと殿様、鍋見たら、爺さんも婆さんも食う芋ひとっつもねえけど。

「婆さま、婆さま。この芋、いつから植えったなや」ったら、

「ご先祖様の甚五右ヱ門が作ったなですと」

「ほうお。甚五右ヱ門、甚五右ヱ門芋。旨めぇな、婆さま。」

殿様まだ、帰りしなに、

「婆さま、爺さま。ごっつおなった。代わりに輪っぱを置いてく」って。

それで、殿様帰った後に、そうっと開いて見たら、糧飯《かてめし》だったと。米が少しで大根菜っ葉だっと。

殿様でさえ節約してるんだもの、おれだちこれで十分だなって、また、芋作りに精出したんだと。

　どんぺからんこ　ねっけど。

編者、渡部さん、佐藤さん（大谷地にて）

更に、こんな言い伝えもある。過去には、「凶作続きのことが二回あったと。他の野菜とか米とかは不作で穫れねかったども、その芋だけは一丁前実ったなだけど。芋と蓄えあった味噌で危難を逃れたんだけど。それで、今も、芋を絶やさず、味噌も絶やさぬようにしている」と言われた。

ところで、お爺さんお婆さんが食べていたのは、「こめぇ」という昼食の前に食べる間食だったとのこと。これは、お八つを楽しむというのではなく、三度の食事を食べ過ぎないように、ちょっと小腹を満たしておくためである。主食が貴重だったのだ。この伝説は次頁「魔が谷地の話」と共にＤＶＤでお楽しみ下さい。

凶作続きの飢饉といえば、信栄さんがお生まれになった昭和九（一九三四）

年も、東北地方は、冷害に続くひどい飢饉に見舞われた。野村敬子さんは、小川内の伊東ヨソノさん（明治四一年生、三〇二頁参照）から聞かれた話を「昭和九年飢饉《ケガチ》の年—伊東ヨソノ媼口語り」と題して『女性と経験』一五号（女性民俗学研究会　平成二年）に発表しておられる。そこには〔山形県北部では…「昭和九年飢饉の年」という熟した言い慣わしを持つ〕とある。また、『全国昔話資料集成1　羽前小国昔話集』（岩崎美術社　昭和四九年）を著した、優れた在野の昔話研究者佐藤義則は、昭和九年生まれの次男である自身のことを「ツットムグリ（苞もれ、間引きを免れた子）」と言っていたそうである。これは、生前の義則さんを知る人から直接伺った。

しかし、信栄さんは豊かな農家の長男であり、飢饉とは無縁だった。まして、甚五右ヱ門家には里芋があった。薩摩芋やジャガイモのように名前からして南国産と分かる芋とは違い、古くから日本本土にあった重要な食物であった筈である。やはり、暖かい土地の作物であった米が主食になる以前、日本人は芋を食べてきたであろう。信栄さんも大学の先生からそう聞いておられた。芋があれば飢えることはない。その上、里芋には捨てる所がないそうである。優秀な食材である。

近年、甚五右ヱ門芋は、ずいぶん古い種《しゅ》であることが研究者によって明らかにされているという。いつから作っていたのか、先祖はいつから定住したのかはっきりしないが、菩提寺・長泉寺の住職さんによれば、五五〇年前まで遡るだろうという。

里芋は、水分を好み、乾燥には弱いので、赤粘土質の土地が良い。この辺りでは湿原・湿田を谷地《やち》というそうだが、山の家では、大谷地で栽培しておられる。里芋にはうってつけの土である。現在は、ブランド商品として販路が広がっているので、二万二千株植えているとのこと。苗作りは、半夏生（夏至から一一日）には終えることとの教えがあった。そして、大切な種芋は、種芋にする時と苗床に伏せる時と植える時と、計三回選抜して良いものだけを残す。従来の方法では、種芋を地面の上に並べて置き、籾殻を被せる。やがて雪が降り積もって覆いになるが、辛夷の花が咲いたら囲いから出せ、というのが昔からの教えだった。後継者の孫にも教えたが、これでは労力・作業が大変だから、現在は、作業場内で電熱器を使って春を待つのだそうである。

山の家には、もう一つの伝承がある。それは今芋が栽培されている大谷地とその中にある魔ヶ谷地に関わるものである。甚五右ヱ門家に伝わる伝承の後編ともいうべき話の要約を次に記す。

魔が谷地の話（要約）

昔、大谷地に、ごんべえ・すけさく・じんざ・かくじ・甚五《じんご》という五人の仲のええ百姓達が住んでいた。五人は田圃を開拓したが、ある年、日照りが続いて米が穫れなかった。そこで、水が湧き出ているすずに堤防を築いて水路を作り、その後は水の心配がなくなった。

ある年、お盆のスダレを作るために、五人は揃って葦を刈りに行った。堤防で一服していると、西の空から真っ暗な雲が広がり、大嵐になった。「大変だ、逃げろ」と、ほうほうの体で逃げ帰った。次の年、また五人は葦刈に行った。堤防の上で一服しながら、去年のことを話していると、足下の草むらが、何かが通ったように草がなぎ倒されていた。それをたどって、葦の生えている所まで行くと、また大嵐になり、堤を見たら大きなものが寝ている。そのものか、雷の音か、ゴウゴウという音が聞こえる。霧を透かしてみると、角が生えた大蛇のように見えた。「ああっ、

大蛇だ、化け物だ、魔物だぁ」と叫んで、皆逃げ帰った。その後は、葦取りや草取りのために堤の中には入らない。そして、ここを魔が谷地と呼んだ。

この話は、信栄さんが安楽城小学校の生徒に語り、子ども達が紙芝居にした。真室川町の小学校では、平成三（一九九一）年から、手づくり紙芝居まつりが行われている。地域のお年寄りに聞いた昔話を、子ども達のイメージで絵を描いて紙芝居を作り、その絵を大きなスクリーンに映し出した会場で、語り手が語る、というものである。紙芝居「まがやぢ」は、とても楽しそうな絵が描かれていた。

五人の仲の良い親戚衆は、その後も大谷地で耕作していたのだが、明治一〇年に地崩れが起きたので、それぞれ新しい土地に引っ越した。甚五右ヱ門家は、今ある場所に移り、屋号も山の家《やまのえ》と呼ばれるようになった。地滑りした土壌も改良されて、大谷地は、今、広々と明るい場所である。その一角で、二万二千株の甚五右ヱ門芋が元気に育っているのを見せていただいた。谷地の土手も畑になっていた。全てが明るい土地と、私には映った。

信栄さんの話は、まるで伝説と共にある生活誌を伺っているような思いがした。語りが上手なことは、知られていたのであろう。結婚するとき、岳父から「蓮華乗の名前の由来」を是非語り継いで欲しいと言われたのだそうだ。そこで、黙って二回か三回聞いたという、お婿さんに託された話を次に紹介する。

蓮華乗の名前の由来

むかぁし昔なあ。今から千四、五百年も前は、高い山さ神宿るってことで、百姓だちは、みんな高い山を信仰していたけどなぁ。

その頃、奈良の都で、天下分け目の大戦《おおいくさ》あったなだけど。それで、戦は負けたども、強い武将の娘だち、お姫様だち二人で、ここの蓮華乗ってどこさ来たなだけど。それまだなぁ、北の出羽国さ、親戚縁者がいるっていうことで、訪ねて来たども、探しても探しても、親戚も縁者ども会わなかったけど。それで、旅に疲れてしまって、蓮華乗ってどこさ、住みついたなだけど。

その立ち居振る舞いといい、言葉づかいといい、確かに偉い人のお姫様だなぁど思って、哀れみの深い蓮華乗の百姓だちぁまだ、あるときは慰め、あるときは励まし、仲良ぐ暮らしてたなぁだけど。ほれで、「蓮華乗で百姓するべはぁ」ってことで、そこに腰降ろして生活したったども、何年かあとに、水溜まりのきれえぇなどこさ、蓮の葉っぱが生《お》いでてきたなだけど。青くてまるぅくてきれいな蓮の葉っぱが、今日は一つ、明日《あした》は二つ、そして、三つ四つと増えでいぐ。その姿見て、お姫様だちゃ二人が肩をあわせながら、きゃぁきゃぁ、きゃっきゃど喜んで、生活したったなだど。

盆の近くなったらば、蓮の花のつぼみが出てきたなだけど。ほして、そっちさ一つ、こっちさ一つ、きれえぇなも色の花だったけど。で、お姫様たちゃ二人は、この花は決して折らねえで、最後まで見てほれ、「奈良の都でもこゆうきれいな花見たごとねかったなや」固い約束したなだけど。

ところが、何夢見たか、姉の姫まだ、朝ま早ぁく起きできて、その水溜まりさ入ってったなだど。して、とうど、ほの蓮華の蓮の花を折ってしまったなだけど。こうやって、抱いて、〈は、困った。あれだけ妹と固い約束したども、

折ってしまったは〉

そう思ったら、いてもたってもいられねくなって、北ぁ聳える鳥海山さ走って行ったなだどわ。山を越え、沢を越え、そのうち髪はざんばらんなって、着物もぼろぼろ、履いだ草履ももう無くなって裸足、この世の人となの思えねえような形相で、鳥海山さ行って、鳥海の湖さ飛び込んで死んでしまったなだど。

そいで、その話を聞いた妹の姫まだ、悲しくて悲しくて、たとえ約束したはけだって、この世さ二人だけのきょうだいで、姉はなにだって。狂ったように泣いて、七日七夜も泣いて、涙が涸れるほど泣いだども、〈蓮華乗さ一人ではいれねぇはぁ〉ってことで、月山めがけで、月山さ行ったど。ほれで、その後《ご》は、なんたごどなったかは、伝えもなければ、話もなかったなだど。

ほれを聞いた蓮華乗の百姓だぢまだな

「むぞせいなぁ、ほりゃあごどしなくたって、なんとかなるものを。では、みんなで金出し合って、お寺建ててくれるべやぁ」

ってことで、お寺建ててくったなだけど。小っちゃいお寺だったども、須弥壇だけは、蓮華の葉っぱ、花の彫刻の上さ、姉の姫・妹の姫を供えて、朝ぁ夕拝んだなだけど。

蓮華の花に乗ると書いて、れんげじょうと名前がついたなだけど。これ明治二七年だかの、今でいう国調の時に、蓮華乗の乗を間違って、城に書いてしまった。それで、今は城を書いている。蓮華の花に乗る、お姫様がこっち姉、こっち妹というふうに、彫刻したという。

真室川で江戸に出会う「一つ目」伝説黒田谷男さん

小松千枝子

刈り入れの済んだ頃。真室川へ昔話を聴きに伺った。

「真室川民話の会」の例会に参加させていただいた。黒田谷男《くろだたにお》さんは司会をされていた。谷男という名前は出身地の山形県谷地で「寒河江《さがえ》女と谷地《やち》男」が美男美女を表す言葉であり、ご自身はその谷地男だそうで、とてもユーモアのある司会であった。

その日、昔話は「胡瓜姫ご」「娘の助言」「巡礼お鶴」と続いた。土地言葉の判らないところもあったが、話を知っていたので、大抵は判じられた。

中ほど、誰かが「黒田さんも語れや」と声がかかった。「俺が?」黒田さんは笑って遠慮していらしゃる様子であったが、「じゃあ、一つ目の話でもするか」と、語りはじめた。

私は「一つ目」と聞いて、落語の「一眼国」を思い浮かべた。丁度、正月落語のトリで小三治が「一眼国」を語ったのを聞いていたからだ。しかし違った。黒田さんは、

「江戸には一つ目、二つ目、三つ目って通りがある」

私はそれを聴いてびっくりした。私の住んでいた所は、まさしく三つ目、と四

つ目で、一つ目、二つ目というのは通りの名前であった。

そのお話は一つ目通りにある「杉山神社」の伝説。杉山神社は杉山和一という方の業績を記念したもので、私には初めて聞く伝説で驚いてしまった。あんなに近くにある伝説を山形県真室川で聞くなんて。

一ツ目　杉山神社

杉山和一は三重県津市の人で、江戸時代の偉人でした。幼くして失明して、江戸に出て、鍼術を学びました。ある日、江の島の弁天様に願をかけました。岩屋に籠って祈願して、満願の日、今、帰ろうとした時、歩いている時チクリと足に何かが刺さった。見れば銀杏の葉にくるまれた松葉でした。アア、と和一は解ったのでした。管鍼《くだばり》を考えたのです。江戸で管鍼はすっかり有名になりました。評判になったそうです。

時の将軍家綱が病気になり、医者に掛ってもなかなか治らなかったそうです。家老たちは「ひとつ、評判の管鍼術の杉山和一を呼び治させよう」として、お召しになったところ、見事、完治して将軍を大変喜ばせたそうです。たびたび、将軍に管鍼を打ちに上るようになり、将軍が、和一に「褒美をとらせる。何が良いか」と聞かれました。和一は「私は目が見えません。一つ目でも良いから、目が欲しい」と、言ったそうです。困った将軍は、側用人新井白石に相談しました。白石は「目をあげることは出来ないが、一つ目にある一八六〇坪の土地を与えたらどうでしょう」と言った。そこに杉山和一は杉山塾を開き、管鍼法を広めたということ。今ある、杉山神社はその跡である。

和一は「扶持検校」として召し抱えられた。高齢なので自分は遠慮し、弟子たちが幕府の御典医となりました。綱吉は毎月、江の島弁財天にお参りをして感謝する和一を不憫に思い、弁財天像と九八九坪の社地を与え、和一が拝めるようにしてあげたそうです。この和一が考えた管に鍼を入れて行う方法は、世界的に管鍼の医法として、現在も鍼治療の主流となっているそうです。

語り口にびっくり

その話は驚きでした。本当にびっくりしました。

東京に帰ってすぐに一人で行き、それから野村さん、しまなぎささん、伊藤京子さんを誘って参詣。三回目は野村さんと小林さんと杉山神社に採訪に行った。

黒田さんは、お目の不自由なお兄さんたち、山形県から神社にお参りに見える方々をエスコートしておられたそうである。当日は女の宮司さんとお話も出来、その神社が勧請してきた江の島弁天様（市杵島比売命）杉山和一総検校（一六一〇～九四）を拝んだ。岩屋に入っていく、境内の神秘も体験した。岩屋洞窟にお参りして、野村さんは御子息夫妻が蛇年であるので、弁天様の白蛇人形二体を納めて拝んでいた。宇賀神という神様で、頭が人間、蛇体である。宗像三神もお祭りされていた。

この神社には毎年、全国から鍼灸師の人々が集まって、実演とお祭りが行われている。東京におられた黒田さんが山形のお方たちを案内して杉山神社に行かれたのも、この祭りだったと理解した。

黒田さんのお話を聴いて驚いたのは、先ず黒田さんの語り口であった。耳に馴染んだ言葉で、近所の魚屋さんを思い出した。その筈で、黒田さんは十代から、お勧め先が東京の木場だったそうで、私が育った仲町とは、すぐ隣。深川

杉山和一像

杉山神社で宮司さんと

の言葉だった。退職されて真室川に移られたということで納得。

真室川で聴く東京江戸の話は、懐かしいような不思議な感じであった。語り言葉は不思議だと思う。東京に帰ってからも黒田さんの言葉が耳に残っていて、すぐに杉山神社に行ってみた。両国から南の方へ両国橋と回向院を横に見て、一つ目橋を渡るとすぐに神社がある。震災と戦災で焼けたはずなのに、昔のまま、ひっそりと神社はあった。ほんとうに、数キロしか離れていないのに全く知らなかった。黒田さんのお話で、自分の故郷・江戸と出会うことができた。地元の人たちは皆、一ッ目神社と呼んでいる。でも謂れを知っている人はどれぐらい居るのかと考えてしまう。真室川の不思議な出会いであった。

杉山神社採訪の二回目は地元の年寄りに会い、話を聞く。「そこに来たのが宮司さんだよ」と教えられた。女性の宮司さんでいろいろ、教えて頂いた。神社の宝物も由来も聴かせていただいた。

三回めの採訪は杉山和一記念館のオープンの日であった。昔話の世界の人だと思っていた人が、脈々と今につながっていると思うと、何とも人の想いの深さに頭が下がる。江戸再発見再確認の出来事となった。

その日は五月初旬の「両国にぎわいまつり」、国技館、江戸博物館、回向院、江島杉山神社を会場に両国駅周辺から杉山神社まで賑わっていた。杉山神社は江戸を今日のイベントにつないで、身体の不自由な人の発掘した偉業を伝えていると再確認した。

それにしても、みちのくで私の故郷に出会う真室川採訪の不思議さであった。

〝冬だけ先生〟とわらべうた　佐藤壽也さん

杉浦　邦子

佐藤壽也《としや》さんのお宅は、旧及位《のぞき》村塩根川地区にある。真室川町役場から県道一三号線を北上して主寝坂《しゅねざか》トンネルを抜け、山道に入り数キロ進むと塩根川の集落に至る。もしも冬に、奥羽本線で及位・秋田方面に向かうなら、真室川駅から二つ目の釜淵駅を過ぎて小さな川を超えたとたんに、車窓は目を疑うほどの深い雪景色に一変する。塩根川集落の冬の積雪は想像に難くない。

しかし、私が訪れたのは二度とも夏だった。江戸時代末期に建てられたという立派な家に、節子夫人とお二人で暮らしておられる。道路から玄関に向かう足下には、可憐な草花が手入れされており、庭から遠くない山の眺めには、何故か懐かしさを感じさせられた。

壽也さん（昭和三年生）は、年齢を感じさせない優しく涼やかな澄んだお声で静かに話をされる、言葉に対して鋭い耳を持っておられるとお見受けした。そして、塩根川は、ショネガと発音していた言葉に漢字を充てたのでしょうと言われたのが印象的だった。

佐藤壽也さん。ご自宅の居間にて。

塩根川で佐藤壽也・節子ご夫妻

ご夫妻の昔語り

私が、初めて佐藤壽也さんご夫妻をお訪ねしたのは、平成二（一九九〇）年八月一九日、「民話と文学の会」の採訪の時だった。奇しくも、野村敬子さんと民俗学専攻の学生桜井美地加さんと三人の班で伺うのを、新田小太郎さん（一三四頁参照）が車で送迎してくださった。暑い日だったが、どっしりとしたお家の空気は涼しく、お訪ねしたどのお宅よりも居心地が良かったのを覚えている。百年以上前に建てられた農家は、屋根だけを瓦葺きにされたそうだが、その他は建築当時のままとのこと、室内の心地よさは平成二八年の夏も同じだった。

　壽也さんは隣の間を指して、冬は暗くなると、子ども達はあそこの炬燵の中に入って、お祖母さんの話を聞いたものだと言われた。一番歳上の壽也さんが奥に寝て、妹弟は手前に寝た。壽也さんが大きくなると、お祖母さんは妹に向かって語ったのだが、やはりそれを聞いていたと言われた。お祖母さんは、明治六年酉年生まれでトリヨさんといい、四キロ程離れた集落から一六才でお嫁に来られた。話し好きの方だったが、昔話よりわらべうたが得意だったそうである。宿場だったのでいろんな歌が入ってきたのだろうか、と考えておられる。語りも子ども相手の昔話よりは、「小栗判官照手姫」などの大人向きの題材を好まれたとのことである。

　夜、子ども達を余り早く寝かせないために話をしたとのだという言葉は意外だった。何故なら、早く寝てしまうと、おねしょをする心配があったり、冬には夜中に起きて戸外の便所に行くのは大変だったとのこと。当時は雨戸はなかったので、入り口から吹雪がザァーッと入り込んでくることもあったそうである。電気が灯るようになったのも、町で一番遅い地域だったとか。それを伺えば、子どもに早く寝てしまわれては困るという事情も納得できた。

節子夫人も、子どもの頃お祖母さんから昔話を聞かせてもらった経験がおありだが、暗い中で聞こえてくるお祖母さんの声に安心したものだったと、懐かしそうに話してくださった。そして、「鬼婆《ばんば》ぁ」という昔話を語ってくださった。これは、『民話と文学　最上・真室川の伝承』（第二三号　平成四年）に収載されている。鬼婆ぁは、自分の美しさを保つために娘を攫《さら》ってくるが、その娘を山兎が助けるという結末である。この兎は、毎年子兎を産むと鬼婆ぁに取られるので敵討ちでもあったという魅力的な昔話である。

ところで、壽也さんは、昔話は余り知らないと言われる。何故なら、トリヨさんから歌はたくさん聞いたけれど、昔話は余り聞かなかったから、と言われた。それでも、『真室川町の昔話Ⅰ』『同Ⅱ』（真室川町教育委員会発行　平成三年　同書は及位編）には、六話が収載されている。昔語りは、この本に任せておられるようである。

江戸自体末期に建てられた佐藤家

その上で、昔話の継承については、次のように言われた。子どもは祖父母から昔話を聞くが、長じて親になると今度は、自分の子どもがお爺さんお婆さん（親達）から昔話を語ってもらっている。その横で夜なべ仕事をしながらそれを聞いていると、昔話を思い出し覚え直すことになる。そして、自分が祖父母世代になったときには、孫たちに語れるようになっている。この繰り返しによって、昔話の語り口が少しずつ変化しながら伝えられてきた。しかし、今はその習慣が壊れ、途絶えてしまったので、昔話の伝承も消えようとしている、と。この昔話の記憶の復習ともいうべき循環する暮らしと昔話の伝承について、最初に教えてくださったのが壽也さんだった。

壽也さんとわらべうた

祖母のトリヨさんは、内孫の壽也さんに浴びるほどわらべうたを歌ってくださったそうである。江戸時代にまで遡るであろう、トリヨさんの歌った〝及位のわらべうた〟は、しっかりと孫の耳朶に残り、脳裏に記憶されて、半世紀の後に記録されることとなった。町村合併で同じ町になった安楽城地区のわらべうたと同じ題材のうたが、異なるメロディで歌われていることに気づき、及位独自の歌を書き留めておかなければ、壽也さん自身も混同してしまうのではないか、そうなれば、祖母の歌もなくなってしまうと懸念されたのだった。トリヨさんが歌ってくださった歌は、他では聞けないものだった。また、壽也さんの子ども時代は、子ども同士の遊びにも日常の暮らしにも歌がついてまわっていたと回想される。私たちの求めに応じて、これならすぐに覚えられるでしょうと歌ってくださったのは「かべろ」である。

〽べろ　べろ　かべろ
　へったほさ　つんむけ

意味は「かべろよ、屁をしたのは誰だ、そいつの方に向け」である。藁をひねって頭と尻尾のようなものを作り、それをくるくる回しながら歌い終わったときに、頭が向いた所にいた子どもがその犯人とされる遊びだが、時には、回して囃す当人を指すこともあって、大笑いになったという。当時はどこにもあった藁一本ですぐに出来た遊びである。

平成七年（二〇〇五）には、ＣＤ「及位の童歌」を製作された。全四

かべろを回す佐藤壽也さん

○曲が収録されているが、歌っているのは、及位小学校の子どもとその保護者達。そして、佐藤壽也さんご自身も全体の半数近くを歌っておられる。聞いていると、西洋音階とは違う、話し言葉に近いメロディをつけた普段着の歌という印象を受けた。昔話の中で歌われる（唱えられる）歌が入っているのも嬉しい。「さるむかし」「酒呑童子」「十二の笠（笠地蔵）」「きゅうりの姫子」である。

子ども達の歌声が素朴で可愛らしい。それでいて、現代の日常生活ではおそらく遣われてはいないと思われる方言を上手に歌っている。保護者の斉唱もなかなか良いのだが、この人達は壽也先生に習った生徒だろうか。

冬だけ先生

壽也さんが小学生の頃は、子ども達だけで雪道を歩いて通学されたそうである。小学校へは約四キロの道のりだった。集落毎に、集団で登校したが、大人が道踏みをして歩きやすくしてくれたのではなく、子ども達だけで隊列を組んで雪道を歩いたのだそうだ。高等科二年生（現中学二年にあたる）が先頭に立ち、その後ろに高等科一年生、六年生、五年生と順に下級生が続き、最後は二番大将が務めた。驚いたことに、男女別々に通学したそうだ。女の子達だけで深い雪道を歩くのは大変だったのではないかと、聞いているだけではらはらする。

服装は、男の子は、洋服は少なくて綿入れにもんぺ、女の子は全員もんぺだったから、もんぺや長靴の中に雪が入り込むこともあった。長靴の中に入った雪は水になって溜まる。昔の長靴は弱くて、秋に買って貰っても正月には穴が空いたそうだ。それでも、長靴があれば良い方だったと言われた。藁の雪沓を履いていた児童の記憶はないと言われた。さぞ冷たいことだったであろう。

戦後、学制が変わり、昭和二一（一九四六）年、及位小学校に冬季分校の設置が許可されて、塩根川の更に奥の中ノ俣集落（一番奥になる）に、一二月から三月までの四ヶ月間開校された。始めは一年生から四年生までが対象とされたが、途中から三年生までになった。

ある年の冬、及位小学校の校長先生が訪ねて来られて、冬季分校の先生をやってくれないかと頼まれたそうである。児童を教えるという経験はなかったが、結局二三シーズン務めることとなった。その教師生活を「冬だけ先生」と言われた。及位小学校の本校までは六キロあるので、余り雪が深いと上級生も分校に来ることもあったそうである。

分校の奥の山に炭焼き場があったため、炭を焼く人達は、朝早く分校の奥のほうまで行く。そのため自然に道が付くので、その後登校する子ども達は、楽に歩くことができた。ところが、炭焼きの仕事は終わってしまった。ブルドーザーで道路の除雪が行われるようになるまでの間は、子ども達は難儀したという。

私は、冬季分校の先生をされていたときに、わらべうたを教材にされたのかと思ったが、そうではなかった。わらべうたは、「ただ私の頭の中に記憶としてあっただけ」と言われた。ところが、当初、一〇数人いた児童がだんだん少なくなって、とうとう三年生の女子一人だけになることが分かったとき、その子が壽也さんに向かって、「若い女の先生だといいな」とつぶやいた。少し白いものが混じり始めた冬だけ先生は、いささか応えた。次の年の一二月には髪を染めようかと思ったと、笑いながらおっしゃった。

それはともかく、先生と生徒が一対一では、勉強はもちろん、遊びもしなければならない、喧嘩もしなければならない、と言われた。喧嘩相手にもならなければという言葉を伺い、ああ、良い先生だったのだなと、と思った。そして、この時、わらべうたを取り入れてみようかと、初めてお考えになったそうである。その後、本校でも、文化の伝承として、番楽・お囃子・昔話と共にわらべうたを取り上げるようになったそうである。

壽也さんは、言葉だけでなく、メロディもご自分で採譜して記録されている。それは必ずしも五線譜にあてはめることのできない、及位方言の音であることを承知しながら、記録として書き留めておられる。先に挙げたＣＤの歌を聞くと、そのご苦労が分かるように思われる。

今また、わらべうたの一つ一つに、ご自身のコメントを付け、音符と挿絵を付けた本の刊行に向けて準備中であるとのこと、楽しみに出版を待ちたい。

きんご花《ばな》

あねこだぢ　あねこだぢ
花折り　行《いん》がねが
何花《なにばな》　折りに
きんご花　折りに
一本折ってぁ　ひっかづぎ
二本折ってぁ　ひっかづぎ
三本目にゃ　日暮《ひやあく》って
かや野さ　とまて
あさま早ぐ起ぎで見だれば
きんごのような姉さまが
足駄へぇで　杖つんで
黄金《こがね》の銚子で酒つんで
てでごにゃ一杯《いっぺぇ》　いやいや
ははごにゃ一杯　いやいや
なしてまだ　めぇらねや
さがなねぇくて　めらねが
おらほのさがなは
高《たけ》え山の竹《たけ》の子《ご》　低《ひぎ》い山のひぎのご
大竹《おおだけ》しね竹《だけ》　こっくらぜむの娘は
薬師参《やぐしめぇ》りに行《いん》ぐどて
犬にワンとほえられて
とっつり返《げえ》して見《みい》だれば
竹の節見《みい》つけで
食っつぶして見たれば
赤《あげ》いきんごぁ十二　白いきんごぁ十二
十二の中《なが》さ　てでこんば　こんばこば

（CD「及位の童歌」より）

多くの出会いの中から

佐藤　保

「せっせっせーのよいとせ」。

　安楽城小学校の校舎の中から聞こえてきた子どもたちの歌声。懐かしい声の響きに思わず足を止めたことを今でもはっきりと覚えています。安楽城地区の生まれでない私にとって、これが今から十五年程前の私と安楽城の童歌との出会いです。しかし、この出会いは、懐かしさの域を越えるものではありませんでした。

　この童歌との出会いが「懐かしさの域」を越えるきっかけとなったのは、仕事で知り合った真室川町出身で昔話研究家の野村敬子さんとの出会いです。野村さんからは、自分たちの町に残っている昔話や童歌をはじめとする口承文化のすばらしさを、そして大切さを教えられました。野村さんとともにビデオカメラを持ち、町内の老人が語る昔話を収録していたとき、収録を重ねるごとに生き生きと輝いてくる老人たちの目の変化に新鮮な驚きと感激、そして仕事の意義を強く感じたものでした。

　自分でも地域に何か貢献したい。そう考えていたとき、東京で画家として仕事をしている高校の同級生である高橋貞二との再会がありました。個展のため新庄市に帰省していた彼に久しぶりに再会した日、彼に絵を書いてもらい童歌の絵本とCDを作ろうと決心しました。今から五年程前（一九九三年）のことです。

この三つの出会いが、この絵本とＣＤを作るきっかけとなりました。

しかし何より、この絵本とＣＤの製作を実現することができたのは、「安楽城の童唄保存会」の沓沢栄吉会長、安楽城小学校の大滝与一校長先生から趣旨をご理解いただき、資料収集や歌の収録に快くご協力をいただいたからだと思っています。また、故佐藤陸三氏が力をそそがれた保存継承事業を実践し支えている子どもたちと先生方、そして地域の皆さんに心から感謝を申し上げます。

今回は、現在、「安楽城の童唄合唱団」が歌い継いでいる十四曲のうち十二曲を絵本にし、ＣＤでは全十四曲を収録しています。この絵本とＣＤの製作が、安楽城地区、そして真室川町の口承文化の継承に少しでも役立てればと心から願っています。

『安楽城のわらべうた』1998年
絵　高橋貞二、発行者　佐藤保

凧あげ

〽風の三郎ァ　背病《へえや》みだ
お陽さま　まめだ
カラカラ風　吹け吹け
（くり返す）

『安楽城のわらべうた』より転載。

女性実業家・庄司房江さん

野村　敬子

　真室川町の昔話を聴きながら、及位・安楽城・真室川の三町村合併での難しさを感じる。それぞれの町が美しい特有の言葉を持っているからである。しかし、考えようによっては昔話があるからこそ、その合併の意味と融和が顕在化するのではないかと思われる。庄司房江さんの語り言葉は旧真室川町の端正な真室川の新町弁・言葉であった。美しい語りであった。その美しさを堪能したのは新町の嘉兵衛こと佐藤準一さんの宅での語りの会であった。「日本民話の会」と「松谷みよ子さんたち」の皆さまが真室川採訪旅行に来られた時、二度も当主佐藤準一さんの大きなご協力を頂いた。佐藤さんのおはからいで、自宅に宿泊もさせて頂き、本物の旧家囲炉裏端での語り体験が叶えられた。囲炉裏には串焼きの鮎が灰に刺してあったが、『真室川昔話―鮭の大助』（野村敬子編　桜楓社　昭和五六年）の語り手・富樫イネさんのお宅「茶畑」の奥さんの姿もあった。その新町集落で育たれた庄司房江さんは煙出しや高い天井に響く声で「狐むがし」を語られた。

庄子房江さん

　新町には狐が身近な生き物で、狐がお産に掛かる頃に油揚げご飯、おふかし（赤飯）を道端に置いて「狐の産見舞い」にしたものという。本書のテーマでもある継続的聴き取りという意味から、庄司房江さんに聴いた平成二年の昔話を次に紹介したい。本書ＤＶＤの収録資料「狐むがし」で狐はとらえられても殺されていない。時間の流れと比較して昔話の動物との対応もお読みいただければ幸いである。

狐と川瀬

むがし。あっとおぎな。川端で狐と川獺がばったり会ったけど。

「やあや。何が良い事ないがや」

狐、言ったけど。川獺、

「んだじゅなあ。狐、んだば招びけんご（招き合い）すっか」

「ほっかあ。ほんねば、俺がら、招ばれっか」

「んだ。んだ。俺、お前ば待ってるさげ、明日、来いや。待ってるぞ」

狐、喜んで喜んで、跳ねるは、跳ねる。喜んで山さ帰っていったけど。そして、次の日、待ちもどましくて（まちどうしい）川獺の家さ行ったけど。

「川獺さん。川獺さん。ごっつそうながら、招ばってきました」

川獺、ええっぺ、焼き魚、煮魚、揚げた魚から、ええっっぺ。

「やあや。よくきてくった。まずまず、入ってけろや」

狐、腹いっぱい、下向かんねほど、ご馳走なった。

「まんず、まんず。おき、ご馳走なりあんした。まず、川獺さん。明後日、俺家さ来てけろや」

って、言ったけど。ほんで、明後日な、川獺狐の処さ行ったけど。

「狐さん。狐さん。ごっつそうながら招ばってきあんした」

って言ったども、狐、知らねふりよ。

「なえだもんだ、俺んどこさ来て、すこでま、食っていって」

て、ごしゃいた（怒った）まま、帰って来た。次の日、狐来たど。

「やあや。昨日は大変ぶじょほ（失礼）した。なんと、てんからふき病さかかってや。まだ明後日きてけろ」

って帰って行った。はんであ、来てけろっていたもんだはげて、

「狐さん。狐さん。ごっつおながら招ばってきあんした」

て、入って行ったれば、狐、返事もしないで、下向いていた。何にも喋らないけど。川獺まだ、

「狐さん。狐さん。ごっつおながら招ばってきあんした」

て、言たども、狐、知らねふりよ。

「なえだもんだべ（如何したか）。俺家さ来て、すこでまいっぺ（たいそう）まくらって（食うて）なえだもんだ」

川獺、ごしゃいで怒って家さ戻った。ほすっと、また次の日、

「やあやあやや。きんな（昨日）はぶじょほ（失礼）した。なんと、下向き病かかってや。気の毒した。こねだ（先日）俺が狐さんからご馳走なった時は、いっぱい雑魚があった。旨いがったげんと、あれ、どげして（どの様に）捕るもんだや」

て、川獺さ聞いたけど。すっと川獺、二回も嘘つかれた、ごしゃっぱらげで（立腹）ずほこいた（嘘をいう）ど。

「寒い時、んだな、夜明け方だな。尾っぽ川の中さジットリとつけておけ。いっぱい雑魚かかっぺ。水の中で重ぐなっさげ」

ほすっと狐、喜んで、夜明け待ち遠しい。寒ぐなって、川の中さズッポリジッと尾っぽ入れた。凍《し》みる朝方、寒い

もんで、川の水あ凍ってきた。凍みでミリミリミリミリど尾っぱ痛くなった。

「ああ、掛かってきた」

もう少しいたら、

「ああ、まだ。もっと凍みたら良いべ」

どんどん凍みて痛くなった。喜んで狐、歌を唄い出した。

ええーちゃ　川獺さんがー
よいごと　おしえたの

庄司さんはよい聴き手　ふるさと伝承館での語りの会

はあー　尾骨が抜けるよだ
ヨーイ　ドン　コン　コン　スコン
その間も川の中の尾っぱ、ミリミリて、凍みてくる。魚のかかる音だと思って喜んでな。狐また唄う
ええーちゃ　川獺さんがー
よいごと　おしえたの
はあー　尾骨が抜けるよだ
ヨーイ　ドン　コン　コン　スコン
唄うもんで、村の人たち、皆で、不思議してな。狐の姿見て、
「狐だ。行ってしめるべ」
人だ来たもんで、逃げるかんじゅしたども、バリバリ凍みて尾っぱ抜けね。とうとう捕まってしまったけど。

「晩げ、狐汁にすっぺ」

食わってしまったけど。

どんぺからんこ　ねけど。

新町村の狐

むがし。人と狐じゃ、しょうでん（昔）には、うんと仲良ええもんであったど。鮭延の殿様時代、人が雪道で難儀していると、狐が来て先あ立つって前方を歩いてけったり。助けで呉れっけど。ある日、狐、腹大きぐして、今にも産《な》しそうだな見つけだ。新町の人達あ、油揚げご飯、おふかし（赤飯）だの作ってな、菰さ入れてな、

「ほら、ほら。狐。おめのおぼこなしみんめ（出産見舞い）だ」

って、道端さ置いて呉れたど。狐あ喜んで貰って食って、無事お産したど。そして、三匹の親子狐で歩くようになったけど。ある日、悪い病気流行って。困っていたけ。八卦《はっけ》おいたり、神様さお願げしたり、さまざまのことしたども、なかなが病気あ、治らねって、ほどほど困っていたけど。

ある晩、新町の親方っつあんに枕元さ枕神たって、

「親方っつあん。親方っつあん。俺あ、裏山さ棲んでる親子狐だ。今迄、村の人達がら、めんごがらって（可愛がられ）きた。お礼に今度、俺達三匹で、村の中さ流行る病気を追っ払うさげな。これがらも村さ病気入って来ないように、俺達三匹で護っさげな」

って、こういうど。夢醒めてな。それがら少し、おもってから（経ってから）、村外れの道端さ、三匹の狐死んでだけど。親方っつあん、

「あー。あの夢あ、本当の枕神だった。村の人だの身代わりになって死んでくった」と、分かったもんで、皆で、野々村さ行く村の外れさ穴掘って、三匹狐埋めた。ほして、そごさ杉の苗一本植えたなだど。ほしたら一本の杉の根っこがら、三本の杉が生えてきたど。親子の狐三匹が手つないだように、おがってきた。哀れなもんださげ、木の下さ神様祀ってみんな拝んで、油揚あげてな、

「これからも、村護ってけろな」

って拝んだけど。親子杉って名前でよ。この杉切ると血が出るって言うなよ。その親子杉今もコンコンと茂っているなですや。

どんぺ　からんこ　ねあっけど。

親子杉

古い録音資料を再生しながら、本書を作っていた日々であったが、思いがけないことが起こった。今も信じたくない別れが続いた。
平成一七年「真室川民話の会」は会長さん高橋重也さんに続いて副会長庄司房江さんも、あの世に送ってしまうことになった。「聴きに来て」と電話をいただいて伺うと、お通夜であった藤山キミ子さんに続いて三人が鬼籍に入られてしまった。
本書を作る気力が萎えて中断したが、気を取り直して庄司房江さんの思い出を辿ることとなった。庄司房江さんは一方で、

製麺会社を経営する実業家として活力的な昔話も語られた。

昔の農村では知ることの無い質屋を語る「鬼むがし」は楽しい。また現代社会に敏感に対応する国際派の女性リーダーとしてフィリピンの昔話を覚えて実践的な語りもなさっている。

鬼の褌

むがーし。山の奥で貧乏暮らししった夫婦いたけど。

節分だっていうのに豆撒きの豆も無い。それで奥の行李から、腰巻出して、

「こうゆうごとしていたってしょうがない。嫁入りん時持ってきた腰巻売ってくるか」

て、町さ売りに行った。その途中、人から質屋というものあるて聞いた。町じゃいいもんだ。質草っておくと、お金貸してくれる。ほんで質屋に腰巻質に入れた。その金で豆買って帰った。少しの豆だけ買ったな。家で豆炒って節分した。

「いつもど違ったことするべ。鬼は内ってな」

「福は外。鬼は内。鬼は内」

って。お膳にご馳走とお神酒のせてな。お神酒飲むかんじゅ（つもり）しったどさ、大きな鉄の棒持った鬼、赤鬼、青鬼が入ってきた。親父の顔見ながら、鬼は内て聞いて喜んで来たな。んでも、鬼のご馳走が無い。嬶が、困った顔したら、

「俺家さは、へっかく来てけっても、ご馳走無いさけ、他所の家さ行ってけろ」

て、言ったら、鬼たち、褌脱いで赤い褌、青い褌ば、

「これ、町の質屋に持って行け」

って。ほんで質屋さまた行くど、

「これは、これは。たいした宝物だ」

て、千両の大金でな。たまげて、その金もらって酒だの肴だの買って、帰ってきた。そして賑やかに鬼と酒盛りした。あんまり賑やかなもんだべ、隣りの爺さま、

「一体、何事だや。よっぱらっているなが」

って入ってきた。親父、

「いいや。しやうきだ。正気だ」

って言うと、青鬼，赤鬼、どでして（吃驚し）

「鐘馗《しょうき》が来たって！大変だ！」

大急ぎで、逃げて行った。あまりどでして、鬼たち、鉄の棒ば置いていった。

何日も二人は、鬼が戻って来るのをまってだ。何日も来ないので、また、町の質屋に持って行った。

「これは鉄の棒、三千世界に無い品だ。宝物だ」

って、質屋の倉の中の千両箱全部持ってきて、渡したど。ほんで、その家、鬼のおかげで金持ちに暮らしたど。

どんぺ　からんこ　ねあっけど。

カラバオとベコ

むがし。フィリピンの生き物たちは暑いもんで、水浴びよくしたもんだけど。

まず、山形だばベコ牛、角の小さいな。

ベコと、フィリピンの角のおっきいく生えたカラバオっていう水牛だ、居たけど。

フィリピンじゅう国、熱い暑い国でな。生き物たちは水浴びよくするもんだど。日本だて、馬こ冷やしって、川さ入れっぺ。

ある日。ベコとカラバオ水浴び来て一緒になったけど。皮脱いでな、水浴びじゃするもんだたど。

いい気持ちで、入ってだば、ガサモサって大きな獣の来たようだ音したけど。びっくり。さあ大変。虎、狼、鰐に食われたらおおごと。大急ぎで、川から出はって行ったけど。

木の枝さ掛けていた皮、大急ぎで着た。

ベコなえだか、皮ブカブカだど。ほして、カラバオまだ、ピチピチだけど。あんまり慌てたもんだから、大きいカラバオは小さいベコの着た。ベコは大きいカラバオの皮着ることになた。間違って着て反対に着てしまったなよな。

それがらじゅうもの、今もカラバオの皮はピチッとしてはりついたようになってるし、ベコの、牛のな。皮は引っ張ると伸びて来るような、ブカブカになったなだど。

どんぺからんこ　ねあっけど。


この動物昔話は、真室川幼稚園訪問の折に、庄司房江さんが語ったフィリピン昔話である。町には国際結婚の二世たちが誕生していた。私が編んだ絵本『山形のおかあさん　須藤オリーブさんのフィリピン民話』にある一話を覚えて下さったと思われる。これは子どもたちにはカラバオの絵を示しながら語られていた。大きな感動を味わった。地域の国際化が山形県の外国人花嫁から、現実の子育てに連動する切迫したテーマになりつつあった時であった。地域の子ども達に友達のお母さんの国の昔話を語って聴かせたいと絵本を手にして下さっていた。ある日、庄司さんは新庄市の本屋で貰った講談社の「読書人の雑誌・本」の「ビブロニア探検記」に佐藤健二さんの記した「多国籍家族」があり、そこで「フィリピン絵本が紹介されていた」と電話して来られた。佐藤健二さんが絵本を買って下さった。共感しておられた。「多国籍家族」到来という新しい時代をいち早く感じとっておられた。「凄いでしょう」と、庄司房江さんらしい言葉であった。私は後日、誌の頁を繰り佐藤健二さんのご理解に感動するばかりであった。

> 問題は複雑である。自治体主導の国際結婚の無理をあげつらい、その業績主義を批判し、あるいは男性の発想の権力性を批判するのはたやすい。しかしそれはセンセーショナリズムであり、心卑しきスキャンダリズムと同じ結果しか生まないだろう。そうしたジャーナリズムの報道によって、花嫁自身も痛めつけられてきた。異文化を理解しようとしない村の論理も問題である。しかし生きかわり死にかわりして田を打ち、北辺の家を耐えるようにして守ってきた人々を、ただ封建の、大国主義の、アジア蔑視のとレッテルづけ、非難してすましていいのか。さらにそれ以上の重さにおいて、思わねばならない子どもたちも、すでにいる。アジアのことばや慣習、宗教を「母なる文化」とする子どもたちである。国際結婚によって生まれでた、多国籍家族の子どもたちを、かつてと同じ隠微な差別の不幸の中に閉じ込めてはならない。民話の採集・出版という一見あたりさわりのない表看板に、編者野村敬子が隠した切実な思いも、そこにある。

と、佐藤健二さんは書いて下さっていた。昔話を聴くという行為は時に激しい情念を内在させた実践へと向うこともある。庄司房江さんは真室川音頭など踊りや歌を愛し郷土を想う梅の里づくりのパイオニアでもある。

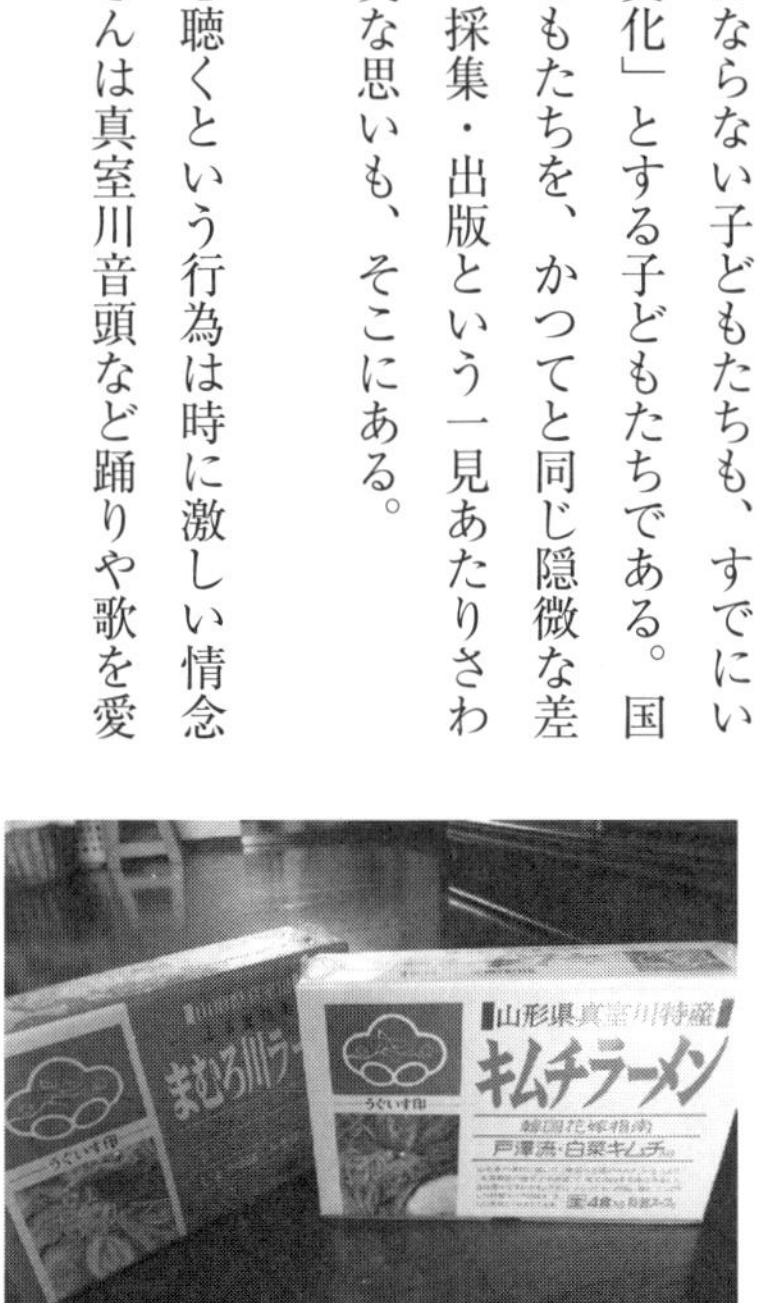

庄司さんの作られたキムチラーメン

長岡ジュリエットさんと角川カトリーヌさん

しなやかな取り組みは事業の中にも、異文化理解の足跡を残されている。その一つに「韓国人花嫁指南」と銘うったキムチラーメンを創られたことがある。指南の言葉には庄司房江さんの哲学を感じる。

私が山形県に発する農山海村の国際結婚と昔話のテーマを扱った時、庄司房江さんがお示し下さった熱い支援の言葉は忘れ難い。「敬ちゃん。同じ山形の嫁さんだもの。お互いに良いものを大事にしたらいいんねがや」と。社会教育課村松勝雄さんの骨折りで実現した、ふるさと伝承館で行われた「アジア民話絵本展」にも足を運び、外国人花嫁たちの話しに耳を傾ける庄司房江さんの姿があった。バンプーダンスをし、バハイクボの童歌、アリラン、北国の春を歌い、共に楽しんだ記憶は鮮やかである。

庄司房江さんは同じ町で幼い頃からの知り合いとして私の背中を押してくださった。当時、私の行動は新聞などで取り上げられていたが、地元の批判の対象であり、他家の嫁問題に介入するなと反対された。しかし山形で有力な女性実業家としての庄司房江さんは共感と励ましの言葉をかけて下さった。そして自ら韓国人花嫁指南キムチ入り、真室川ラーメンを創り、文化の融合を目に見える形にして見せて下さった。その情熱と実行力に感銘するばかりであった。真室川民話の会では「カラバオとベコ」の外に、韓国花嫁から聴いた「トケビのお化け」を語っていた。庄司房江さんのプロフィールは『山形県女性史』に記されているが、現代語りの旗手としての横顔も紹介して頂きたいと思いながら読ませて頂いた。再婚した外国人花嫁オリーブさんの家を高名な男性研究者が無作法に研究の為に訪問した時、花嫁さんは戸惑ったという。庄司房江さんは「女性の幸せを考えない研究はだめだべ」と確然とした批判を示された。

あれから三〇年近い歳月が流れた。二世たちは成長して、花嫁たちの積年の望みであった教会も作られた。その後の事については二〇一五年韓日共同学術会議『国境を越える民俗学　日韓の対話によるアカデミズムの再構築』（崔仁鶴・石井正己編）に「在日外国籍妻の民話」として論文報告をした。その論文をコピーし、庄司房江さんに読んで頂き、拝借した『山形女性史』をお返しに伺ったのが、最期の出会いとなってしまった。

平成三〇年三月二五日舟形町の教会には日曜礼拝の長岡ジュリエットさん（大蔵村）角川カトリーヌさん（新庄市）が居られた。長い間、待ち望んだ教会が出来たので是非見に来てくださいとジュリエットさんから言われていた。子どもの洗礼に遠くの教会に行っていたので、これからは自分たちの教会があって嬉しいと話される。ジュリエットさんは新庄図書館で読み聞かせボランティアもして居られた。地域と結ぶ国際結婚のテーマの結着を感じさせる彼女たちの笑顔であった。

戸沢村で暮らす韓国から来られた庄司明淑さんはキムチを作り、『明淑さんのむかしむかし』（かのう書房　平成七年）を語りつつ、韓国昔話の手造り紙芝居を作られている。継続的に来日以来、韓国文化の紹介に力を尽くしておられ、この度も新たな角度で二世たちや仲間たちへの贈物にされた。

その活動を元小学校校長、真室川町教育委員のとおだ　はる（遠田《えんだ》且子）さんが支えて相談相手となっておられる。本書に掲載する韓国昔話はこの二人の協力の上にある。また旧「日本民話の会」で、松谷みよ子編『少女が運んだ中国民話』アジア心の民話③（星の環会　平成一三年）の経緯を知る、しま・なぎささんは多くの子どもたちに読んでもらいたいと、『酉陽雑俎』から世界最古といわれる「シンドレラ」を翻訳し、詩として本書に寄せておられる。平成初めに導入された国際結婚がもたらした昔話の消長として、心温まる作品二作をお読み頂きたい。

庄司房江さんの残された外国人花嫁たちへの女性としての理解やぬくもりはいつまでも忘れることは出来ない。

真室川と外国の昔話

星になった魚（中国）

しまなぎさ

ずっと　むかし。
中国の　ちいさな村に
葉限という女の子がいました。
かわいらしく　かしこい子。
お父さんとお母さんは
葉限を大切に育てました。

庭の桃の実が　もうすぐ食べられるころ
お母さんが病気になって
葉限は　桃の木のそばで毎日泣いていました。
お母さんといっしょに　桃の実を　かご　いっぱい
取るのを楽しみにしていたのですから。

「大丈夫よ
葉限　あなたにはお父さんがいるから」
そういってお母さんはしずかに目をとじました。
それが　最後の言葉でした。
「お母さん」
葉限は　わっと　泣きくずれました。

お父さんは　葉限がさみしくないように
あたらしいお母さんに来てもらうことにしました。
まもなく　あたらしいお母さんが
葉限と同じ年の娘をつれてきました。
そして　もうすぐお正月という頃

お父さんも風邪がもとで急に亡くなってしまいました。
お父さんがいたときは　やさしかった　あたらしいお母さんが
人が変わったように　葉限につらくあたるようになりました。
葉限を　朝早くから　遠い山へ薪を取りに。
休むまもなく　深い谷へ水汲みに。
ご飯の支度も　葉限の仕事。
あたたかいご飯は　親子で食べて
葉限には　冷たいご飯をすこしだけ。
ようやく一日が終わって　葉限は
屋根裏の小さな部屋で　ひとり眠りました。

ある日のこと。
葉限は　水汲みにいった谷川で
小さな魚を　見つけました。
いままでに見たこともない　美しい魚。
遠い空に光る星のようです。

そうっと　両手ですくって持って帰りました。
葉限は　亡くなったお母さんが
大切にしていたお皿に　魚をいれました。
魚は水の中をうれしそうに泳いで
ときどき　葉限を見上げます。
まるで　なにか　話したいようです。
魚は　あっというまに大きくなって
お皿に入りきれなくなりました。
葉限は　夜になってから庭の池に移して
自分のご飯を　こっそり運びました。
葉限が行くと　魚は必ず顔を出して
水の上で　うれしそうに　はねました。
まもなく　池に魚がいることに　あたらしいお母さんが気づきました。
葉限がいないとき　池のそばへ行って呼んでも　魚は出てきません。
そこで　あたらしいお母さんは　あることを　思いつきました。

次の朝
葉限は　あたらしいお母さんに呼ばれました。
「いつも　水汲み　薪取りご苦労さま。
いま　着ている上着は　ずいぶん古くなったねえ。
あなたによくにあうのを　買ってきましたよ。
取りかえてあげましょう。」
こんなに　やさしい言葉をかけられるのは　はじめてです。
葉限は　喜んで取りかえました。
その日　水汲みに行くように言われた泉は　いままで行ったところより　ずっと　遠い山の向こうです。
そんな事とは知らずに　葉限の足は　はずみました。
あたらしいお母さんは　すばやく葉限の古い上着に着がえると
大きな刃物をもって池に近づきました。
魚が　顔を出すと
「えいっ」
力いっぱい　切りつけたのです。

葉限は　水汲みから帰ってくると
すぐ　池のそばに行きました。
どうしたことか　魚の姿が見えません。
「わたしの　だいすきな魚ちゃん」
小さい声で　呼びました。
池の水は　しずかなまま。
「どうしたの」
池の水は　だまったまま。
葉限は　思わず水の中に入ろうとしました。

そのとき
空の上から　声が聞こえました。
「魚は　あたらしいお母さんと娘が　食べてしまったのだよ」
いつのまにか　白いひげのおじいさんが
目の前に　立っていました。
「魚の骨は　桃の木の下に埋められている
きれいに洗って　大切にしまっておくといい

魚の骨に祈れば　願いごとはなんでもかなうから」
そう言って白いひげのおじいさんは
白い雲に乗って空へ帰って行きました。
「さっきのおじいさんは　きっと　空の上に住む仙人」
もういちど　魚にあえる日がきそうな　そんな気がして
葉限は　空を見上げました。

村の祭りの日。
「葉限　桃の実が　ひとつでも　なくなっていたら
しょうちしないよ」
庭の桃の木を　しっかり　見はっているように言うと
あたらしいお母さんは　娘と二人出かけて行きました。
小さい頃に行っていたお祭り。
葉限も　行きたかった。
白いひげのおじいさんが　教えてくれた言葉を
思いだしました。
屋根裏の部屋まで走って
「お祭りに行く　上着と履《くつ》を」
魚の骨に祈りました。

願いは　すぐにかなえられました。
青い宝石をちりばめた美しい上着を着て
鳥の羽よりも軽い履《くつ》をはいて　葉限は急ぎました。
久しぶりに見るお祭り。
時間のたつのも忘れていました。

「あの子
葉限じゃないの」
娘が指さすと　あたらしいお母さんの顔色が変わりました。
「桃の木の番をするように　言ったのに」
「きづかれた」
葉限は　走りました。
水汲みで　いつも歩く　でこぼこの道。
あわてて石につまずいて　片方の履《くつ》がぬげました。
振り返ると　あたらしいお母さんの姿が見えます。
履《くつ》を拾うひまはありません。
そのまま　家にむかって走りました。
いつもの上着に着がえると　すぐに葉限は

桃の木の下で眠りました。
追いかけてきた　あたらしいお母さんは　葉限を見て
「さっきは　見まちがいだね。
あんなにいい上着を　持っているはずないもの」

その日　道で葉限の履《くつ》を拾ったのは
村の履屋《くつや》でした。
あまりにも　美しい　履《くつ》なので
店の奥にかざっていました。
そこへ　となりの国の王様がお供をつれて
通りかかりました。
王様は　その履《くつ》を見て　片方しかないのを
ふしぎにおもって　たずねましたが
履屋《くつや》は　道に落ちていたと言うばかり。
王様は　国じゅうにおふれをだしました。
この履《くつ》の持ち主は　きっと美しい娘にちがいない。
お供のものに　一軒ずつ家をたずねさせました。
そして　最後に　たずねた家に　葉限がいたのです。
葉限は　青い宝石をちりばめた上着を着て

片方の履《くつ》を持って　王様の前に進みでました。
その姿は　天女のような美しさです。
王様は　葉限が　この履《くつ》の持ち主であると信じました。
葉限は　いままでのことをすべて話しました。
王様はまもなく葉限を　お妃として城に迎えました。
魚の骨も大切にしました。

葉限は　王様といっしょに　国の民の幸せを願ってくら
しました。
王様は　多くの国を治めるかたわら　魚の骨に祈って
ほしいものを　城の中いっぱいにあふれさせていました。
一年もたつと　魚の骨のききめは
なくなってしまいました。
どんなに願っても　もうなにもでてきません。
王様は　魚の骨といっしょに　すべての宝物を
海辺の砂浜に　埋めました。
天の川から　星があふれそうな夜。
葉限は　城の窓から　空を見上げていました。

「あっ」
しろいひげのおじいさんと魚が　空へのぼって行くのが見えます。
葉限の育てた魚が　池の中で泳いでいたときの姿になっていました。
深い藍色の空に流れる天の川にむかって
しろいひげのおじいさんが　大きく杖をふりました。
すると　魚が杖の先でひとまわりして
見る間に　小さく　小さく　なっていきました。
葉限が　水汲みにいった谷川で　はじめて見た
あの日の魚が　星になってきらめきながら
天の川を泳いでいます。
葉限は　空にむかって　そっと　両手をあわせました。

おわり

参考文献　中国の古典「酉陽雑俎」段成式編を読み詩に形づくってみました。小さい方とご一緒に声を出してお読みください。

トッキとチャラ（兎とすっぽん）

この一話は兎とすっぽん、朝鮮後期に文字による記録がなされた
パンソリという民謡の一分野、水宮歌が基になっているそうです

語り：庄司　明淑　補：とおだ　はる

イエンナル　イエンナレ　むかし、むかし。

海の中の深い深い所に竜宮がありました。そこには、海の国を治める竜王がすんでいるのですよ。

竜王は、宮殿に新しい立派な建物を建てると、たくさんの海の生き物達をまねいて宴を開いたど。

ところが、何日も続いた宴が終わるとすぐ、竜王は重い病にかかったど。いろいろ薬を飲んでもなかなか治らなくて、竜王は椅子をたたきながら泣き始めたど。

「海を治める竜王なのに、何ということだ。天井が高く立派な水晶宮の中で、友達一人もなく寝ている私の命を、誰が助けてくれるのだ」

と、大きな泣き声が天井に届くように響いたど。

その時、突然黒い雲が寄ってくると、風が吹いて小雨がだんだん激しくなり、道士が現れた。道士は天を飛んでいるとき竜王の泣き声を聞いて降りてきたのだど。

道士は竜王を診た後、言ったど。

「今、この病に効く薬はただ一つ。陸地にすんでいる兎の肝だけです」

こう言い残して、降りてきた時と同じようにいきなり去ってしまった。竜王は、道士が去った方に深くおじぎをして、急いで家来達を呼び集めたど。

竜王の呼びかけに、亀、タイ、ニベ、イカ、ハタハタ、貝、アザラシ、ニシン、エイ、イシモチ、タコ、サバ、クジラ、砂潜り、ウナギ、ヒラメ、イワシ、サワラ集まって、クボックボッとお辞儀をしたよ。

「おお、私は魚屋の主人のようだな。さて、お前たちの中で陸地に行って兎を連れてきて、私の病を治してくれる者はいないか？」

初めに鯉が、亀がよいと言った。すると、他の家来が反対した。

「亀は陸に出ると、人間達が捕まえ、甲羅をむいて色々なものを作って使うから行かせてはいけません」

ウナギも鮭も人間達が捕まえて食べるから、陸に出てはいけないとか、これもあれもだめだとただ言い合うだけで、何もまとまらなかったど。

その時一人の家来が、自分が行くと申し出たと。目は小さく足は短い、首が長くて口はしゃっきり、甲羅を背負ってアングンアングン（よちよち）はって来る。それは、すっぽんだった。すっぽんは、首を出来るだけ長～く出して言ったど。

「私は何か才能がある訳では無いが、川に浮いて四本の足で水をかきながら見張ることが出来るから、人に会っても危ないことになりません。ただ私は、海の中にばかりいたので、兎の顔が分かりません。似顔を描いて下さい」

竜王は喜んで、絵師を呼ぶと、兎の顔を描かせたと。四方を見張る赤い目、嗅ぎ分ける鼻、花を摘んで食べる口、鳥の鳴き声を聞く耳、よく走る足、冬の寒さを防ぐ毛皮に二つの耳はチョングッ（立てて）頭ふりふり、腰は細くて尻尾は丸く立った兎の絵が描かれたわ。すっぽんは、竜王にお辞儀をして家に帰ると、自分の妻に「私がいない間、草亀やろが来ないように気を付けろよ！」と言ったど。

すっぽんは、海の中から海の上に行くよ。海の上から川に行くよ。前の足で青い波を漕いで、後ろの足で青い湖をタンタン。あちらこちら、こちらあちらに、しぶきをよけてぷかぷか浮いて、周りを見回した。山々が連なり、菊の花はちらちら落ちて、落ち葉はひらひら、カモメは飛び、沢の水はザーザー。美しい景色の中で、さまざまな動物たちが集まって、おやおや、自分が偉いと自慢し合っているよ。

クジャク、アヒル、カラス、ミミズクみたいな羽の生えた動物に、キリン、ライオン、クマ、サル、トラ、オオカミ、カバ、キツネ、タヌキ、イノシシ、カモシカとシカみたいな獣たちまで、ごちゃごちゃ集まってる。

すっぽんが兎の似顔絵を見ながら、兎を呼んだど。

「そこに立っているのは兎、いや兎さんではございませんか」兎は自分を呼んでいる声を聞いて、喜んで走って来たわ。「誰か私を呼んだ？」こっちにぴょんぴょん、あっちにぴょんぴょん、首を振りながらふざけて下りてきたところ、すっぽんにぶつかってしまった。

「あら、鼻が痛い。おでこが痛い。初めて会ったのに、どうして他人のおでこにぶつかる。……その前にまず名乗ってもらおうか」「ああ、そうですねえ」「お前は誰だ？」

「はい、私は竜宮から来たすっぽんです。そちらはどなたですか」「私は、世の中で兎先生《ウソンセン》と言われているよ」すっぽんが笑顔でしゃべった。

「兎先生の名前を聞いたのはだいぶ前ですが、会えてうれしいです。ところで、この陸地ではどんな楽しみがあって暮らしておいでしょうか」

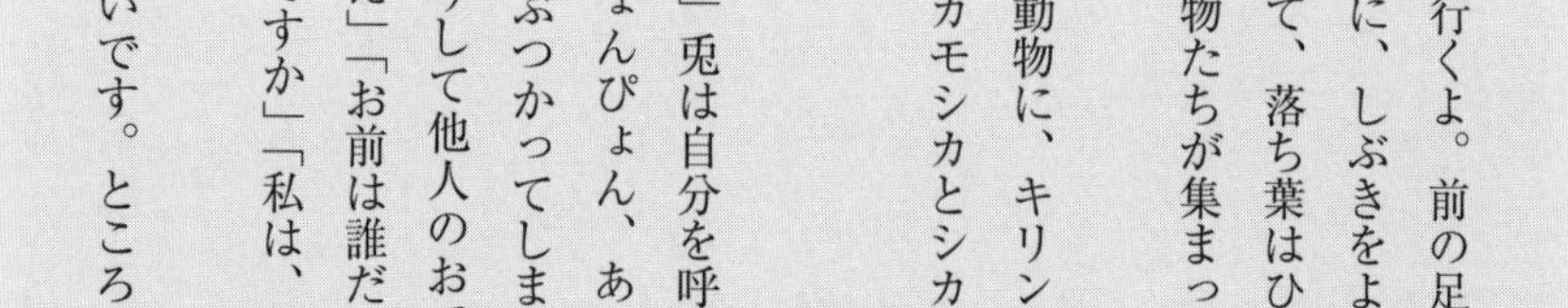

「昼は山で遊び、夜はお月見、冬はお腹がすいて足の裏ハルチャッハルチャッ（ぺろぺろ）。春が来ると罠にかかってデロンデロン（ぶらぶら）」

　兎が答えたど。

「私の暮らしの楽しみは、この世で一番。森と沢全部私の家なのさ。色々な木の実は、みな私の物。昼は山で遊び、夜は月見する地上の仙人だよ」

　それを聞いて、すっぽんが言ったど。

「ああ、良い暮らしですねえ。しかし、冬は雪が積もるし風が吹いたら岩の下で、すいたお腹をおさえながら、足の裏をつかんでハルチャッハルチャッ、飢え死にしませんか。春が来ると、落とし罠に足首が引っかかるわ、鷹が追っかけて来るわ、猟犬も追っかけて来るし、松の木の下は、狩人が銃でクルルル・ダン！野原に行くと、たきぎ採りや羊飼いの子ども達の棒に追われる。それが仙人の暮らしですと？私をからかっているのですか」

　兎が黙って聞いて、言ったど。

「それなら、竜宮はどんなところなんだね」

　すっぽんが答えた。

「私どもの竜宮は、とてもとても大きな宮殿があって、ガラスの柱、琥珀の礎に、屋根が美しく反り返って、絵が描かれた楼閣が高く高くそびえている。きらきらした宝石が足元に転がっているよ」

　兎があまり感心する様子がないので、声を張り上げて言ったど。

「兎先生は、ヘンサン（イケメン）なので、竜宮王はりっぱな官職を与えると思いますよ。それに色々なおいしい食べ物がいくらでもあるし、面白い遊びがきりなくありますよ。不老長寿の薬を飲んで、永遠に暮らすことが出来るのです。私と一緒に行きましょう」

兎はその話を聞いて、すっぽんについて行くことにしたって。

すっぽんは、前をアングンアングン（よちよち）這って行く。兎は後ろからガンチュンガンチュン（ぴょんぴょん）跳んで、水辺に下りて行ったど。

ところが、その日は波が高いので、兎は怖くなって尻込みした。すっぽんが先に水に入ってトンダントンダン（ばたばた）浮いて回りながら言ったど。

「大将の官職に就ける良い所に行けるのに、行きたくなかったら行かなくてもいいですよ。この水がそんなに深いと思っているのですか」

兎は柳の枝をつかんで、後ろの足を水に入れようとしたら、すっぽんがあっという間に兎の足を噛んで捕まえた。びっくりした兎は、すっぽんの背に乗せられて水の中にウロンウロン（ゆらゆら）入って行った。すっぽんは、川を通って海の中に入って行くと、海水が沸き立つところを通った。間もなく魚や竜が泳いでいる竜宮の前に着いたど。

兎はすっぽんに声をかけた。

「さっき言った通りに、大将の官職に就かしてくれよ」と言ったど。すっぽんが答えて、

「心配しないで下さい。それからここで待っている間に、中から兎を捕まえろという声が聞こえても驚かないでください。竜宮の決まりなのです」

「私が大将になったら、そんな決まりは直す」

「どうぞ、そうしてください」と返事して、竜宮の中に入ったど。

間もなく、「兎を捕まえて連れてこい」という声が響いて、兵士たちが大勢押しかけて来ると、兎を取り囲んだ。その中の一匹が、兎の両耳をつかんで噛んだど。

「お前が兎か」と訊いた。兎は、震えながら答えた。

「私は兎じゃないです」

「それなら、お前は何なのだ」と訊いた。兎は、

「犬です」と答えた。魚が、

「犬なら兎より良いわ。お前の肝を出して、薬にして飲めば、万病が全部治るから、この犬を連れて行こう」それを聞いた兎は、

「あやあ、私は犬じゃないよ」魚は、

「そしたらお前は何なのだ」兎は、

「牛です」

「牛はもっと良いね。お前を殺して、血と肉と骨を食べ、角と皮をも使って、捨てるところが一つもないから、この牛を連れて行こう」兎は、

「あやあ、私は牛ではなくて馬です」そうしたら今度は、魚が、

「馬なら、もっといいよ。お前を生きたまま連れて行くと、竜王は大きな褒美を与えて下さる」

兵士たちは、兎を棒に縛って吊り下げると、両方から担いで中に入った。兎は、目を白黒させながら、竜王の前に引き出された。

「兎よ聞け。私はあいにく病に罹って、お前の肝が一番の薬であると聞いた。お前は、死んでも恨むなよ」

兎は、もう駄目だと思ったが、すぐに知恵を働かせ、腹をばっと出した。「それじゃ、すぐ私の腹を切りなさい」

しかし竜王は、兎が死を免れようと何か企んでいると思った。「何か言いたいことがあれば、言ってみよ」そうしたら、兎が、

「何を言っても信じないだろう。何も聞かずに腹を切りなさい」と言った。

「おお、こいつめ！　どうせ死ぬなら、言いたいことを言ってみよ」

兎は、知らないふりをして言った。

「そんなに言えと言うなら、言います。私の腹を割って中に肝があればいいけれど、腹の中には肝が無いのです。腹を割っても、私が気の毒に思われるだけです。その後又どこから肝をもらうのですか」竜王は、その話を聞いて怒った。

「嘘をつくな。肝が無くてはどうして生きていられるか」兎が言った。

「兎の肝は、お月様の精気で出来ています。満月になると肝を出し、晦日になると肝を入れます。今日、肝を出して芭蕉の葉で包んで葛のひもで巻いてケス（桂樹）の木のてっぺんにぶら下げたんです。私は、足を洗いに降りてきたところ、竜宮が素晴らしいと言われて見に来ただけです」竜王は、また怒った。

「人間も獣も内臓はみな同じだ。お前はどうやって肝を入れたり出したり勝手に出来るのだ」

兎は勇気を出して答えた。

「どうして竜王様は尻尾が長くて、私は短いのですか。竜王様はうろこがぴかぴかするのに、私の体に生えている皮は、どうしてこんなにソガルソガル（ふわふわ）するのか、人間と獣はみんな同じではないのに、竜王様がみんな同じだとおっしゃるのは聞き苦しいです」

竜王が兎に訊いた。

「それなら、お前が肝を入れたり出したりする入り口はあるのか？」

兎がお尻をふりながら、「はい」と答えた。兎のお尻には赤い穴が三つあって、兎はその中の一つの穴から肝を出しているのだって。

「すっぽんが早く言ってくれれば、ケスの木に置いた肝を持ってきて竜王様に差し上げたのに。のろまなすっぽんのせいで肝を持ってこなかったのです」

竜王は、すっぽんに、陸地に出て肝を持ってくるよう命令したど。すっぽんはあきれて言った。

「兎は、もともとずるがしこいので、放せば、二度と捕まえることは出来ません。すぐ兎の腹を割って肝を出して飲んでください。もし、肝が入っていなかったら、私を殺しても構いません。すぐ腹を割ってみてください」

兎が言った。

「こら。すっぽん。私の腹を割って肝が無ければ、竜王様は死にかけることになるぞ。私の腹を割ってみろ、うんちしか入ってないから」

竜王は怒って大声を上げた。

「なぜくどくど言う！　さっさと陸地に戻って、肝を持って来い」

すっぽんは、仕方なく兎と一緒に竜宮を出たど。

すっぽんは、来た時と同じように、兎を背に乗せて泳いでいった。水の湧いたところを過ぎて、海と川を通り、元の兎が遊んでいた場所に着いたど。そしたら着いた途端、兎がすっぽんの背からカンチュン（ぴょん）と飛び降りて挨拶もなく去ってしまった。

びっくりしたすっぽんが兎を呼んだど。

「おーい、兎先生兎先生。肝を早く持ってきてください！」

兎は後ろを振り返って言ったど。

「このあほすっぽんめ。腹の中についた肝をどうやって入れたり出したりするんだ。お前の竜王もあほだ。竜王が私みたいに賢かったら、きっと私が死んだはずだよ。私のお尻に穴が三つ無いとしても、私は死んだはずよ。もう、遊んでいたところに帰るぞ」

すっぽんは、祈るように頼んだ。

「あやー、兎先生、その肝をちょっと小豆粒くらいでもくれてから行ってください」

兎が振り返った。

「あのやろう、すっぽんめ。お前をすぐ岩にクァッ（ばしっ）とたたきつけて殺してやりたいが、万里の海の中を、私を乗せて来たから、生かしてやる。二度とこんなことするな。私は行くよ。お前は海に帰れ」

すっぽんは仕方なく竜宮に戻るしかなかった。

兎は、生き返ったと喜んで、飛び回ってふざけたところ、網に引っ掛かったど。子供たちが捕まえに来たよ。そうしたら、臭いおならをぶんぶん出して逃げ出した。

また生き返ったと喜んで、ぴょんぴょん踊って行った。そこに鷲が飛んできて、兎の頭をくわえた。兎は鷲に、竜宮から持ってきたたくさんの宝物を上げると嘘をついて、ある穴の中に逃げた。穴の外で待っていた鷲は、だまされたと分かって飛んで行った。

竜宮では、すっぽんの真心の看病で、竜王の病が治ったそうな。その後、兎は、山の中で無事に暮らしたそうです。今はどうなりましたかねえ。

それは、だあれも分からないのだど。　クッ　終わり

とおだ　はるさん、明淑さん、野村

真室川昔話の再生産

日本の昔話をアラビア語で紙芝居

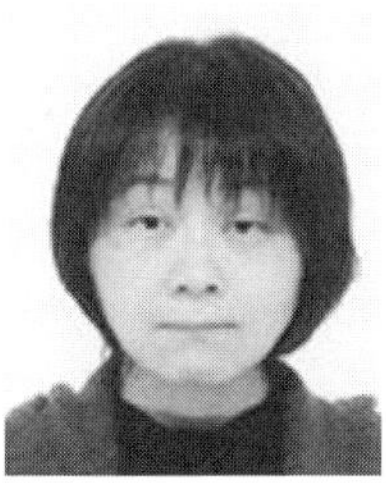

片桐　早織

私はアラブの人たちに日本の文化を知ってもらおうと、日本の昔話をアラビア語に翻訳し、絵本や紙芝居にして紹介している。ここではその際に生じる問題点や工夫について述べたい。

アラビア語で紙芝居を演じるようになったきっかけは、上司の言葉だった。当時私はサウジアラビアの大学の東京分校で図書館司書をしていた。ここで上司が、日本の紙芝居をアラビア語で演じるよう勧めてくれたのである。そこで日本の昔話紙芝居を、翻訳して演じることになった。昔話を選んだ理由は、楽しい日本の昔話をぜひ紹介したいと思ったこと、そして昔話にはその国の風俗や歴史、考え方などが、凝縮して詰まっていると考えたからである。そのため昔話は、日本の文化を知ってもらうのに良いきっかけになると思ったのだ。

最初に演じたのは『にんじん　だいこん　ごぼう』の紙芝居だった。人参は、熱いお風呂に我慢して入ったために赤くなり、牛蒡はお風呂できちんと体を洗わなかったので黒くなり、大根は何度もお風呂に入って、体をきれいにしたので白くなったという由来譚である。まず短く楽しめるお話をと思い選んだ。牛蒡は中東の国々では馴染みがないので、実物をも持参して紹介した。だが結果は大失敗であった。話そのものは楽しんでもらえたのだが、「肌の色の違いをテーマにするべきではない。」との指摘を受けたのだ。日本の子どもたちに向けて演じる際には、思いもよらないことだった。その後はこのような微妙な問題にも配慮しながら題材を選び、『舌切雀』、『団子婿』、『子育て幽霊』などの紙芝居を翻訳して演じてきた。

しかし演じるにつれ、既存の紙芝居ではどうにもならない問題が生じてきた。一つは日本語とアラビア語の言葉の構造の違いによる問題である。紙芝居は一枚一枚、絵を「抜く」ことによって話が進む。紙芝居の文章は、この「抜き」の効果が最大限に活きるように考えてつくられているのである。日本語は動詞が文の最後に置かれることから、「オチ」を次の場面にすることで、次々に場面を展開していくことができる。しかしアラビア語は日本語とは逆に動詞が文の最初に置かれる。つまり最初に結論が来る構造をもつ。したがって単なる翻訳では、「抜き」の効果は半減し、文章と場面がかみ合わず、「ネタばれ」になってしまうのである。

二つ目は宗教上の問題である。日本の昔話では八百万の神さま、お地蔵様や観音様など、多くの神々が活躍する。また当時の生活は、このような信仰と深く結びついていた。しかしこのような多神教の世界は、アラビア語を用いる多くの国々では受け入れ難いものなのである。

なぜなら、これらの国々に住んでいる人々の多くは、唯一絶対の神を信じるイスラーム教徒だからである。イスラーム教は厳格な一神教であり、アッラー以外を崇拝することはタブーとされる。また偶像を拝むことも禁じられている。したがって、これら多神教や偶像が物語に現れる場合は、話を楽しむ妨げになってしまうのである。

例えば、私は日本の区立小学校で、在日アラブ人の小学生に日本語を教えていたのだが、その子は学校の図書室の本を楽しむことができなかった。本を開いて描かれた絵を見た途端、「これはダメ」と本を閉じてしまうのだ。その子にとって、「悪い事」と教えられていることが描かれていたためである。

そのうえ、紙芝居を演じることになった私の勤務先は、サウジアラビアの国の管轄にあったため、宗教的な事柄は非常に大きな問題だった。サウジアラビアは宗教に関して特に厳しい国である。例えば『笠地蔵』はお地蔵さまが登場し、多神教、および偶像崇拝につながることから到底演じる事はできない。また『わらしべ長者』や『一寸法師』なども、冒頭の願掛けの場面が描かれていれば、演じることが難しくなる。

そのため既存の紙芝居を演じるのは、次第に困難になった。思いあぐねた私は、とうとう自分で紙芝居を作ることにした。幸い私の住んでいる地域は手作り紙芝居が盛んであり、作り方を習う機会を得た。こうして最初に作った紙芝居が『小判の虫干し』である。寝太郎という名の男の子がネズミの小判に見とれ、眺めていたところ、「虫干しの番のお礼に」とネズミから小判をもらうという話だ。実はこの昔話は、私の故郷である山形の民話であり、私の最も好きな話の一つである。

その後、大きな動物が次々に登場する『エビの腰が曲ったわけ』、自分とは全く似ていないオタマジャクシの姿に、

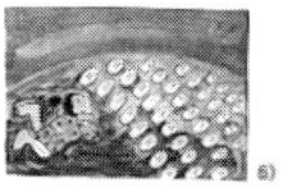
6)
إنعكسَ ضَوْءُ الشمسِ على الذهبِ ، لَمَعَ الذهب جميلاً.
نَظَرَ النائم إلى الضَوْءِ بإعْجاب
غَنّى النائم:
قابلت الشمسُ البحرَ، لَمَعَ البَحرُ أزْرَقا　قابلت الشمسُ الذَهبَ، لَمَعَ الذهبُ أحمرا
رَقَصَ الأحمر والأزرقُ ،　رَكَضَ الذهبُ مع الفِضَّة
النور الأحمر، الضَوْء الأزرق　لَمَعَ الذهبُ ، سَطَعَتِ الفِضَّة
نَظَرَ النائم إلى الذهبِ حتى غَرَبت الشمس،
وَ سَمِعَ أغنيَةً غريبةً مَرّةً ثانية.
抜きながら
هيا نُجَفِّفُ كَنْزَ الفارِ　كَنْزُ الفارِ ذهبٌ كثير
هيا نُجَفِّفُ الذهبَ الكثير　أثناءَ غِيابِ القِطِ الآن

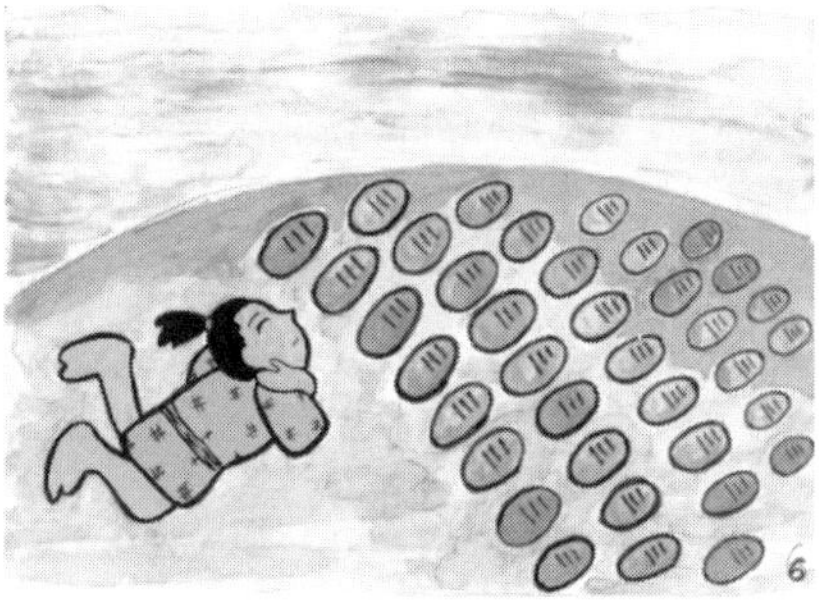

『小判の虫干し)』
（寝太郎は、小判をただうっとりと眺めていた）

『カエルの子はカエル』

『だんまりくらべ』

大きな　大きな　ワシの　羽ばたきでした。
ヘビ「きゃぁ〜」
ワシ「なんじゃぁ？おまえは？」
ヘビ（ふんすかと言う感じで）
「アタシは　この世で　いちばん　大きい　ヘビよ！」
ワシ（馬鹿にするように）
「はっはっは！この世で　いちばん　大きい　ヘビだと？
この世で　いちばん　ちびヘビが？！」
ヘビは　くやしがりましたが　仕方がありません。
すごすごと　逃げだしました。

エビの腰が曲がったわけ

رَفْرَفَةُ أَجْنِحَةِ النَّسْرِ الْكَبِيرِ!

الثُّعْبَان: آهيييييييييييييييي!

若侍　快活に　太めの声で　ゆっくりめ

النَّسْرُ: من أنت؟

虚勢をはって キーっていうカンジで

الثُّعْبَان: أنا الثُّعْبَان الأكبر في الدُّنيا.....

النَّسْر:

若侍　バカにするように

ها ها ها! الثُّعْبَانُ الأكبر في الدُّنيا؟!

لا لا! أنت الثُّعْبَان الأصْغَرُ في الدُّنيا!

غَضِبَ الثُّعْبَانُ غَضبًا شديداً، ولكن ما بِالْيَدِ حيلة.　فَرَّ الثُّعْبَانُ مِنَ النَّسْرِ خِفيَةً.

日本の子ども向けに演じる時は日本語の脚本を貼り付ける。
アラビア語脚本中の日本語は演じる際の演出メモ

一喜一憂するカエルの夫婦を描いた『カエルの子はカエル』、餡餅をめぐって黙りっこをする『だんまりくらべ』などの紙芝居を作って演じてきた。いずれも「神さま」や「偶像」が登場しない昔話である。

しかし本来、日本の文化を紹介するために始めた紙芝居である。やはり日本の宗教的な事柄を除外するのは不自然だ。またこの事を避けては、日本の文化をきちんと伝えることにはならない。ではイスラーム圏の人たちに抵抗感なく昔話を楽しんでもらうには、いったいどうすれば良いのだろうか？

悩んだ末に、私は少し姑息な手を使うことにした。「神さま」という言葉を使わず、ぼかして表現することにしたのである。例えば二〇一七年は酉年に因み、中野ミツさんの語る昔話をもとに、『キジとニワトリ』という紙芝居を作った。元になったミツさんの話では「神さま」が登場するのだが、私はこれを日本の神話の絵本に描かれるような古代の豪族風の姿で描き、「王さま」に当たる訳語をあてたのだ。

なぜなら日本の神話に登場する神々は人間の姿で表現され、また王のように行動するからである。このような日本の神々に、アラビア語の「神」という意味の「アッラー」の言葉をあてることはできない。「アッラー」は唯一絶対

『キジとニワトリ』
（王はキジとニワトリに、土地の様子を見に行くことを命じた。）

の神であるから、そんなことをすれば伝わるイメージがまるで異なってしまう。またイスラーム圏で、「アッラー」以外を「神」として表現することは不可能である。そもそも「神」を人の姿で描くことも、あり得ない。

このような理由から、「神」という言葉を字義通りに訳すよりも、伝わるイメージと実像を優先し、「王」という意味の言葉をあてることにしたのである。

同様に、イスラーム圏の人たちに抵抗感をもたらすことなく、かつ昔話を歪めずに、そして実際のイメージをできるだけ正確に表現するにはどうすればよいのか苦慮した。その結果、次のような工夫をすることにした。

①日本の神話の「神」は、アラビア語で「王」や「長」を意味する「マリク」や「アミール」の語を当て、人の姿で描く。

②崇拝の対象としての「神さま」や「観音様」などは、アラビア語で「主人、主、長」の意味の「ラッブ」の語を当て、基本的に絵に描かない。

「ラッブ」の語は「人間は神の僕である。」との考え方から、「神」の意味をも持つため、字義的な問題もなく、非常に適した言葉と言える。

③崇拝の対象を絵に描く必要がある場合は、姿ではなく寺や神社などの建物を描くことでその存在を暗示する。

このような工夫は欺瞞かもしれない。しかし重要なのは、まず受け手に拒絶感をもたらすことなく、その話を楽しんでもらうようにすることである。それが取っ掛かりになり、やがて日本の文化の理解や、自国との文化の違いへの興味に繋がることもあるのではないだろうか。私は自分の紙芝居や絵本が、少しでもそのきっかけになることを願ってやまない。

ところで私は昔話を絵本や紙芝居にするには、以下のような手順を踏んでいる。まず描く話が決まると、類話を調べる。なぜなら絵本や紙芝居にする際、わかりやすくするために原話を少し変えざるを得ないことがあるからだ。そのため類話を調べる事で、変更を加えても良い部分と、変えてはいけない話の肝を模索するのである。全国的に類話がある場合は、地域を絞って類話を集める。異なる地域の類話を混ぜることは避ける。なぜなら昔話は風土と密接に結びついており、異なる地域の類話を混ぜることは、風土をごちゃ混ぜにするようなものだと思うからだ。

次にできる限り民俗学的な背景を調べる。話の筋の上では、あまり重要ではないように見えることでも、民俗学的には重要な意味を含んでいることがあるからである。

それから文章や脚本をまず日本語で書き、それをアラビア語に翻訳する。そしてその翻訳文をネイティブの人にチェックしてもらう。実はこの段階が最も興味深い。ネイティブにとって受け入れ難いこと、不自然に感じる点が明確になるからである。例えば『ねずみ浄土』では爺さまの「鼠のおかげで長者になった。」というセリフは、受け入れ難いものとされた。人の幸、不幸はアッラーによってもたらされるものであるから、「鼠のおかげ」という表現は相応しくないという理由である。

さて次に出来あがった翻訳文を、絵本であればページをめくった時の効果を、紙芝居であれば絵を抜いた時の効果を考えながら、描く場面に振り分ける。

そしてようやく、絵に取り掛かる。これは最も楽しくかつ困難な作業と言える。文化を伝えることを目的としているからには、できるだけ正確に描きたい。しかしまず具体的な資料を見つけることが難しい。その地域の風俗や時代の考証が重要なのはもちろんだが、その一方で昔話であるから、時代を限定するものは避けたい。また時代考証に従って描くことで、かえって話がわかりにくくなることもある。さらに着物の柄などは、登場人物の性格を表すから、時代考証より優先したい。などなど相矛盾する問題が生じることになる。

例えば『桃太郎』の場合、庶民の桃太郎が侍の格好をして陣羽織を着ているのは、どうにも不自然に思える一方で、若武者姿は古くから固定化しており、もはや他の姿で描くことは難しい。また桃太郎が獲得する宝は、米俵（食糧）、鬼の隠れ蓑や打ち出の小槌（呪具）、珊瑚や小判（財）など意味があるので、きちんと描きたい。だが実物のないものは想像で描くしかない。調べても具体的なイメージを得られないものや、想像上のものを独断で描いて良いものかという躊躇もある。話を絵にすることでイメージが固定化されてしまうことを思うと、悩みは尽きない。

このように、話を図像化するのは非常に難しい。ところが「語り」で話を聴くと、とてもイメージがつかみやすいのである。私はこれまで、主に読んだ昔話を元にして絵本や紙芝居を作ってきたのだが、「聴き耳」の会で中野ミツさんの語りを聴くうちに、語りから話を起こしたいと思うようになった。ミツさんの語りは、どの話も新潟で育ったミツさんの実生活に裏付けされている。非常にリアルな生活感と、語り手であるミツさんの人柄が感じられるのである。これは本で読む昔話や資料からは、決して得られない感覚だ。聴いていると、具体的な場面が絵として次々に浮かんでくるのである。

تنازع كعك الأرز بين الضفدع والقرد

قصة و رسوم : ساوْري كاناغيري

تنازع كعك الأرز بين الضفدع والقرد

1)

اليوم يوم صُنع كعك الأرز في القرية.

♪ بيتاراكو بيتاراكو تون تون　　بيتاراكو بيتاراكو تون تون

يسمع صوت دق عجين الأرز من هنا وهناك في القرية. و من ثم تقابل قرد وضفدع على الطريق.

قرد　: يا ضفدع، إلى أين أنت ذاهب؟

ضفدع : أتمشى من هنا إلى هناك فقط.

قرد　: بالمناسبة يا ضفدع، هل تريد أن تأكل كعكة الأرز؟

ضفدع : كعكة الأرز؟ أريد أن آكلها! أحب كعك الأرز جدا!

قرد　: حسنا! افعلْ كما أقول، فيمكنك أن تأكل كعكة الأرز الطازجة حتى تشبع.

ضفدع : ماذا علي أن أفعل؟

قرد　: ما عليك فعله هو...

1

猿とビッキの餅争い

（猿とビッキは力を合わせて餅を盗むが……）

同様に真室川町で聞いた昔語りでも、非常にリアルな生活感と語り手の人柄が感じられた。この時は、歌っておひねりを稼ぐことで恩返しをした猫の話「猫の恩返し」、夜逃げした両親を探して巡礼の旅に出た少女の話「巡礼お鶴」、『胡瓜姫《きゅうりひめ》ご』、そして昔のお餅の切り方などの日常生活の実話を聴いたのだが、どの話も語り手の人生観ま

「私もやってみる」と紙芝居を演じてくれたイラクの女の子

で感じられるような語りであった。話とは本の中にあるのではなく、語り手と共に生きており、その人生を色濃く反映しているという印象を受けたのである。現地の話を現地で、土地の方から聴くのは、実にすばらしい体験だった。

その体験を何とか形にしたいと、真室川の昔話の紙芝居を作ることにした。『猿とビッキの餅争い』の話である。真室川で見た景色や空気を思い出しながら作ってみたが、その雰囲気が少しでも伝わるように演じたいと思う。

語り、そして昔話はすばらしい宝である。また紙芝居は日本固有の文化である。これらをきっかけに、日本に住んでいるアラブの子どもたちが、そしてアラブの大人たちが、少しでも日本の文化に親しみ、暮らしやすくなってくれればと私は願う。機会があれば海外に赴いた際も昔話を紹介しているが、子どもたちが日本の昔話を楽しむ姿を見るのは、とても大きな喜びである。

日本は世界でもイスラーム教徒の占める割合が最も少なく、イスラームに対してあまり理解が進んでいない国と言える。加えて近頃の国際情勢から、誤解と偏見も広まっているようだ。異文化を頭から拒絶、否定するのではなく、お互いの文化を知ろうとすることで歩み寄っていきたいものである。

山形採訪の旅

板鼻　弘子

平成二六（二〇一四）年八月三〇日（土）～九月一日（月）に、野村敬子さんに誘われて、思い掛けず山形へ行くことになった。

三〇日は遊学館「山形学」の野村さん担当講座の中で、昔話を語ることになった。

その夜は、野村さんのお知り合いで、戸沢村の庄司誠二さんのお宅に宿泊した。奥様の明淑さんは韓国生まれで、夕食は韓国や山形料理が並び、珍しさもあってお料理談議で話が弾んだ。特別印象に残ったのは、明淑さんが鳳仙花で爪を紅色に染めていたことであった。韓国の風習で、母国に思いを馳せながら爪紅にしたのであろうか。戸沢村には韓国からのお嫁さんが多いということであった。明淑さんは『明淑さんのむかしむかし』の語り手である。

三一日に、戸沢村韓国施設・情報館に案内して頂いた。そこには韓国風の建物が山の斜面に、遥か南の母国を望むように建っていた。

午後は「新庄ふるさと歴史センター」で、渡部豊子さんの方言語り「米福・糠福」「修験者と大蛇」等聞いた。驚いたのは前日の「山形学」講座で昔話を聞いた人たちが、私達からの情報でわざわざ聞きに来ていたことであった。

その後は、隣り合う金山町の散策であった。古い町並みや旧羽州街道・金山杉を使った、地元大工の技が活きる、屋根のある「きごころ橋」等まるでタイムスリップしたような心地良いひと時であった。

九月一日は、真室川町の重厚な茅葺屋根風の古民家「ふるさと伝承館」へ行った。地元の人達の心尽くしの手料理をテーブルいっぱいに並べて歓迎して下さった。「真室川民話の会」との交流で、囲炉裏を囲んで次々と民話が語られた。「んだんだ」「おらわすえだ」「ほら、こんだべ」と、合いの手やら、助けが入って、昔話本来の、語りの場の雰囲気が醸し出されていた。語り手はほとんど高齢の方で、語り継がれてきた生の昔話が聞けるのも残り少ないかなあ、という感慨が頭を過った。それでもどっしりとした建物と同じように腰の据わった語り手の様子になんとも居心地の良い時間を過ごすことが出来た。

何れも野村さんのお陰で、中味の濃い充実した三日間を過ごすことが出来た。講座の中で私は二話昔話を語らせて頂いた。「終わりに語る昔話」は次のようであった。

最後の話となってっから、秋田弁の最後の話となぁ、聞いてけらっせ。

最後に語るむがし

むがーしむかし、最上川の川べりにまず大きな栃の木があったんだと。この栃の木さ秋になればいーっぺ実がなったもんだ。そしてな、風がブワーッと吹けば栃なてポチャンと川さ落ちて、プタプタプクって浮き上がってトンプクツンプクって流れていったんだと。んだども、まだ風がブワーッと吹けば栃の実ポチャンと落ちて、プタプタプタって沈んでポコ、プクって浮き上がって、またトンプクツンプクって流れていった。んたとも栃の実いっぺなっているもの、まだプワーッと風吹けばポチャンと川さ落ちて、プクプクプクって沈まって、プクンって浮き上がって、トンプクツンプタクって流れていく。まだブワーッとって浮き上がって、トンプクツンプクって流れていく。まだブワーっと風吹けば栃の実ポトンと川さ落ちて、プクプクプクって沈まって、またプクプクって浮き上がってきて、トンプクツンプク流れていく。まず栃の木なんばでもなっているもの。風ブワーッと吹けばポチャンと川さ落ちて、プクプクって浮き上がって、ドンプクツンプクって流れていく。次の風ブワーッと吹けばまたポッチャンと川さ落ちて、プクプクプクって浮き上がってドンプクツンプクって流れていったんだど。まんずこれほれ、栃の木みんな落ちるまで続くもの。いつまで読く話かは分からねな。

無筆の手紙

むがーしむかしあるどごろに、まごと仲のいい夫婦いだったんだど。だどもこれ、むかしのことであったから、この夫婦読み書きのでぎね夫婦であったんだど。あるどぎ、どうしたもんだかこの仲のいい夫婦喧嘩してな、女房のほうが怒ってぷいと里さ帰ってしまったんだど、んだどもほれもともと仲のいい夫婦であったもの、一日経ち二日経つうちに女房もさみしくてさみしくてどうもならない。「いやー、さみしな。亭主のどこさ戻りてぇな。んだどもなーんも言ってこねもの、黙って戻るわけにもいかねしなしってさみしがっていだんだど。亭主も亭主でな「いやー、おらの女房早く戻ってこねがな。手紙の一つもやればいいべたって、俺字書げねしな。早く戻ってこねがな」そう言ってさみしがっていたんだど。そのうちな、この村の若者、ちょうどその女房の里さ用足しに出かけることになったんだど。それ聞いた亭主「あれー、んだばちょっと俺の頼み聞いてけんねか」そう言ってな、そこら辺さ落ちている石っこ、小石三つばかり拾って「これ、なんとかおらの女房さ届けてけれ」って頼んだんだど。そしてその若者、その女房の里さ行って自分の用っこ終わってから、そこの女房訪ねて行って「これが、おめの亭主から預かってきたよ」ってそう言って、その石っこを三つ渡したんだど。したっきゃ、まんず女房も喜んでな「んだ、へばちょっと待ってけれ、待ってけれ」そう言ってバタバタって奥さ行ってな、小糠一袋持って来て「これなんとか俺の亭主さ渡してけれ」って頼んだんだど。そしてその若者、村さ戻ってから「これこれ、おめの女房から、これ預かってきたよ」って、その小糠の袋を渡したんだど。したっきゃ亭主も喜んでまんず飛ぶように女房を迎えに行ったんだど。んだって、むかしの人はほれ、読み書きもでぎねかったんだども、小石三つで「こいしい、こいしい、こいしい」小糠一袋で「早く迎えにこぬが、こぬが」って自分らの思いを伝えたっていう話だ。

　とっぴんぱらりのぷー。

平枝で聞いた「うたむかし」

次郎こ　太郎こ　花折り行がねが
何の花折りや　蓮華の花折りや
一本折って　ひっかつぎ
二本折って　ひっかつぎ
三本目に日が暮れて
菅野さ宿って　朝早く起きて見だでば
金このような　女《め》らしが下駄履いで杖ついで
黄金の銚子で酒ついで　爺に一杯　いや〳〵
婆にも一杯　いやいや
俺《おら》ほの肴は　魚なくて　参れない
蓁山の蓁の子
高い山の竹の子　節かんでみたでば
赤い鳥　十二　白い鳥
十二の中で　一番悪い鳥を
薦《こも》にからんで鬼ヶ島さ追ってやれ〳〵
　どんぺんからこ　ねっけど。

花は何処に——真室川昔語り採訪の思いで

萩原　悠子

はじめに

わたしは、真室川町で、ある語り手に出会った。その女性は「おれむかし語る」と言った。語りながら言葉につまり、忘れ、最後まで語りきることができなかった。

そして二度目に同じ語りを聴いた時も、語りながら言葉につまり、自分の老いを悲しみ、前に聴いた時とは、うた詞（ことば）が異なっていた。しかしながらわたしはあの「巡礼お鶴」昔語りほどに、魂を揺るがす語りに出あったことはない。女性の名前は藤山キミ子さん。藤山さんの語り「巡礼お鶴」はつじつまや整合性を凌駕する力を持っていたのである。そして、語りが「どんべんからっとねっけど」と無事に語り納められた時に、語りの場の空気は静かな喜びで満ちていた。

東京に帰り、真室川の語り手たちを思い出していた時、ふと、能の謡にある詞章が、心に浮かびあがってきた。

さぞな名にし負う。花の都の春の空。げに時めけるよそほひ

ときめける花の都はどこにあるのだろう。そして花はどこに咲くのだろうか。

わたしと「昔語り」と「聴き耳の会」と

紙芝居・絵本の読み聞かせ、そして語りは、わたしにとって、日々の生活の一部である。ボランティアとして赤ちゃんから中学生まで色々な聴き手のもとを訪ねてきた。

けれども、昔話の語りについては自信を持てないままである。不全感がつきまとう。

その理由は自分でも分かっている。わたしには「郷里と言える土地」がない。物心ついてから住んだ所は、いつも東京都あるいはその周辺地域の地縁や血縁の薄い土地であった。あなたの故郷《ふるさと》はどこかと人に問われても、答えられない。さらに誰かに「あなたのような共通語圏の人が昔語りをすることには、どこか嘘や無理があるのではないか。」と問われたならばどうすればよいであろうか。

いわゆる方言・ふるさと弁を持っていないという「事実」がわたしの「現実」である。

さて東京で「昔語り」について体感できる貴重な場所が「聴き耳の会」である。この会は平成二二年に中野ミツさんの新潟の昔語りを聴くために、野村敬子さんのお宅で始まった。現在は東京都江戸川区南小岩の自治会館で、幅広い活動を続けている。会の語り手たちはこの地の小学校の子どもたちのもとに出かけては語り、交流を重ねている。ところで、この会の良さは、いつも車座で集う事にある。上座も下座もなく円になって座り「来るもの拒まず去るもの追わず」の気風がすがすがしい。これは一重に、会の知恵袋としていらっしゃる野村さんのお人柄に負うところが大きいのかもしれない。

野村さんは、民俗学に造詣の深い方である。日本各地、中華人民共和国などのフィールドワークに関するおはなしは実に魅力的で殊にご出身の山形県最上郡真室川町については聴いてあきることがない。そしてわたしは会に通ううちに山形県という土地に対して自分の中に特別な「思い」があることに気がついた。

わたしの母方の祖父は明治時代に、夢を抱き東京の大学に学んだ青年であった。出身は鶴岡市の温海《あつみ》温泉で子どもの頃、蒲団のかわりに藁で寝ていたという。祖父は東京でサツマイモを初めて食べて、そのあまりに美味なことに驚き、故郷の家族に送ったという。

昔、正月に東京の祖父の家を訪ねても、多くの孫の中でもとりわけ小さいわたしは、祖父とはあいさつ程度しか言葉を交わす機会がなかった。おだやかな祖父だったが、もし話をする場面が多くあったとしても、恥ずかしがりやだったわたしはもじもじするだけだったに違いない。かなわぬ願いではあるが、もう一度祖父に会って、話を聞きたい。

伝承の昔語りの「ことば」の響き

「聴き耳の会」の皆さんたちと一緒に、わたしは二度、山形県北部の山間部に位置する最上郡真室川町を訪れた。旅の一度目は二〇一四年八月三一日、差首鍋のふるさと伝承館の囲炉裏端に人々が集まった。そして、二度目は平成二七年一〇月のことで平岡の梅里苑の畳の広間が語りの場であった。囲炉裏端と畳の間の二度の語りのどちらも、私が心惹かれたのは、「ふるさと弁」であった。

○藤山キミ子さんの「お鶴」は次のように語りはじめられた。

　むがしあったけどな

八〇になるばんばど、五つになるおぼこ（娘）と、おやじとかかと四人ぐらしの家だけどまま無ぐで、食うもん無ぐで、ほんどにこまってぇ暮らしたんだけど伝承の語り手の言葉を聴いているうちに、語りの調子（リズム）に少しずつ慣れて言葉が分からないことが気にならなくなっていた。

○高橋市子さんの「百姓万歳」は、皆の笑いの中に語られて、とてもめでたい語りだった。

稲かりなどなさるときゃあ

ひとかぶかたってふとかぶかたって

ぐるんとまわって（両手であわせる）

お米づくりの一つ一つの手順を調子よく語るもので、私はこのような予祝の語りを聴くのは初めてだった。語りの中に「耕運機」が出て来てとても面白い。「伝承」がタイムカプセルに封じ込められているのではなく、大らかに時代を吸収して生き生きとしていた。

○高橋シゲ子さんは、聴き手たちをねぎらい、幼い時の情景をしっとり語られた。

「小さい時はテレビなんてないもんだから婆ぁむかし語れ昔語れって」

「昔語りたき火あたりながら聴いてよ」

「昼間は語るとねずみしょんべんひっかけるぞって夜よく寝物語、寝てきいたなぁ」

今もわたしの耳の奥で、「みなさん遠い所ごくろうさんでした」シゲ子さんの柔らかな声が響いている。

伝承の語り手たちの一話、一話が私の中に今も息づいている。

そして振り返って、気づいたことは、語り手のみなさんが助け合いながら語りの場を創っていらしたということである。語りを忘れた時は、さりげなく教えあっていた。語りの中に「うた」が入る時も自然と手拍子をうち音頭をとっていたのである。庄司房江さんの「ねこ昔」の中の「佐渡おけさ」では『ありゃありゃありゃさぁ』の合いの手の呼吸が実に良くあっていた。そして語り手が語り、聴き手があいづちをうち、語りの場はなごやかな空気に包まれていた。だから、孤独な人は一人もおらずめでたい語りの時も哀しい語りの時も、部屋はとてもにぎやかだった。

真室川の語りを東京につなぐ

わたしは今、東京の南西部に住んでいる。ある保育の場で数年間にわたり【お話の会】をさせていただいた。保育士のみなさんと相談しながら創ったプログラムは、絵本、紙芝居、語り、人形劇など。先生方に即興劇をお願いしたこともあった。年長児、年中児に分かれそれぞれの部屋でこじんまりと会を開くこともあれば、ホールで縦割りの年令のたくさんの子どもたちを対象にすることもあった。わたしは、こどもたちに「おぎちゃん」とよばれていた。

世間話―お米と芋と

真室川から帰ったあとは「真室川ではね」と山形での体験を子どもたちに語りかけた。例えば、「みんなは夏にどこかに行った？おぎちゃんは、山形県の真室川という所に行ったよ。」「おじいさんやおばあさんからたくさん昔話を聴かせてもらって、面白かったんだ～。」という具合である。

お世話になった新庄の渡部さんのことも子どもたちに紹介をした。「山形の真室川で、新庄というところに住む昔話の名人のおばちゃんにあったよ。わたべさんっていうの。大きい大きいおむすびを作ってもらったんだ。」そして、渡部さんがお宿で「百姓の手だ」と笑いながらむすんでくれたのと同じ赤ん坊の顔くらいもあろうかという大きさの白いおむすびをふろしきの包みの中から取り出して見せた。（これは、かつて、田植えのさびらき（早開き）のご挨拶のために握った〔きなこまぶし〕のおむすびと同じ大きさである。）「うわあっ～」「きゃははは～」山形のお米のはなしをするとまた、喜んで聴いた。

また、ある時は山形市のいも煮会のことを描いた絵本を読んで（『あきのかわらでいもにかい』／著者：さいとゆふじ／福音館書店）真室川で聞いた芋煮会の様子を語った。ところで山形県のことを語ると保育士の敏子さんがいつも懐かしそうにされる。「ああ、この山も知っている」と絵本の山を眺めた。敏子さんは酒田市のご出身で、いも煮のこともご自身の体験として良くご存知だった。

さて、子どもたちに山形のことを語るとごく自然に田舎のおじいちゃん、おばあちゃん、いとこ達に思いを馳せる。そして田舎のない子どもは旅先で見た風景を思いうかべ、体験の少ない子どもは、見知らぬ土地の話を聞くことで体験を広げていく。

伝説—五郎婆と弘法さま

真室川で聴いた語りを子どもたちに語りたい。でも、藤山ミキ子さんの「巡礼お鶴」を子どもたちに語るのは難しい。「旅をする」語りはないであろうか。ところで、巡礼は旅をするが、昔語りや伝説の中で各地を旅して歩くのは弘法大師（お大師様）である。弘法大師は、国中を行脚し日照りに困る村に水をもたらして去っていく。しかし、またある土地では村人の不誠実ゆえに、弘法大師が去った後の、その地の梨は石のように固い梨になってしまう。真室川にもこれに類する語りがいくつかある。そこでわたしは、「弘法の呪い（まじない）」を子どもたちに語った。

むかし、五郎婆（ごろうばんば）のどこに乞食《ほいど》が来で『水をのませでくほ』っいうがら五郎婆が手厚くもてなすと、乞食は喜んで『赤坊（おぼこ）産《な》す呪《まじない》』を教えてくれる。まじないは「おんころころかみなりなさんまにそわかおんがあまじぇにそわか　こうやこうのうききにあえるかみがしま（以下省略）」と続き、乞食は実は弘法さまだったと明かされて終わる。

わたしは方言は使えないので、子どもたちに、自分自身の言葉で語った。語る前に野村さんに五郎婆の人となりと『おぼこなさせ婆』としての役割について聞かせていただいた。

ところで、この五郎婆は実在の人物であり、(『全國昔話資料集成24　真室川昔話集山形』野村敬子編　岩崎美術出版社　昭和五二年）の「編者ノート」（三一〇頁）に次のように記述されている。

〔真室川沿いに、かつてすばらしい語り婆のいたことがようやくはっきりしてきた。通称〝五郎婆（ごろうばんば）〟なる人である。〕〔かつての日、五郎婆は、曽我物語を名前ひとつ違えることなく語り通したという。〕〔今日、五郎婆の子なさせの呪術は、すでに伝承の中に封じ込められて語られている。〕

かくして、わたしは子どもたちに、語ったのであるが、実は非常に不安であった。「おんころころかみなりさんまのそわかー」で始まるまじないは長く、まじないの途中に「こうやこうのうききにあえるかみがしま」という文言をさしはさむみ、最後は「ただいまよにうまれけるは　あびらうんけんそわか」と終わるのであるが、子どもたちがどういう反応をするか、全く想定できなかったのである。子どもたちは静かにしっかりと、聴いていた。

語りの時間が終わったあと、子どもの様子を教えていただいた。二人の女の子がこんな風に話していたそうだ。

「○○ちゃんのおうちに、もうすぐ赤ちゃんが生まれるんだよね、良かったね、ちゃんと聴いておいた方がいいよ。」

「うん、そうだね。」

五郎婆が、女の子たちの会話を聞いたならば、なんと思うであろうか。

動物昔話と切りなし話――「ねこ昔」、「長んげむかし」

真室川で聴いた語りを保育園の年長の子どもたちだけではなく、もう少し幼い子どもたちにも語りたい。そこで庄司房江さんの「ねこ昔」を幅広い年令の子どもたちにホールで聴いてもらった。

語るにあたって、難しいことは何も考えず、庄司さんが楽しそうに伸びのびと語っていたので、そのとおりにした。佐渡おけさも唄った。申し訳なかったのは、敏子さんに直前に合いの手の「ありゃありゃありゃありゃさぁ」をお願いしたことである。しかし、手拍子とともにとても調子よくあわせていただいたので、子どもたちは、楽しそうであった。実はヒップホップやラップの全盛の時代におけさは、どうなのだろうか、と心配したが、全くの杞憂に終わった。

そして、短くて長い長い「切りなし話」も、子どもたちはとても喜んで聴いていた。

真室川の「長んげ昔」は『全國昔話資料集成24　真室川昔話集山形』に数話納められており、一つは、「むがし、むがし。むがし、あったけど。川の辺さ栃ぬ木生えで、おがたけど。クリクリッとうんで（熟れて）おぢできて、ポチャンと落ちで」と栃の実がきりなく川に落ち続ける。というものである。

「昔むかし、むかしあったけど。川のそばに栃の木があってねぇ、いっぱぁい実がなっていてね」と語りながらもやはり不安があった。都会の子どもたちは栃の実を知っているのだろうか？（知らなくても十分聴いて楽しめるとは分かってはいるが、）この地域の川は暗渠で、地下を流れている。ところが、子どもたちは知っていて近くの公園で拾ったという栃の実を見せてくれた。わたしは穴をあけた栃の実笛を分けてもらって、他の場所で「むかしあったけど」と語ったあとに、鳴らしたこともあった。

「長んげ昔」のもう一つも子どもたちは喜んでよく聴いていた。「むがし、むがし。蛇ど蛙（びっき）が天竺まで、登りくはご（競争）したど」かえるは、びぐだり、びぐだり、へびはノロリ、ノロリ、ときりなく昇り続ける。

みんなは、例外なくオノマトペ（擬態語）が大好きで、びぐだり、びぐだり、ノロリ、ノロリに反応して動かそうとしなくても、身体が自然に動いてしまう。

子どもたちに語って思うのは、子どもたちは聴くことが大好きで、そして遠慮がない。面白ければ聴くし、つまらなければそっぽをむいてあくびをする。それが子どもに語る良さでもある。けれども幸いに真室川の語りは、語り手

あってのことである事は言うまでもない。

そして良い語りができたのは、子ども達と日々を過ごされる、保育士の皆さんの豊かな保育の実践という土壌があってのことである事は言うまでもない。

伝承を語りつなぐということ——敏子さんと令子さん

伝承の文化の語り手は実は、遠方ではなく近くにいるということをわたしは東京でしばしば感じる。そもそも東京の都市構造の骨格は徳川家の埋め立て事業によるもので今なお、人の流入の多い所である。そうしたことから東京都とその周辺には、各地の伝承の文化の語り手の方々が多く居住していながら、ご本人がそのことに気がついてないことがある。

保育の場でお目にかかった敏子さんと令子さんも又、優れた伝承文化の語り手で、わたしはお二人を尊敬してやまない。

さて、敏子さんの原風景の記憶の扉をノックしたのは、四季折々のわらべうたや喰わず女房、なら梨とり等の昔話絵本や絵芝居。そして真室川の語りの数々であった。そしていつしか敏子さんは、ご自身の伝承体験を子どもたちに語ってくださるようになったのである。その一つが山形県酒田市の子どもの年中行事である五月の節句の「菖蒲たたき」であった。

「子どもたちだけで、川に行って、橋の上で菖蒲の葉っぱとわらを編んだものを「いちねんにいちどのしょうぶたたきっ」と言いながら一人ずつ振り下ろして叩きつけるの」「菖蒲の葉っぱにはよもぎ（蓬）が入っていてね」「菖蒲がぼろぼろになるとよもぎのいい香りがして、川に落とすと、水の流れに浮かんで、遠くに運ばれて行って、それは、それはきれいで……。」

敏子さんにしか語れない風景がそこにあった。

〔おはなしの会〕では数年にわたりいくたびか、菖蒲叩きを実演していただいた。菖蒲の葉っぱやわらを手に入れて編み込むことは東京では難しいことである。敏子さんは、子どもたちの目の前で新聞紙を重ね、あっというまにくるくるっとまとめる。これは菖蒲とわらを編んだもの。すなわち「見立て」である。子どもたちは、ものを見立てる想像力にとても長《た》けていた。敏子さんが川の水の流れ、橋のことを語ると、部屋には水が流れ、橋が出現する。敏子さんが「いちねんにいちどのしょうぶたたきっ」と菖蒲の束を振り上げて、床に叩きつける。そこは橋の上である。「いちねんにいちどのしょうぶたたきっ」と掛け声をかけては叩きつけ、掛け声をかけては叩きつける。「よもぎ（蓬）のいい香りがして」やがてぼろぼろになった菖蒲の葉っぱは川の流れに落とされ、遠くに流れ去っていく。橋の上から川をのぞき込んで見送る子どもたちの姿が蘇る。子どもたちもわたしも敏子さんの語りかけを通じて菖蒲たたきを体験したのである。

さてこの菖蒲たたきは、誰にもできない、敏子さんにしかできないと思っていたところ、さらなるの菖蒲たたきが子どもたちの前に現れた。新潟県佐渡市ご出身の令子さんの菖蒲たたきである。ある日、敏子さんの菖蒲叩きと令子さんの菖蒲叩きが、部屋の中の（見立ての）橋の上で行われた。

令子さんの菖蒲たたきの節は、敏子さんの菖蒲たたきとは節が少し異なる。「ねーんに一度のしょうぶたったき」文字表記では「年に一度の菖蒲叩きっ」である。

「いちねんにいちどのしょうぶたたきっ」「ねーんにいちどのしょうぶたったき」「いちねんにいちどのしょうぶたたきっ」「ねーんにいちどのしょうぶたったき」

山形と新潟の二つの菖蒲叩きのかけ声が交互に響く東京の保育場の面白さ。今風の言い方をするな

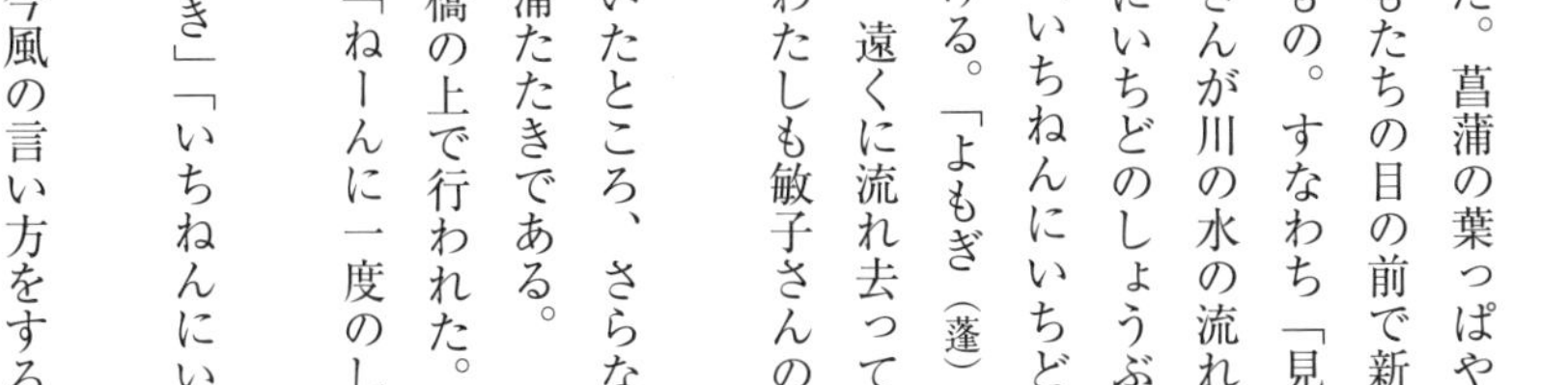

らば菖蒲叩きのコラボレーションであろうか。これはまた、東京という土地柄だからこその遊びである。

伝承の語りは、聴くものの心の奥底の記憶を呼び起こす作用があるに違いない。庄司房江さんの「ねこ昔」の語りの佐渡おけさは、令子さんの記憶に届くものであった。子どもたちの前で見せて頂いたまりつきの「あんたがたどこさ」もまた、面白い遊びであった。

「あんたがたどこさ、佐渡さ、佐渡どこさ、新潟さ、新潟どこさ、佐渡さ」「あんたがたどこさ、佐渡さ、佐渡どこさ、新潟さ、新潟どこさ、佐渡さ」の旋律が続いていくのである。（『あんたがたどこさ肥後さ、肥後どっこさ、熊本さ』とは趣が異なる。）まりつきをボール遊びという今の子どもたちとわたしは、目を輝かせて、心をときめかせながら令子さんを見つめていた。

おわりに

今、振り返ると、真室川の語りの場は、かけがえのない空間であった。あの時語ってだいた何人かの方は、聴くことのかなわない場所に行かれてしまった。囲炉裏端のにぎやかな笑い、畳の間でみなで輪になって踊った華やぎの情景は、ついこの間のことのようなのに。

会うことがかなわないということは淋しい。しかし、またわたしも同じ道を行くことを考えると、それはそれで自然な道のりとして受け入れ、思い出すことで再び巡りあうこととしよう。何よりもわたしの中には、聴かせていただいた語りが宿っている。

あの日、真室川の囲炉裏端で東京の「聴き耳の会」の飯泉佳子さんが真室川の伝承を語られたことをありありと思い出す。それは、大正生まれの高橋キクエさんの語りの「若木のはなし」であった。このことは、何か、象徴的なことのような気がしてならない。語りは、若木の火にあたった爺いと婆あが、若返りするというものであった。老いの再生、すなわち「青春」のよみがえりである。

原稿を書きながら、山形の大山《おおやま》出身の祖母が話してくれたことを突然思い出した。山形のいろりには「べんけい」というものがあって、食べものを刺しておくのだという。その頃の私は囲炉裏というものを見たことがなかったし「べんけい」というものは想像もできなかった。祖母は山形には春が一度にやってくる、と言った。冬の雪に閉じ込められていた日々が終わり、町に馬が出かけて行く。東京では、順を追って少しずつ開いていく花が、山形では一度に咲くのだと、懐かしそうに話していた。

山形県を訪ねて、多くの方に助けていただいた。とりわけ、一度目の訪問の時には国際結婚された庄司さんご夫妻に大変お世話になった。奥様の明淑さんに見せていただいた、韓国の昔話手作り紙芝居の鮮やかな色は懐かしい思い出である。

皆さま、ありがとうございました。

それでは、わたしはこの文章のはじめに、謡曲の詞章を記したので、最後にその続きを記して、筆をおかせていただく。

げにも枯れたる木なりとも。花桜木の粧い
天も花に酔へりや。面白の春べや。あら面白の春べや。

語る時空を春の都と見立てるならば、花は語る人、花は聴く人。

とにもかくにも、昔語りは面白い。

真室川の語り手の思い出

塚原　節子

平成二七（二〇一五）年の秋、真室川町の温泉施設・梅里苑で楽しい時を過ごさせていただいた。私のように本から昔話を知ったのでなく、身近な人から聞きそれを心の糧として生き、そしてその昔話を語り継がれて来られた方々のお話を聞いた。それは本当に幸せな体験だった。

庄司房江さんの「ねこの恩返し」藤山キミ子さんの「巡礼お鶴」高橋市子さんの「胡瓜姫ご」沓澤ケイ子さんの「よそべぇむかし」のお話を聞くことができた。おばあちゃんに昔話を聞くように、目の前に座って目を合わせてうなずきながら話を聞くことは、なんとも気持良く心が解放されるようだった。

皆様の語りには、その方の人生が反映されているようで話の背景が見えるようだった。同じ昔話でも、語る人によって違う感じを受けるとは、こういうことなのだと実感させられた。そして語り手の皆様が語ることを楽しんでいることが、聴き手にも伝わり話に引き込まれた。

「胡瓜姫ご」は、真室川地方に昔からあるシベリヤキュウリから生まれた女の子が赤すももの木に生まれ変わる話だった。この昔話は、真室川で大切にされ、胡瓜姫ごのお菓子や赤スモモの木の葉で赤スモモ茶などが作られている。土産に求めた赤スモモ茶にレモン汁を垂らすと鮮やかな赤色になった。このお茶をいただきながら、高

梅里苑の和室で昔語りをきく

橋さんの温かい語りを思い出した。
　沓沢さんのお話は、所謂昔話ではなく子どもの頃に見た友達の家の様子が生き生きと話された。お札に鏝《こて》を当てるお爺さんの姿を見て、自分が店を始めた時にお札にアイロンを当ててきれいなお札を釣銭としたことなど心に残った。戦後の急激な社会の変化の中で、失われた忘れ去られたものを思い出させてくれる語り手の体験をもっと聴きたいと思った。
　真室川の語り手の皆様と楽しい時を過せたことは、私の宝物となった。もう一度お話を聞きたいけれど、髙橋重也さん、藤山キミ子さん、庄司房江さんのご逝去が続いた今日、それはもう叶わない事だと野村敬子さんから伺った。あの幸せな時は一期一会だったのだ……。

　山形県の外国人花嫁の絵本『オリーブかあさんのフィリピン民話』（二〇〇一年　星の環会）所収の民話を日本昔話学会で読み聞かせをすること、また母校の埼玉大学シンポジウムで「田んぼと昔話」の語り手をつとめる予定もある。

真室川での想い出

飯泉　佳子

　真室川に純粋に〝伝え聞いた昔話〟を語っている人たちが、まだいらっしゃると聞き、その方たちのおはなしが聞きたくて真室川に向かう仲間に入れてもらった。

　私は真室川のとなり金山町にある「屋根のある橋（きごころ橋）」を見るのも旅の楽しみのひとつで、いま描いている油絵の中に入れたいと思う気持もあった。

　映画「マジソン郡の橋」に出てきた橋をイメージしていたが実際はあまりにも立派な木の橋でイメージとは違ったがこの辺りは、雪が深く、雪の重さをささえる様に作られているのだとの説明を受け納得した。

　山形市では、遊学館で開催されている講座の中の野村敬子さんのコーナーで語ることになった。何を語るか野村さんに相談すると、高橋キクエさんの「正月の若木」を勧められた。

　内容は、正月の山から若木を迎えた年寄り夫婦が若木の火にあたりながら若返り、子を成し福のある人生を送ったという話であった。真室川の言葉で語られたものだったので私の言葉に変え、遊学館での語りにあわせた短いものにして語った。

　無事に語り終えてほっとした。休けいの時に地元の方から「自分もこの話を語りたいと思うが標準語をどこで憶えたのか？」と聞かれた。私は東京に住んでいるので普段の言葉であると答え、どうしてなのかと聞いてみた。その人が言うには、「今、子どもたちにおはなしをしているが子どもたちからもっとわかる言葉で、はなして欲しい」といわれると言う。私は、それを聞いておどろいた。

山形に住んでいても、今はまわりが皆、標準語になり、家の中でも方言で語るのは、年を重ねた人たちだけになっている様子。方言が良くて聞きに来ているのにと複雑な思いになるとともに、とても残念に感じた。

翌日、ふるさと伝承館で真室川民話の会の人たちの語りを聞いた。私には時々、わからない言葉や文章もあったがゆったりと楽しげに語る姿に心が暖かくほぐれていくのを感じた。贅沢なことに、翌日も又、野村さんの姉さんの家に皆さん集まって話を聞かせてくれた。前の日よりもずっと生き生きとした語りになっていてびっくりした。

正直、初日に聞いた時はどうなるかと思わせるほどに、途中で言葉につまったり、言葉が出てこなくて、何だっけとまわりに聞いていたのに……。

その翌日の日は皆さん元気で、「次はこれ語るわ」「これも良いなぁー」とつぎつぎと語ってくれた。

真室川の方たちはもっと語る場が欲しいのではないか。もっと語る場があっても良いのではないか。特におとしよりに語る場がなくなっているのが残念でならない。もったいないないなあーと思う。

帰りは野草の〝みず〟（みやまいらくさ）をたくさん届けていただき、胸にかかえてほっこりした気分で帰ってきた。

もっともっと聞きに伺うべきかなあーと思う旅であった。

遊学館での語りのために自分の言葉に

高橋キクエさんの「正月の若木」語りかえ

昔、こんな話があったそうな。ある村に仲のいいじいさまとばあさまがおったと。この二人は「子どもが欲しい、子どもが欲しい」と思っていたのだがとうとう子どもができなかった。それでも一生懸命働いて、まあ年を重ね仲のいい年寄りになった。

　ある年の正月のことだ。正月というのは元旦、二日、三日とこの三が日はみんなが休み。じいさまとばあさまもゆっくり休んだ。そして四日目仕事始め。村の者たちはみんな山に若木を取りに行った。この村では四日はどの山さ入っても誰にも叱られることがなかった。じいさまも朝早く起きて山に行って肩に担げるだけの若木を取ってきたと。「ばあさま、ばあさま。若木どっさり取ってきたからな。いろりの火の上に乗っけろや。ほら上げろや、ほら上げろや。そうするとな、若木があったまってどんどん燃えるからな」

　それで若木を分けては、ばあさまに渡し、ばあさまが「ほら上げろ、ほら上げろ」と二人でまあ、いろりの火の上にどっさりと若木があった。そして、じいさまとばあさまはいろりに腰かけて餅を食っていた。そしたら若木があったまってきて、どんどんどんどん燃ええてきた。「うわー、熱いな、熱いな。あっちぃな、あっちぃな」と二人ともまあ、そっくり返って「あっつい、あっつい」言っていたと。


　そしたらな、じいさまのつるっつるの頭にプツンプツンと黒い長い毛が出てきたと。「あれれー」と思ってばあさま見ると、ばあさまの白髪もいつの間にか黒髪に変わっているんだと。

「あれまあ、不思議なことがあるもんだな。二人ともこんな若返って。これは若木のお陰かな。若木っていうのはすごいな。若木の火にあたって若返ったわ」と二人喜んでいた。するとじいさまがな「ばあさま、ばあさま、おらやっぱり子ども欲しいんだわ。若返ったしもう一回子ども作ってみねえか」って言ったんだと。それで二人でな、納戸に入ってまあ子ども作りに励んだと。そしたら立派な男の子が生まれたんだと。もうじさまもばさまも大喜び。「ほら育て、ほら育て」って子どもはどんどんどんどん大きくなるし、二人は若返ったのでいくら働いても疲れなくて、もう子どもはどんどん大きくなるし、三人でまあ仲良く暮らしたんだと。何しろ若返って疲れもないし、うちに帰れは子どもがいて楽しくてうれしくて三人でずーっとずーっと幸せに暮らしたんだとさ。おしまい。

真室川過去・現在・未来

清野知子（國學院大學大学院博士課程）
奥灘久美子（元國學院大學民俗文學研究会会員）
荻原悠子（聴き耳の会会員）
野村敬子（本書編者）

平成語りとは何か

荻原　平成三一年四月三〇日に天皇陛下は御退位、五月一日を改元、皇太子殿下が天皇となられると新聞で報道されました。平成時代とは昔話にとり何であったのか、を改めて考える本にしたいと編者が考えているとの事ですが。まずそのあたりから。

野村　私が体験した事では、昭和天皇がおかくれになり、太平洋戦争に従軍した男性たちが戦争中の出来事を語り出したことです。ニューギニアでの九死に一生を得た、新田小太郎さん、今義孝さ

野村純一國學院大学教授　　　　髙橋キクエさん

んたちの戦場での昔話体験を聴きました。『語りの廻廊』（瑞木書房　平成二〇年）に報告してあります。本書の後半にも、平成だから聴くことができた、書くことを許していただけた第二次世界大戦中の事を扱いました。時代の変化は大きく、本書前半にご紹介した真室川の語り手の皆さん方も、平成になって初めてお逢いしたのです。「昔話と村おこし」に佐藤喜典さんが書いて下さいました。

平成の「ふるさと創生」昔話として新たな、自覚的な、民俗的規範を超えた語りを求めた真室川町が見い出した語り手です。観光の語り手ともならず、子どもに向って学校へ「出前語り」をしたり、時には遠方の語り研究者や語り実践活動の方々との友情を育み続けた語り手たちです。昭和の昔話を平成的にとボランティアで都会へ出かけたりしています。「村おこし」ですから新しい概念で、新しい価値観そして古い優れたものを再発見ですね。町役場で佐藤喜典さんと共に「村おこし」に働かれた佐藤保さんは事業が終わってから、「わらべうた」の大切さも位置づけておられます。私は基本的人権をテーマにしました。

しかし、平成になったから急に昔話を聴くということでもないわけです。奥灘さんがお書きのような昭和時代に培った志の篤い、聴く、聞く、心情の持ち主の活動があります。平成語りを培った方々が居られます。

今日は、昭和時代から真室川の昔話採訪をされ、現在も交流を続けておいでの奥灘さん、真室川の写真をたくさん残された故清野照夫さんの配偶者・知子さんにお話をお願いしました。前置きが長くなりましたが、よろしくお願いします。

正源寺・鮭延旭處師

奥灘　昭和四四年二月が真室川行のはじまりです。國學院大学の二部に入学して民俗文學研究会に入会していました。

たまたま二年生の冬休みに、清野照夫さんが、もう卒業されていましたが、「お寺に写真を撮りに行くけど誰か手伝ってくれないか」って。私と小山田のりさんが春休みで暇だからついて行ったのが始まり。

奥灘　何か面白そうと思って。

荻原　勉強されていたのは?

奥灘　私、国語学を専攻していたんですけど、前からガールスカウトやってまして、いろいろな処に行くのが好き、電車に乗るのが好きで。オリエンテーションで、あ、面白そうって。初めての採訪は、岩手県南でした。臼田甚五郎先生と野村純一先生がいらっしゃいました。夜行で行って。

奥灘　夜行列車で行きますので早朝に着きます。駅に下りて、そのまま特に約束なしで集落を歩きお宅を訪ねます。当時は七〇歳八〇歳の方たち、喜んで。もう田畑仕事もしていません。家の人たちが、そんな昔話、馬鹿な話って、もう聞く時代じゃなかったから、私たちが行くと喜んで昔話をして下さった。

荻原　もともと、学生が来るっていう周知はどこから。教育委員会?

奥灘　そうじゃないと思います。直接研究会で今年は何処に行きますって。事前調査を誰かしていたようです。社会人も半分ぐらいいました。清野照夫さんも社会人で写真撮っていました。

正源寺

清野　夫は学生時代に朝日新聞のアルバイトをしていました。その後にテレビ朝日に入社しました。その間も採訪を続けて沢山の写真を残しています。

奥灘　清野さんに誘われて行った先は真室川でした。曹洞宗眞室山正源寺に行き住職の鮭延《さけのべ》旭處《きょくしょ》師に逢いました。そして泊めて頂きました。食事付、ただです。最初、野村先生に隣村の鮭川村段の下土田家に連れてって頂いてアサヨさんマサエさんに昔話を聴きました。方言が判らなくて。

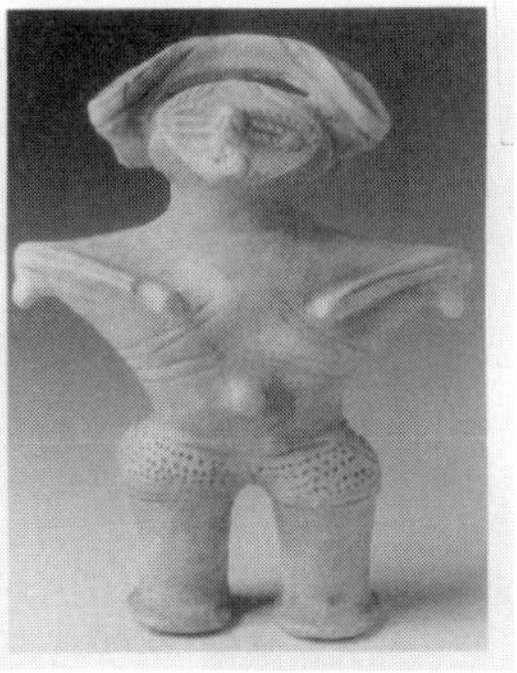

土偶（重要文化財）

『正源聚珍』

野村　正源寺の鮭延旭處師は昔話研究の恩人です。父親は瑞凰《ずいほう》師。明治時代「奥羽人類学会」に参加している親子二代の研究者です。旭處師は安彦好重さん、大友儀助さんなど高校教師たちの勉強を支え、私ども夫婦も御指導を頂きました。語り手となる方のご紹介は助けられました。考古学、民俗学、昔話の造詣が深く、ご自身も優れた語り手でした。野村純一編『笛吹聟』（東出版　昭和四三年、後桜楓社）に記載されています。段の下は『五分次郎』（野村純一敬子編　桜楓社　昭和四六年）ですね。両方の写真は清野さんです。私どもは鮭延住職が持っておいでの広い知識、独自の哲学的な生き方、何よりも未生の昔話の学問世界へ示される理解に感動していました。現在は学会も出来て世間は広いのですが、当時は厳しいものでした。その中で、学生を温かく迎えて下さる有難さですね。当時、女学生の一人旅を泊めてくれる宿屋はありませんでした。清野照夫さんは鮭延旭處師の信頼篤く『正源聚珍』の写真を撮っています。結婚式にも見えてくださいました。清野御夫妻、生涯の御縁に結ばれたようです。瑞鳳師は、柳田國男に昔話を送った方です。五郎丸と呼ばれた斉藤さんという方の田んぼから出た縄文晩期の完型土偶を見い出した方です。

奥灘　その土偶などの撮影のライト係が小山田のりさんと私。

清野　本当に立派なお寺の宝物の写真を撮らせて頂きました。まだ若い何か判らない清野に、よく大切な仕事をさせて下さったと感謝しています。大切な宝を若者たちに任せて清野を育てて下さったのですね。

真室川の梅里苑で三月に見た雪景色は印象的でふと夫もこのような白銀の世界を見たのかと思いました。

昭和『五分次郎』の採訪

奥灘　東北弁・山形県北の言葉で語る昔話は、今では見られなくなった大型の録音機でテープ録音したのですが、言葉が聞き取れなくって。電源も梁からつなぐんですよ。その電源を梁から繋がせて欲しいって言えなくって、そのうち昔話が終っちゃって大変な想いをしました。

清野　梁？

奥灘　電球があの梁からぶら下っていて、そのソケットに差し込む。そのソケットにテープの電源を入れさせてもらう。言葉は聴きとれないし、初めて会った処で、そんなこと言い出せなくて。それで野村先生と清野さんは出掛けちゃったんですよ。「僕がいると緊張しちゃってかたくなっちゃうから、君たちにお願する」って。段取りはしてくれないんですよ。困っているうち昔話が進んじゃって、戻られて録音していないって言ったら怒られちゃって。

清野　そう、電気は一家に一つタコ足。なんか清野の写真にありました。天井や梁のもの。そういう意味でしたか。

奥灘　それから二人のお婆ちゃんは、私が行くと「大丈夫か？電気はつないだか」心配してくれて、それから大丈夫。近所のお婆ちゃんたちも必ず来てくれました。面白かったですね。今、写真見ると若いんですね。すごいお婆ちゃんだと思いましたが。

野村　奥灘さんの御苦労のテープを野村が私に持ってきて翻字をしなさいと。でも翻字が出来ないの。どうしても語りの状況が見えて来ない。それで、私も段の下

奥灘　　清野

に行き、土田アサヨさん、マサエさんの語りを聴きました。やっとお二人とコミニケーションが成立し翻字が出来ました。私の場合、野村が持ってきたテープを随分翻字しましたが、対面しないと翻字が出来ないのです。新潟県栃尾や秋田県、山形県の鶴岡、酒田とか、語り手に逢いに行きました。人間と会話しないと翻字が出来ません。

清野　私も清書させられたことがありますが、難しい。清野が写した鮭川の写真、真室川の写真、いろいろあります。整理しようとしますが、判らない。夫の死後に民俗写真を理解したくて、それで同じ大学に入学してみました。

野村　知子さんは学問を共有しようとされて。学部から國學院大学に入学されて現在は博士課程。

清野照夫さんの民俗写真は語りの今、昔、それと未来を撮る。すごいと思います。写真から昔話が聞こえるような。昔話を語るお婆さんが居る。そこに洗濯機も撮る。家の中にテレビ、それから田植えの人たちとヤンマーの近代農機具を、時代を撮る。人物もリアルに。天井からも写しました。「食わず女房」の頭の口のアングル。『きのふはけふの物語』など江戸時代から夫が天井から妻の所業を覗き見する文学あります。大人の文芸です。人物もリアル。

梁の電球ソケットから録音器の電源をいただき昔話の録音
清野照夫・撮影

清野　あまり語り手の顔の皺をリアルに写したので、語り手に叱られました。語り手も女性ですから皺ばかりでは気の毒。

野村　清野さんと私たち夫婦が真室川の実家に泊まっていましたら、皺を怒った、語り手の安食フジさんが紋付羽織、こん袋に糯米を入れて意義を正して挨拶に見えました。人にとっての昔話の大切さを教えて頂き感動しました。それから一〇年通い『雀の仇討—荻野才兵衛昔話集—』（野村純一と共編　東北出版企画　昭和五一年）に纏めました。写真をとても大切にされていました。

清野　こんぶくろ？風呂敷ですか？

野村　古裂を合わせて作る巾着。ハレのものです。正月礼とか挨拶に、お餅を入れて行く。儀礼の袋です。木綿から絹ものまでいろいろあります。

種まき桜と最上地方の民家　清野照夫・撮影

奥灘　清野さんの写真は昔話の表紙になっていますが、綺麗な桜、川、屋根葺きなど。

野村　昭和の種まき桜ですが平成の今は伐られました。交通の邪魔とかで。そこで交通事故が多発。

奥灘　種まき桜？あっ、これが咲くと。

野村　そうです。咲くと粟の種、稲の種、とありました。粟播き鳥が桜に来る。農事と自然が連動する。と、語り手が言葉で教えてくださる。採訪の意味深いところ。清野さんはそれを撮る。野村が平成九年に死の寸前に纏めた『〔定本〕関澤幸右衛門昔話集』（平成一九年、瑞木書房）は清野さんの写真がたくさん入っていますが、知子さん大変ご苦労なさいました。

「昭和語り」と「平成語り」

清野　昭和の語りを写した写真を平成で再構成し出版した仕事は大変有難かったです。野村純一先生が病院でも校正などの指示をなさっていらしたお姿を拝見して出版に対する強い思いに感動致しました。野村先生ご夫妻に育てて頂いた学生の一人です。清野はテレビ朝日で仕事をする上で、人の話をじっくり聴くという、昭和時代の採訪体験、それが原点だと言っていました。

奥灘　黒柳徹子さん、星野知子さんと大変な場所に行っていましたね。校長先生みたいな印象で。いつも清野さん忙しそう。何時寝るのですかって聞いたら「歩きながら寝る」って。

清野　忙しかったですね。黒柳さんとはアンゴラでしたか。あまり皆が行きたがらない処に行ったようです。ネイチャリングで星野さんと。加藤九祚さんとはシルクロードに行った時、真室川に行った時のようだと懐かしいと言っていました。私も中国貴州省に行った時、行ったことも無いのに懐かしいと思いました。昭和四八年の新婚時代や、長男の小さい時、正源寺さんに行きました。結婚式に旭處和尚様にお出でいただきまして。真室川はご縁の深い土地です。沓澤ミノさんのところへ和尚様に連れていって頂きました。もうご病気で語れないって。でも起き上がって下さいました。平成に出版した『〔定本〕関澤幸右衛門昔話集』の語り手です。鷹匠のお宅の前を通って行きました。

野村　鷹匠の沓沢朝治さんのお宅には清野さん、よく行かれました。清野さんの写された、吹雪、鳥海という鷹の写真ありました。息子が赤ん坊でしたので、鷹が餌だと思うそうで、小屋には入れないのです。鷹は青大将とか生餌ですから、赤ん坊も美味しそうに見える。鷹は兎や狸を捕まえます。まだ生々しい野生が町にありました。昭和時代は自然が持っているダイナミズムというのかしら、野生みたいなものが残って、人との共存、それが平成時代にも根幹の部分に豊かに内在する。子どもたちに山で遊ぶことを「真室川の昔話を絵本にする会」で活動される、佐藤喜典さんたちが人と自然の関わりのメニューで推進していました。伝説的巨木と接する山歩きなども楽しそう。ふるさと創生昔話事業が終わった頃、役場で共に仕事をされた佐藤保さんが「わらべうた」のＣＤ絵本を自費出版され、全国の皆さんに配っておられた。大きな感動でした。私は短大の「日本歌謡史」で使わせて頂きました。この地の語りは自然の魅力と人間の魅力が連れそう魅力で構成されていると思うのです。語り手たちとの三〇年近い人間関係が私の方法です。もしかして自分が生まれた在所であるということ以上に何か違うものがあるから通う。杉浦さんを誘う。皆も誘う。

（後列左）長子さん、寧子さん、野中久美さん、小山田のりさん、富美さん、髙橋忍道さん、旭處和尚さん（中央）清野照夫・撮影

奥灘　真室川って不思議ですよね。「胡瓜姫ご」のように北胡瓜の南限、ちょうど行き止まりでもあるし、鷹匠のように、いろいろな方がいらしゃる。他の町にはいらしゃらない方も。佐藤陸三さんたちみたいな。三奇人も。

荻原　三奇人？

清野　清野が和尚様は「真室川三奇人」の一人って聞いてきました。

野村　「真室川三奇人」は鮭延旭處師、佐藤陸三安楽城郵便局長、気象学者・随筆家の高橋喜平さん。皆さんとお会いした時、お酒を召し上りながら各自がそうおっしゃいました。魅力的な方々。

荻原　高橋さんは真室川の方ですか？

野村　岩手県出身です。喜平さんは雪と氷の研究者で、出版物も多い方ですが、国立林業試験場に勤務でしたか。昭和二六年『積雪と森林』（林野庁）、昭和五五年『日本の雪崩』（講談社）、論文も随筆も文章は岩手秋田のことが多いです。御本頂きました。名文家です。退職後、岩手に帰られました。国家授章もされた。良いお仕事をされたのですが、町の方たちには、あまり知られてないようです。

奥灘　私は和尚様と陸三さんしか知りません。

野村　本書に奥灘さんは二奇人のこと書いて下さいました。「三奇人共通の昭和時代」は太平洋戦争の実戦の経験がないこと。正源寺さんは韓国扶余に、陸三さんは唯一爆撃の無い南島ハルマヘイラ島に、喜平さんは野戦病院体験の比島戦記『ああ、生きて帰りたい』（創樹社　昭和五五年）という本がありますが、病気で戦わず帰国。という三人です。私は陸三さんのハルマヘイラのこと書きました。これを言わないと昭和が終わらないとおしゃっていました。平成になって陸三さんのご長男、お孫さんのご案内を頂いて、三度、杉浦さんと千葉県茂原の書庫に伺いました。どのように使っても良いと資料をコピーして頂きました。

その意味では「平成語り」は「昭和の積み残し」を受け止める空間でしょうか。

奥灘　真室川に通っているうち、安楽城西郡集落《あらきにしごおり》に友人ができました。昔は雪で大変だったようですが、道路が立派になって。西郡など安楽城は美しい所ですね。

野村　昔は鮭川と安楽城の各地は水運で便利ということでした。昔話も共通するものがあります。藤山キミ子さんと『五分次郎』の語りは重なる。似ています。

清野　ああ、「巡礼お鶴」。

野村　キミ子さんの孫婆さまが正月に舟で来られて昔話を語ってくれた。ということでした。道路は困難ですが水運で結ばれていたのです。婚姻関係が川を通して結ばれたようです。「巡礼お鶴」の語り口は鮭川の農村歌舞伎の影響があります。昭和時代の家庭内伝承が、平成語り「ふるさと創生昔話」で清野さんにも記憶される社会性を持つことになりました。聴かせて頂くうちに花和讃などの美しい声の領域が加味されていきました。そして、もっと聴かせて頂いているうち、お年を召して花和讃が失われていく様子も知るところとなりました。

昔話の老い

清野　昔は家庭内伝承として昔話の語り、昔語りは孫に語っていた、と聞いていますが、今は無理ですね。学生達はパソコンや文献で過去の昔話資料を知って論文を書く。真室川のように年寄りの方が亡くなる寸前まで語っておられるのはすごいです。でもこの前の時、語られたものをお忘れになることも知りました。どうしても思い出せない。それをビデオ記録するのですね。ありのまま。

野村　花は盛りに月は隈なきをのみ～という言葉を思い出します。昭和の昔話資料はタイプインデックスのために蒐集しました。満月のように満ち足りたものばかり。欠落や増幅などは外して整理したのが日本昔話の名彙、集成、大成、通観です。伝承実態とか実証的な生き物としての側面研究はまだまだ。

特に一人の方の昔話の存続を問うたものは知りません。三〇年近く聴くと、忘れるという生理的な側面も。この本はＤＶＤに今を聴き、翻字資料は三〇年前のものを読んで頂くのです。随分前のことですが、昔話の学会で、「過去の資料集の追跡調査に行ったら語り手は記憶が無いと言ったが」と、資料の真実性を問う発表がありました。それで私は昔話には継続した人間関係が大切と気付いたのです。人の老いで昔話も老い、衰える。当たり前です。人には忘却もあるのですが、学会では気付かなかったようです。指摘された『那珂川流域の昔話』（小堀修一編　三弥井書店）の編者はショックで昔話研究を止めてしまいました。

荻原　現在、昔話は家庭の中で、子どもに馬鹿話とそっぽを向かれる。老人が若い者と家庭内で切れてる。

清野　そうです。採訪に行っても今はなかなか昔話が聞けません。本当に無理ですね。「百合若大臣」を調べているのですが、知る人は少ないです。

荻原　今はフィルードワークというものはないんですか？

清野　拠点を決めて行きたいので、飛島、九州と。大分にも。先日は青森に行ってきました。鷹を祀ったお寺がある。奥浄瑠璃なども当たってみたり。秋田には由利氏があって、由利郡などあって。黒姫祭文の中に黒姫の息子の名が緑丸なんですよ。面白いところもあります。義経の話はたくさんあるのですが、百合若は無いのですよ。いわゆる中世で私たちが文字で習う説教節などは民間伝承としては聞けなかった。鷹の名前が緑丸。

野村　真室川の鷹匠の鷹は熊鷹ですが。山から雛を獲って来て、大きくする。鷹匠の手の匂いを知り、餌は鷹匠からのみ。鷹匠が死ぬと鷹も死ぬ。武士・百合若の鷹はオオタカでしょうか。真室川での百合若語りはインテリが教科書で習ったという例があるだけです。野村の著作集を作って頂きましたら、問い合わせをして来られることの多かった未収の「鷹匠口語り」を本書に入れています。この鷹匠も百合若は知らない。飛島からは長年海産物を持ってきたり、ナンキン袋いっぱい海で労働する子どもを連れて行った「南京小僧《なんきんこぞう》」など歴史的往来もありましたが、百合若は伝わらない。教科書や教材になった昔話は良く知られますが、例外もあるのですね。むしろ、真室川では何故そうなのか、好まれないか。口承文芸の理論から考えたら面白そうですね。伝承伝播の構図から、教材になったものは語りの中に幾分でも要素を「語りの展性」として残存するものですが。そうした要素と離反するのでしょうか。現在は特に文字化を声に戻す活動が盛んですが、『今昔物語』など。しかし百合若は現代語りには無い。もてない。荻原さんは真室川で何に興味を？

荻原　昔話を聴く時、比較は面白いですね。今のような昔と今。そして真室川と他の地方の比較。

清野　奥灘さんも言ってますが、今の昔話は？と。

奥灘　『五分次郎』のお婆さん達のちゃんとした昔話を楽しく聴いたものですから。今の語りは何となく断片的だったり、あらすじばかりだったり。語りじゃないって思うのです。

清野　古いテープを聴くとぼそぼそと言いながらも何かいろんなことが聴ける。今は切り棄てているんですよね。はっきり明確に筋を語る。そういう風になってしまっているから、すごくパフォーマンスして、はっきりとね。真室川では観光語りはありませんね。語りが説明的になったり、変に親切になったりしない。

真室川昔話の将来は明るい

野村　真室川での方法は社会教育課の村松勝男さんの考えたものなど。いいですよ。小学生が五、六年になると、公民館などで語り手の昔話を聴いて、その印象を絵に。視覚化することで記憶が明確になる。子どもが「手造り紙芝居」を作り、「おまつり」でスライド化し、大型スクリーンに写す。語り手が声でもう一度語る。一三年間続いたようです。大人と子どもが公民館で同座し、共時体験。子どもは将来の全町民に該当するわけですから、五〇年後が楽しみ。また最近「真室川の昔話を絵本にする会」が絵本を作り読み聞かせのお母さんに提供。読み聞かせをしているうちに大人も覚える。読み語り実践を楽しんでいます。つい先日、『五分次郎』の「与蔵沼」を鮭川村の「あのねのね」（吉村厚子会長）の方たちが紙芝居制作、伝説普及に張り切っておられました。将来、たくさんの語り手が現れるでしょう。各地で子どもの昔話イベントが行われていますから、時間が子どもの語りを熟成させる。今、仕掛けをすると将来が楽しみです。子どもたちが聴いている姿を見ていますので、私は悲観していません。

清野　現代語りや観光語りはテキストがあり、書いたものの通り語る、語りのリズムが無いですね。現代語りに期待するのは、創造的な響きとか表現を生み出すことですね。。

奥灘　土田さんたちは語りのリズム。猿なんかもテンテンテンと歩いたり、蛙もビクタリビクタリそういうのがすごく楽しかったです。それを聴いたから今のあらすじばかりの昔話は面白くない。

野村　大事なことですね。この本にＤＶＤをつける意味です。今、もう故人になられた方々の持つリズムが電気機器で甦る。文字からは伝わらない唄や掛け声の響き調子があります。「月の夜晒」は佐渡の長谷川玉江さんの投稿から始まりましたが、現在都市で人気語りです。しかし聞いた人がいませんから、「月の夜晒、知らで着て〜」の部分、百人百様。苦労して語っていますね。外国の翻訳ものと同じ。これ創作のようですね。長谷川四郎が「妹のものです」と、柳田國男の宿泊先に持ち込んだ原稿といいます。「月の夜晒」を核にして彼は小説を書いて芥川賞候補になっています。関敬吾先生は将来日本人がこれを好むだろうと、『日本昔話大成』に入れられた。心情に近代性がありますからと。現在、真室川でこれを知る語り手はおられませんでした。私は平安神宮をデザインした山形出身の伊藤忠太を思い出しました。彼は外国で学んだものを京都の将来のために形象化した。関さんも似ています。

清野　百合若も無いようですが、真室川で新しい語りは無いのですか。

野村　この本にありますが、高橋市子さんの話。大きな手術をされた体験譚です。手術中に村中のお寺さんが来ている。黒い衣装の看護師さんたちが周りにいる。足に金具を付けていた。と、語りました。村の黒地蔵を信仰しておられたので？と思って聴きました。江戸風鈴師の口語りを聴いた折り、彼の手術室に神田明神の神輿が入ってきた。と。氏子ですから助けに来てくれた。以来毎年、風鈴を奉納されています。同系の事実譚が生まれて興味深いです。

（『江戸風鈴　篠原儀治さんの口語り』野村敬子編　瑞木書房　平成二六年）

清野　すごい。

野村　人生からはいろいろな譚が生まれることを眼前の事実にしました。信仰伝承というものはすごいものです。弁慶カノという場所は安楽城西川という処の近くにあるようですが、弁慶がやってきて義経に食べさせるため、火野・焼畑をし、村長に粟の種を借りて播いた跡であると伝えます。証文もあるとか。一〇月一五日にはお大日様のお祭り。

清野　私もお参りしました。寒い頃、たくさんのご馳走が出されていました。大きな鮭が出て。一二時にご開帳。鮭を煮て湯気がもうもう。何も見えなかったんです。あっと言う間でした。

野村　伝承が生きているのですね。一一月一五日には小国集落で同じお大日様のお祭り。松谷みよ子さんたちを高橋キクエさんと案内しました。

清野　この町は伊藤さんたちの平家伝説と義経伝説両方があるのですね。伊藤寅吉さんは何もおしゃらなかった。外では語っても当事者はあんまり言いたくないみたい。百合若とはちがいますね。正源寺の位牌堂に大きな伊藤家の位牌があるそうで、奥灘さんと見せて頂いてきました。

奥灘　昔話って、すごく自分たちに身近じゃないですか。伝説も身近ですね。実生活と。百合若は全くかけ離れていますよね。違いますよね。

野村　清野さんは御夫君の写真整理にと学問を始められましたが、今や、ご自身が女性らしい視点で、ご自分の学問を深められて頼もしいかぎり。難しいテーマだから長持ちする。

荻原　この百合若テーマに惹かれているのは、ご本人がすごく惹かれる何かがあるのではないでしょうか。

真室川は聴かれなかったという拠点になりましたが、清野さんが捜した

正源寺位牌堂道

という刺激がこの町の伝承動態に影響を与えるかもしれません。庄内に通う道があると聞きましたが、飛島からの伝承は届かなかったのですね。伝承が無いという研究も必要ですね。海洋型というのでしょうか。百合若伝承が山国の真室川には海洋型を享受する伝承基盤が無いというのは興味深いです。「巡礼お鶴」はお芝居で定着。新庄のお祭りの山車に扱われると人々に知られる。風流にも扱われなかったわけですね。これからも昔話や伝説の動態研究、その実践的継承は目が放せません。

野村　その実践活動で真室川にしかない一話の大事なことが解りました。高橋サツさんの語られた「さきざきさま」という話があります。サツさんは佐藤喜典さんの母方の祖母に当たる方です。その伝承経路は川ノ内、関沢集落にあったらしい。栗谷沢分教場の開校記念の日に正源寺瑞鳳師が口演童話をされたそうです。外国の昔話を日本風に。戸板を持って夜逃げした婆が博打の金を得るという話。佐藤マツエ媼は「殿様むかし」などと一緒に聞いている。「言葉の力量」（『民話と文學』二三号　平成四年）に書きましたが、関沢生まれの大場クニエ媼の記憶にもありました。山形県ではサツさんの資料だけです。他に栃木の加藤嘉一さんの資料集に一話あるだけです。間中一代さんが意識的に語り出しています。ヨーロッパの昔話集にも同じような話があります。小沢俊夫さんはグリムより古いと書いています。サツさんの話は大変大事な一話と思われます。瑞鳳師は何処でこれを覚えたのでしょう。真室川の昔話はまだまだ未知もあり、意味深いです。

荻原　古くて新しい真室川、これからの研究も楽しみです。本日はありがとうございました。

奥灘、清野、荻原、編者

正源寺と真室川町で出会った人々

奥灘久美子

かつて六年程真室川へ通った。昭和四四（一九六九）年初春から昭和四九年夏にかけて、多い年は五、六回訪れたと記憶している。この度、野村敬子さんより当時真室川町で出会った人々を回想する機会を得た。昭和四四年二月、初めて正源寺を訪ねてから今日まで真室川町は常に私の内に在る。それは正源寺の人達、殊に鮭延《さけのべ》旭處《きょくしょ》和尚と富美夫人のご教示と、安楽城郵便局長・佐藤陸三さんのお話、鷹匠・沓沢朝治翁の深く静かな目、文吉こけし、今も交流のある西郡の高橋洋子さんに拠るところが大きい。

半世紀近く前の事で記憶も曖昧だが、思い出すまま真室川町での人々との出会い交流を記してみたい。

正源寺山門

正源寺

私が初めて真室川町を訪れたのは町がすっぽりと真綿を被ったような白

正源寺本堂入口

鮭延旭處師

一色の時季で、車窓から四方を山に囲まれた白銀の世界が広がる。それを切り裂くように黒い筋が何本か走り、目を凝らすと遥か遠くに馬橇が確認できた。真室川町との出会いは、偶然で、國學院大學民俗文學研究会の清野照夫さんが「写真を撮りにお寺に行くけど、誰か手伝ってくれないかな」との呼び掛けに小山田のりさんと私が応じた。春休みで予定もないし、という軽い気持ちであった。

　真室川駅に着いたのは夕方で、正源寺では挨拶もそこそこに座敷に通され、すぐに撮影が始まった。既に土器や石器が何点か準備されていて、清野さんは旭處和尚の指示のまま撮っていく。広い座敷にカメラのシャッター音が響く。張り詰めた空気と寒さを覚えている。

　旭處和尚の長女・寧子さんのお話しではこの撮影は昭和四一年から始められたという。

　昭和四四年九月旭處和尚は『正源《しょうげん》聚珍《しゅうちん》』を上梓された。巻頭には歴代の住職が収集、記録し大切に保存して置いてくれたものを、先代の瑞鳳和尚が意見注釈をつけ丁寧に整理して置いてくれたものを何かの形で後世に残しておきたかったと積年の思いが綴られている。

　撮影終盤に一晩照明の補助をしただけで、その後、数年に亘り旭處和尚と富美夫人は快く私たちを受け入れてくださった。高橋忍道《にんどう》さんにも大変お世話になった。

正源寺山門の眼前を奥羽本線が走る。何度か正源寺に通ううちに、近道と称して滅多に通らない列車に安心して線路沿いを歩いた。

正源寺の山門は大きく立派で、二階に掲げられた「大寶楼閣」の文字は旭處和尚の手による。和尚が書いて自ら彫ったもので「これは私が書いたものです」とおっしゃっていた。「これがカタコの花です。カタコの花が咲くと春が来たなあ、と思うんです」と雪見障子越しに教えて下さった。薄紫の可憐なカタクリの花をこの時知った。

当時、線路に近い入口はガラガラと重い引き戸の潜り戸で、更に入口を入ってすぐの部屋に長方形の囲炉裏が仕切られていた。日に二、三人訪ねて見える檀家の方はここで暖をとりながら談笑した。何日か世話になっていると正源寺では朝から留守になることがあるのに気づいた。それなら、せめて一日は留守番をしょうと思い、訪れた檀家さんにお茶を入れ話し相手をした。

旭處和尚は火（hi）を（fi）と発音される。室町時代のハ行音が活きているのが驚きであった。

「禅の教えはね、来るものは拒まず、去る者は追わず、です」

「正源寺は、はっきり言って、今でも年貢を取っています」

端正なお姿でいつも話された。

朝食を摂りながらその日の予定を伝え、帰るとまずその日のことを報告するのが習慣となった。行く当てのない日は「じゃあ、○○にお行きなさい。あそこはうちの檀家だから大丈夫です」と行先を紹介してくださった。

冬のある夜、経緯ははっきりしないが、戒名の付け方を教えてくださったことがある。二冊携えてきて頁をめくりながら、生前の名前から一字採って入れたり、人柄や業績を忍ぶ文字を使って、この二冊を参考に熟語になるように戒名を付けるのだ、と丁寧に具体的に教えて下さった。私事で恐縮だが、滑落死した夫の戒名が死亡時の状態そのままなのが口惜しく落胆したものだ。旭處和尚に教えていただいた戒名の付け方が強く心に残っていたのでなおさらであった。

夏の晩、多忙でなかなか話す機会のない富美さんに、一度だけゆっくりと位牌所でお話を伺ったことがある。

「皆さんから、お寺に住んでいると怖いでしょう、と聞かれるけど、そんなことないですよ。いろんな霊が居て、話しかけてくれて、とっても賑やかで寂しくないんですよ。お母さん、お願いしますよ、って言ってますよ」にこやかなお顔がとても印象に残っている。

寧子《ねい》さんは母富美さんのことを、

「誰かが来るのが分かるって言ってました。女の人は水屋っていうか、お台所の方から来るし、男の人は、カンカンカンって鐘が鳴るとかなんとか、そういう話をよくしてました。私達には聞こえないんですけど、え、誰か来たから、そろそろ知らせの人が来るかな、っていう話は、しょっちゅうしてました」と話してくださった。

食事は正源寺の皆さんと一緒に大きな卓袱台を囲んだ。寧子さんは既に東京の大学に進学されていたが、次女長子さんは高校生であった。その後、長子さんも東京の大学に進学されて、お二人とは滅多に顔を合わせることはなかった。ある時、夕食の声がかかり皆卓袱台の周りに集まった。五～六分経った頃慌てて寧子さんがみえた。寧子さんは来るなり畳に額をこすり付けるようにして「遅れて御免なさい」と二度三度私たちに謝った。旭處和尚と富美さんは平然と座っておられて何もおっしゃらなかった。私達学生には伸び伸びと自由にさせて下さったが、二人のお嬢さんの躾は厳しいのだなあと思った。

毎朝、旭處和尚はお茶を飲みながら砂糖をかけた梅干しを口にされた。「東京に行って野村先生のお宅にお世話になるが、敬子さんがうちと同じように朝梅干に砂糖をかけて出してくれるので、有難いことです」と話されたことがある。

偶然にも「山の神の勧進」に居合わせたことがある。真室川町新町では旧暦三月三日（新暦四月二日）前後に行われ、一五歳以下の男子が山の神像を持って家々をまわり言祝ぐ行事である。

山の神の勧進《やあまのかあみのかあんじん》
米一石　一斗　五升
たもうれ　たもれ
くれて　たあもれば　亭主殿
米蔵　金蔵　建つように
こごの家《え》の身上《しんしょ》　上《のうぼ》るように
繁盛　繁盛《はあんじょ》

と玄関先で唱えて、米を少し貰って一軒一軒回る。夜中一二時に大将の家を出発するとかで、四月二日の夜半はまだまだ冷気が漂うが、正源寺では入口を空け放して子供たちの来るのを待っていた。七、八人だったと思うが横一列になって山の神の勧進を唱えた。上気しているので子供たちの周りがロウソクに火を灯したようにボワァと明るく華やいで見えたのを憶えている。

山の神勧進　　清野照夫・撮影

昭和四五年になると、國學院大學説話研究会の神谷美佐子さんは、正源寺から関沢の沓澤ミノ媼のもとへ通うようになる。

正源寺ではいつも本堂右脇の部屋に泊めていただいた。後から知ったのだが、この部屋は正源寺で最も格式の高い「室中《しっちゅう》」という部屋で、正源寺七不思議の一つ「枕返しの間」であるという。皆が、よく怖がらないで泊まっているな、という部屋だとか。

夜間本堂は真っ暗闇で手探りで移動する。分かっているはずなのに決って本堂と廊下との段差に足を踏み外し転げ落ちた。現在は改築されて廊下に畳が敷かれ段差もなくなったが、当時は四十センチ程の段差があった。

枕返えしの間　清野照夫・撮影

初めて正源寺を訪れ、お暇する時に旭處和尚がおっしゃった。「世話になったと思ったら、本当に世話になったと思ったら、帰ってすぐ礼状を出しなさい。有難うございました、のひとことでいいんだから、すぐに書きなさい。時間が経つとひと言ですまなくなるし、だんだん億劫になって書けなくなるから、家に帰ったらすぐに葉書を出しなさい」と。

昭和四九年夏、安楽城郵便局長・佐藤陸三さんを訪ねようと夜行列車で真室川へ向かった。上野駅二三時八分発急行出羽は奥羽本線経由酒田行で、新庄駅に朝七時に着く。新庄で乗り継ぎ真室川駅八時四〇分に着いた。旭處和尚に挨拶しようと正源寺に伺うと、和尚と富美さんが「私たちも同じ列車で帰ってきたところです。韓国に行って、今、帰ったところです」といつものように出迎えてくださった。

この時が旭處和尚と富美さんにお会いした最後である。

昭和五〇年八月二八日付で野村先生から葉書が届いた。

挨拶抜きで、要件のみ書きます。

真室川の正源寺の住職が大変に工合悪い。今春から、町の病院に入っています。私のところには二ヶ月位前に返事はきました。先日、家内の姉が見舞ったところ、野中君や、小山田君や神谷美佐子さんのことをしきりに言うそうです。見舞いを出してやって下さい。ものは喰べられるわけでないので、そうした方の心配はしないで、見舞状だけでよいと思います。清野君にも伝えて下さい。一筆お伝え申し上げます。他に誰に知らせるべきかです。

翌、昭和五一年一二月二六日、旭處和尚は逝去された。

正源寺を拠点に

土田本家で

正源寺から鮭川村段ノ下の土田アサヨ、土田マサエ両媼のもとには國學院大學の野村純一先生と清野照夫さん、小山田のりさんと訪れたのが最初である。昭和四四年春のことで、土田本家の囲炉裏には大きな火棚があり、自在鉤には大きな鉄瓶が掛かっていた。この時はアサヨ媼とマサエ媼の二人で、野村先生は挨拶を済ませると「僕がいると緊張して固くなってしまうから、君たちがいると助かるよ。後は、君たちにまかせるよ」と清野さんとどこかへ行ってしまった。初対面で言葉もよく聞き取れずに戸惑っているとアサヨ媼とマサエ媼の昔語りが始まった。二人は互いに相槌を打ちながら交互に語っていく。

土田本家　昭和43年の囲炉裏　清野照夫・撮影

当時の録音機材はリール式の大型のテープレコーダーであった。土田本家では天井の梁から電球がぶら下がっていた。その電球のソケットからテープレコーダーの電源を取るのだが、コードを繋ぐ前に昔語りは進んでしまった。コードを繋がせてほしいと言い出せぬまま二時間近く経った頃野村先生は戻られた。録音できなかったと伝えると野村先生は「バカ」と眼鏡の奥から鋭い目で睨み付けた。アサヨ・マサエ両媼も話が興に乗っていたのに録音されていないのを知ると呆れて笑い出した。それからはむかしを語る前には「大丈夫か。電気はちゃんと繋いだか」と毎回必ず念を押された。

　この語りの場には近所のお婆さん二人とその孫娘も同席することが多かった。マサエ媼は張りのある声で、やや上向きに正面を見据えて朗々と語り、アサヨ媼は口角に唾を溜めてボソボソと語った。二人は対照的な語り口であった。この語りは今でも私の耳に残っている。二人のもとには昭和四五年の夏まで通った。

土田アサヨ媼　清野照夫・撮影

鷹匠・沓沢朝治翁

「行くところがないのなら、関澤に鷹匠がいるから、鷹匠の所に行きなさい。あそこはうちの檀家だから大丈夫です」と旭處和尚に勧められ、富美さんの車で鷹匠を訪ねた。昭和四四年三月朝治翁は七三歳だとおっしゃった。朝治翁の澄んだ瞳、瑞々しく水色がかった目にくぎづけになった。こんなにきれいな清々しい目の人は初めて見たと思った。

沓沢朝治さん

　朝治翁は牡の「吹雪」と牝の「鳥海」の二羽のクマタカを飼っていた。「タカは眼の色で年齢が分かる。初めは水色で、五歳くらいで黄色になって、大人になると金色になる」と教えてくださった。クマタカは有に三〇年は生きるそうだ。クマタカの小屋には餌用にネコが放り込まれていて、朝治翁の深く静かな目と当然のように転がっているネコに心がざわついたものだ。

昼食に囲炉裏端で温いうどんをご馳走になった。正源寺に帰り、旭處和尚に報告すると「うどんを出してくれるのは最高のもてなしです」とおっしゃった。

次に鷹匠を訪ねたのは田畑の所々に雪が残っている頃で、バスを降りるとタカの鳴き声が聞こえた。庭先の物干し竿《ざお》の端にクマタカが一羽止まっているのが見えた。朝治翁はクマタカを甲手（手の甲）に止まらせて、尻込みする私達に近くで見せてくださった。

沓沢朝治翁にお会いしたのはこの二度だけだが、朝治翁の静かに湛えた目は私の脳裏に深く焼き付いて、今でも己を律している。朝治翁の目は、すべてお見通しで、言い訳がきかず嘘がつけない。

佐藤陸三さんのこと

野村純一先生と安楽城郵便局に佐藤陸三さんを訪ねた。安楽城郵便局は大向《おおむかい》バス停留所のすぐ前にあった。

佐藤陸三さん

二階に案内されると陸三さんは郵便局正面の窓を右手に座しておられた。床に積み上げられた資料や窓側の角を占領しているこけし、柱に無造作に吊るされている草鞋や民具など、雑然としているが居心地の良い空間だ。陸三さんがふいに「これは何だか分かるか」と、表が黒で内側が朱色の漆塗の座りの悪い椀を指して聞く。「これは木の瘤でできた盃だ。全部飲み干さないと下に置けない。ちょっとでも残っていると零れてしまうから、全部飲まないとだめだ」と教えてくださった。薄暗い部屋で盃の朱が鮮やかに目に残っている。この置かずの盃は二客あった。

陸三さんを訪ねて何度目かの帰りのバス停で、清野さんが安楽城郵便局後方の茅葺屋根の家を佐藤陸三さんの実家だ、と教えてくれた。

　訪ねると陸三さんはいつも郵便局の二階にいて、女性職員にお茶とお菓子を運ばせ、ご自身はウイスキーを口にされた。ダルマの愛称で親しまれたウイスキーの七二〇mlボトルが空になるまで話は尽きなかった。陸三さんはいつも問わず語りであった。

　わらべ唄を歌ってくださった。

〽びっき　びっき　いづ死んだ
　夕べ《ゆん》　酒飲んで　今朝　死んだ
　　和尚さま　頼んで　ままあげろ

わらべ唄「びっき」は一度聴いてすぐ覚えた。他に「エッヤマカゴエン」の、「〽酒田さ行ぐさげ　まめでろゃ」の歌詞が記憶にある。また、子守唄は赤ん坊を眠らせるために歌うんじゃない。子守をしている本人を慰めるために歌ったのもあるんだ。と労働歌としての子守唄を滔々と話された。

「この辺のばんちゃはＮＨＫ慣れしてしまった」とボソリと言われたことがある。

　半日程の間に、次第に陸三さんの眼は据わり片膝を立てて座る姿は達磨さんのようだった。

　その後も壁にあたると安楽城郵便局へ佐藤陸三さんを訪ねた。とりとめのない話を聞いているうちに、不思議と目の前が開けてきたものだ。

　四〇年以上も経ってから、折に触れて陸三さんの言葉が蘇る。

「蜂蜜はレンゲがいちばん。アカシアはだめだ。」平成二四年一〇月、埼玉県養蜂協会展示即売会で不意にこの言葉が蘇った。「レンゲは癖がなくて上等だ。この頃はアカシアも採るが、あれはだめだ。蜂蜜はレンゲがいちばん」

「こけしはね、節がなくて肌の白いハナミズキ材で作るんだ」

陸三さんは食にも造詣が深い。郷土食、中でも餅の話が多かった。「餅は大根おろしで食べるといいんだ。大根おろしはタカヂアスターゼだから消化を助けてくれる。胃にもたれない」と。

秋に訪ねたときは「本当は東北より関東の方が紅葉はきれいだ。赤が入って関東の方がきれいだ」

陸三さんを訪ねるたびに半日近く時間を割いてくださるので、仕事は大丈夫なんだろうか。郵便局の方に申し訳ない、と思いながら長居をしたが、陸三さんは一向に気にしないのが疑問であった。

安楽城郵便局に佐藤陸三さんを訪ねたのは昭和四九年が最後であった。

昭和五〇年の年賀状は東京中野の住所から届いた。—雪がおっかなくてこちらで越冬、年のせいでしょうか—下車駅と自宅までの所要時間が記されていた。

昭和五一年の年賀状は千葉県茂原市からであった。—雪のふる里は遠くなりにけり、東京から三時間程の安楽城を思わす山郷に掘立小屋を営みふるさとのガラクタの整理をやって日を送っています—鷺ノ宮か茂原かどちらかにいるので遊びに来ませんか、とお誘いの言葉があったが、私の結婚で実現しなかった。嫁ぎ先の安雲《あずみ》村（現　松本市）にも年賀状は届き、蕨に戻ってからも毎年届いた。賀状には、安楽城伝承の早物語、手毬唄、春を思わせるわらべ唄が記されていた。

平成五年、陸三さんに年賀状を出すと、佐藤陸三は亡くなりました、とご家族から葉書が届いた。

文吉こけし

及位《のぞき》の佐藤文吉さんを訪ねたのは雪のある時分で、野村先生、小山田のりさんと一緒だった。文吉氏は、半年先まで予約があって売るこけしはない、と言う。話しているうちに一つなら売っても良いと言うので、二五センチのこけしを五〇〇〇円で譲り受けた。三年後の夏、一人で文吉さんを訪ねた。及位駅から文吉さん宅までは一本道で両脇の夏草が背丈以上に伸びていた。文吉さんが家の前にいて声をかけてきた。「まっすぐここに来たが、俺のことを知っているのか。こけしなら三年先までいっぱいだから売るのはないよ。」とおっしゃる。私が前に一度来たことがある、と言うと。暫く顔を眺めていたが、「そうだ、大学の先生と来た学生だ」と思いだし、家に招き入れてくれた。この時も二五センチのこけしを五〇〇円で譲ってもらった。

文吉こけしは目が大きくややグロテスクで素朴とは言い難い。煽《あお》るような表情は、一度目にしたら忘れられない個性的なこけしで、安楽城郵便局二階の数あるこけしの中で、最も気になっていたこけしであった。

西郡《にしごおり》の高橋洋子さん

高橋洋子さんとの出会いは鮮明に憶えている。昭和四五年夏、美人で發剌とした洋子さんは安楽城小学校西郡分校で給食の仕事をしていると話してくださった。給食のパンも焼いていると聞き、同い年の彼女に関心を持った。

地元で「にしこうり」と言う西郡の洋子さんの家は、最寄りのバス停留所、以上沢から曲がりくねった林道を途中トンネルを抜けて九キロ歩いて行った。

洋子さんは祖父の多三郎さん（明治一八年生まれ）と二人で暮らしていた。父・由次郎さん（大正六年生まれ）は洋子さんが中学三年生の時バイク事故で亡くなり、母のチヨセさん（大正九年生まれ）は山形の旅館で仲居をしていると話してくれた。

次に西郡を訪ねたのは翌年初秋だと思う。母のチヨセさんにお会いすることができたが、チヨセさんは、野村先生と話している間もコックリコックリと居眠りをされて、たいそうお疲れの様子だった。チヨセさんは蔵王の旅館でくも膜下出血で倒れ昭和四七年一月帰らぬ人となった。母のチヨセさんにお会いしてからそう時を経ずに亡くなったと聞き、やはり無理をされたのだなあとやるせなかった。

祖父の多三郎さんは秋田県雄勝郡小野村出身で、炭焼きをしながら山を渡り西郡に根を下ろしたそうだ。由次郎さんが無くなるまで炭焼きをしていた。

父・由次郎さんは西郡で焼かれた炭を買い取り馬車で真室川へ売りに行くのを仕事としていた。地区を統率して、冬は伐採した杉を馬橇で運び、夏場は杉の植林や下草刈をしたり、知恵も力量もある由次郎さんは人望をあつめていたという。これらの仕事は、地区の収入源となっていたそうだ。

由次郎さん亡き後、チヨセさんは農作業の傍ら家に人を泊めるようになった。夏休みには昔話を聴きに来た大学生が泊ったそうだ。

西郡分校

私が洋子さんの家に泊めていただいた時、多三郎さんは九〇歳近かったと思うがお元気で囲炉裏端でお酒を飲んでいた姿は今でも目に浮かぶ。多三郎さんは九二歳まで畑仕事や薪割をしていたそうだ。

洋子さんは昭和四五年七月から平成二一年三月まで、その間安楽城小学校西郡分校、差首鍋小学校、安楽城小学校、再び差首鍋小学校と定年退職まで調理員兼業務員として勤め上げた。

洋子さんは夫・正次さんとの間に三人のお子さんがいて、現在四人の孫娘がいる。

平成二七年六月、四一年振りに西郡を訪ねた。昭和五九年六月スーパー林道が開通し、平成二四年四月小学校の統合で西郡分校が閉校になって人の気配が薄れたように思えた。

洋子さんに西郡分校の中を見せてもらうと、平成一八年、二度目の休校時

真室川駅舎

のままの教室があった。児童の写真や作品が教室の壁や廊下、机を埋め尽くしている。中でもJR東日本のポスターが目を引く。前年開通した山形新幹線のPRポスターで、抜けるような青空をバックに、大きな木の上からはじける笑顔で見下ろしている二人の児童と先生の写真は印象的だ。平成四年五月、JR東日本で西郡分校を紹介したいと撮影に訪れた。写っている児童の一人は洋子さんの二男の良君である。このポスターは首都圏で大きな反響をよんだそうだ。写っている大きな木は昔も今もわらび山にあると洋子さんに聞いた。

私の知っている安楽城小学校西郡分校は古い二階建ての木造校舎だ。今回、初めて目にした白い四角い新校舎（昭和五四年一二月完成）が既に閉校になっていることに時の長さを思う。

今年（平成二九年）四月、洋子さんからくじら餅が届いた。かつて、夏でも朝晩ストーブの欠かせない安曇村で、姑がクジラ餅を焼いて食べていたものだ。

振り返ってみると、初め旅行気分で出かけた真室川町での六年弱は実に濃密な時間であった。風土もそこに暮らす人々も懐深く豊かであった。本当に、様々な事を学ばせていただいた。真室川町での経験は私の一部を成し、真室川町は私の原点である、と言っても過言ではない。真室川町と出会えたことは本当に幸運だった、と思う。

因みに、昭和四四年一一月、真室川―東京都区内普通乗車券（作並経由）学割は一五八〇円であった。（発売日共四日間有効）

野村純一の鷹匠口語り――沓沢朝治翁・述――

野村　純一

はじめに

けものの皮を剥いで毛皮を売る人。その人たちに、矢萩の姓が多い。山形県最上郡真室川町に住む矢萩姓の人もそうだ。いまは矢萩の字をあててはいるが、もとは、どうしても皮剥のハギ――ヤハギに遡るのであろう。それは、綿貫が腸抜き―ワタヌキであったのと少しもかわるところがない。

鷹匠、沓沢朝治翁には、矢萩七兵衛という師匠があった。クマタカを駈って野生のけだものを捕らえ、皮を剥いで生業としていた人、その人がヤハギであったというのは、決して偶然ではない。いわば、特殊な職業にたずさわっていた訳であるが、いま、鷹匠ヤハギの系譜を辿ることは殆ど不可能である。しかし幸いにして朝治翁は、その技術の全てを伝え実際に鷹を飼育し、駆使している。

従来、鷹匠といえば伝統的にオオタカもしくはハヤブサを使った。そして、鷹狩を反映するという記紀歌謡の、

雲雀は　天に翔る。高行くや　はやぶさわけ、雀取らさね。

隼は　天に上り　飛び翔り　斎槻が上の　鷦鷯捕らさね。

杳沢朝治翁　野村純一　清野照夫・撮影

にみられるように、その獲物の多くは小鳥であり、大きくとも鶴、鵠、雁などであった。

　これに対してヤハギの鷹匠は、日本に産する最も大型の鷹、クマタカを使い、獲物は、狸、狐、兎である。そして、オオタカは数年、ハヤブサは一年限りという使用に比較し、同一の鷹を一〇年近く用いる。従って、そこには自然、鷹に寄せる愛情が深く滲み出てくる。

　もちろん、伝統的な鷹匠の有様を伝える「群書類従」の「鷹部」や「新撰鷹経」のような文献もなければ、華美な鷹匠装束をつけたはれがましい歴史もない。しかし、鷹に寄せる愛情と厳しい生活はそれだけに勝るとも劣らぬものがあったに違いない。身分、手立は異っても、鷹匠としての生活には、やはり根本的に通じるものがあったとみても間違いはあるまい。杳沢朝治翁の話から、文献によってみるよりほかにてがない、かつての鷹匠の姿を少しでも窺えたらばおもしろいと思う。

　杳沢朝治翁は、明治二九年八月一九日、山形県最上郡真室川町栗谷沢に生まれた。父は高橋金作、母はリヨ、母は同じ栗谷沢部落から嫁してきた人で旧姓を遠田といった。

　朝治は、父の四四、五才町の時に生まれ、兄に新次郎、今朝松、妹にヨネ、弟に五七、六郎がある。

　祖父は久米治、祖母はサヨといった。祖父が鷹を使い、朝治は幼い頃から鷹に親しんだ。従って高橋家では三代目の鷹匠ということになる。朝治は二九才のとき関沢部落の杳沢家に養子として入り、現在に至っている。

　なお、この口述は昭和三八年八月二二日、テープに収録したもので、できるだけ、その口語りを生かしたものである。

久米治という私の爺さんは非常に山の猟も川の猟も好きな方だったそうです。つまり、鉄砲ぶちも好きだば、川の魚獲りも好きだという方で、昔のことでよく聴いていませんが、爺さんが四、五〇の時でしたろ、ある秋の日にな、投網を担いで塩瀬川を溯って行くと、野兎が走ってきたど、というど、山の奥から鷹が突込んできて兎をしめでしまったと、抑えこみかけてしまったど、最初な、爺さんは山の猟も川の猟も好きな人だから、その鷹を捕ってみたいと思ったど、まず、途方に暮れてどうして捕ったらいいかという工面があったわけだな。それで思案しているうちに、その鷹は腹空きだとみえて、抑えこみかけで、たがい始めたど。そこで爺さんがこれで捕ってやりましょうと、たがっている鷹に向って投げたところが、その網の中に鷹がスポッと入ったど。これはえがったど、と、今度は猟をしないでその鷹を掴えてだましたど。その当時、殿様たちが鷹を使っていて、鷹にオオタカだったど。オオタカさえも獲物を捕るにこの大きいクマタカで獲物を捕れぬはずはない。自分がこれを訓練して掴えてみよう、と、これがつまり高橋の家で鷹を使い出した始めだ。

清野照夫・撮影

私は小さい時から生きものが好きで、鷹をもたなくとも、野原に行って小鳥を捕ってきたり、鳥やとんびの子を捕ってきて育てたものだが、私の六つの時にその爺さんが死んで今度、父さんが爺さんの後を継いだわけなんだ。

その頃はこの辺にはクマタカの巣がたくさんあったんだ。鷹をなくしてもすぐわきから捕ってきて飼育してみたとて、あまり効果はなかった。父さんは山へ行っても始終鷹を逃がして、私らはから身で立っていたこともあるし、手さ飛んで来ないようにしてみたり、それで家さ戻って獲物を持って行って、鷹を捕えたこともあったりして、殆ど獲物を捕ることは不可能だった。

私が一八の時、そう、一八の冬だな、父さんと一緒に私の部落から四里以上入った、三滝という奥さ、そこさ二人で猟に行ったわけだ。

獲物が出た。鷹を放したわけだな。そうすると飛んで行って、獲物を捕らねえで木さとまって帰ってこないわけだ。いくら呼んでも帰ってこない。ところが、そこさ、ある一人の、今でいえば仙人というかな、髪はボウボウ着物はボロボロの人が下から木をたくさん背負って上ってきたわけだ。

その人は、三沢の矢萩七兵衛といい、もとは財産のあった人だが、財産を失い山に入って炭焼をやっていた。その方が非常に笑うんだな。人が鷹を逃して興奮している時に何がおかしい。こんなに心配しているのに何がおかしい。と、喰ってかかったんです。すると、そんなことでは鷹は使えない。その人のいうことには。おめ、鷹のこと知っているか、と私ら叫んだ、もんです。おれ、ここで一八年も製炭をやっていて、好きだから生きものと暮らしている。特に鷹は好きだから暮らしている。それでは鷹使いのことは何でもおぼえているか、おめ、使えるか。あ、知っている。今、使ってみせるからおめたち炭小屋の中に隠れていろ、おれが、今、野の鷹を呼んでみる、という。んだらやってみろ、と隅の方に隠れてみていた。すると、野性の鷹が飛び立った。ねずみを持って呼び出すと、野性の鷹は一直線に寄ってきた。この通りだ、という。はて感心なもんだ、はて不思議なもんだ、こうやって野の鷹を呼び出すなんて、人間業ではあるまい。鷹匠になるにはこの人から聴くよりほかあるまい。そして、今度それさ、おれの父さんが、今はまったく失礼なこととした。興悪く思わないでくれ、こういって謝った。そんなこと、俺は少しも気に懸けていない。俺は一八年もここで暮らしているんだ。鷹ちゅうもんは、愛情さえあればこういうふうになるものだ。おめたちは愛情がなかったためにそうなった、と教えられたわけだ。

なるほど、俺たちは愛情がないからこうなったが、だけど、愛情といってもどういうふうな愛情でこうなるのか、わからない。何とか自分らもこれまでさんねもんだが、三代も鷹匠やっても、こういうことはわからない。何とか俺の家さ来て教えてくったらいいんねが。一年の保証はうちでもつ、何とか助けでけろ。

その人は、なかなか、がんとしてウンといわない。父さんもそれから二回も三回も行って頼んだが、ウンといわない。駄目だがら、とても私らは鷹匠になることはできないんだからと、思い切ったらいいべ、といったもんだ。でも自分が好きだもんだはげ、どうしてもやりたい。それから毎日、三里も四里もある処に、毎日つめたもんだ。毎日行って、何とか教えてけろ、おめの教えないうちは帰らんね、とうとう坐込みかけたな、それで折れたがずい分かかったな。俺は世の中、倦きてしまった。一八年も山ん中で暮しして世間というものを殆ど分らね。んで、山を下りて相手にするものなし。山ん中で生きものを相手にしているのが一番楽しいがね、という。それでも毎日行かったものだから、それ程熱心なら教えんべ。

そして、その人を父さんと二人行って家さ連れて来たわけだ。

家さ連れて来て、何もさせねで、私らは農家だけど仕事は何ひとつさせないで、三年間、鷹のことを聴いたわけだな。鷹のことばかり覚えても鷹は使われるもんじゃない。生きものの消息を知らねばならないと。

生きものは、一月にはどんな処、二月はどんな処。それが、天候と、生きものとの見分け方だな。つまり、雨の降る日にはどういう処にいる、風の吹く日はどういう処にいる。それから、足の跡の見分け方だな、こういう時には、どういう兎がどういうかげで休んでいるか。そういうことの一切を矢萩七兵衛さんから習得したわけだ。それで、鷹についてだが、まず、鷹の習性。それで、何月頃巣を作るか。だいたい鷹には縄張りがあって、何万町歩に一つがいしかいない。そこで、雪のある春三月頃、自分の鷹を連れてその縄張りを刺激しに行きますな。するとわれわれの鷹に襲撃してくる。そこで、ははあ、この辺に鷹の巣がある、とピンとくる。方々を見て歩くと必ず巣があるんで先見してくるわけだな。これは雪のある、一番発見しやすい三月頃がいい。そして、どこに行ってどうしてくれば来やすいと見計って、六月の中旬頃にとりに行くわけだ。鷹は三月の末から四月の初めにかけて巣を作る。交尾期は四月の中旬頃だ。鷹は空中で交尾すると書いてあるのを二回ほどみましたが、これは嘘です。事実、私は木の枝に止って交尾するのを見ましたからな。雌鷹は木の枝に止って、雄鷹が空中に舞っていて、そして雌鷹が羽ばたく、そうすると一直線に下りて交尾するのです。私は何回も見ました。

ところで、巣は楢、欅、栗、桂の大木に作るが、最初はそう大きい巣は作らねな。差渡し三尺せいぜい位のもので、下の方は太い木だんだん縮めて上の方は柴を置き、大体平らだな、中は少し窪んでいる程なのを作ります。それが人が触らねがったら毎年その場所に置きます。置いて適当だったら前年の巣にあげあげに積み上げて、一〇年位経ったら、殆ど畳二枚位の大きさ積み上げて、高さは一〇間位ですな、下の方は腐って、苔が生えて、どんなに雪が降っても、五尺降っても六尺降っても雪で落ちることなどないように作っておくものですよ。

三月の末から四月にかけて交尾して、四月の中間に卵を産みます。一個産んでそれが今年雄が生まれれば来年雌と、交代交代に産むのです。毎年違うのです。卵は二八日から三〇日間雌鳥が抱いて孵えします。雛が孵えって餌を食うようになると、一旦、口に入れたものをつまり温くして雛に与えるわけですな。だんだん成長してきて、雛がむっくり立つようになると、今度そのまま木の上から落します。何故落してよこすかというと、雛が食べたいために爪磨ぐわけだ、親にな。危険を防ぐために放してよこす。落して食べさせる。鷹の放し餌じゃ。それだな。そして、だんだん成長させるわけだな、それが約四〇日位で、すぐにもっくり立つようになる。それから二〇日間位でその子を育て上げる。その頃には、蛇、ばんどり、山鳥、兎などを一度殺してたべさせる。

巣立ちして親と三羽で空中に舞うまで二月かかるな。稲刈の頃には連立って空中で獲物を捕る訓練をする。空中で獲物を捕り、高みから落すわけだ、そうすると子が行って攫って、攫いかねると雌の鷹が行って、また落すわけだ。掴むことを教えるわけだ。

それで、次の年の三月か四月までに親と同じ大きさになるが、春の営巣が始まるまで一緒にいて、営巣が始まると縄張り内に子を置かんねわけだ。追い払ってしまう。その子供は一年二年で子を産むものではないから、少なくとも七、八年産まねわけだ。七、八年すると、どこかのと一緒になって縄張りを作るわけだ。

ところで師匠の矢萩さんのことだが、私が一九、二〇、二一才の三年間、私の家にいて鷹のことを教えてくれたが。その時は今と違って百姓が進まねがったので、大体六〇俵位だったが、年貢として米八俵、食べさせて着せて、何もさせずに鷹と遊ばせていたもんです。鷹はその時、三羽飼っていました。七兵衛さんと、父さんと、私と。矢萩さんが教えた大事なことは、鷹に愛情をもて、愛情があると鷹匠はできるということで、私は今でもそれを考えるな。ところが、三年過ぎて、師匠が俺は山へ帰るから後は自分で思う存分やれ、といって別れた。その方は、私の家から北海道へ行ってどうしたかな、わからねがった。矢萩さんからはさまざま教わったが、私はまだあの人の腕だけないな。

私があの人より良くなったのは、子供を育てる点だな。矢萩さんは子供をあまり育てねがった。雛をな。雛から育てるということはしなかった。山の、野性の鷹を捕って使う点だな。私がやっているのは、子供を捕って自分が真の愛情をもって立派な鷹に育てるということだな。その方が愛情の面からいったら強いな、私は矢萩さんより野の鷹を捕るのが下手であったし、今では殆ど野の鷹を捕る気にはならねしな。ただし、雛をとって育てること、今まで四〇匹も育てて、ひとつも殺したことないからな、ここがあの人より勝っているな。

（上）　昭和三八年一一月発行「藝能」

一羽の鷹を育てて、使うまでを語ると、仮りに六月に子をとるとすると、七、八、九、一〇、一一、一二、一月と、七ケ月。七ケ月かかっても本当の一人前にはなりませんよ、とる、というだけでな。次の年の猟期には大体一人前になります。鷹は私らが飼育して三五、六年、せいぜいそれ位、生きますな。ただしそれまで私はしたことないな。鷹も年取ってくると人間と同じて、ずるみが出てきて自分の気に喰わない処には行かなくなるし、そういうふうになると面白味がなくなる。だから、大体、一八、九のあとは放してやったりな、手元に置いて使うのは五、六才から一五、六才ですな。いまいる〝吹雪〟は八才、〝鳥海〟は三才で、〝鳥海〟は雌鳥で、もさっとしているがこれからです。

鷹を扱うので、一番難しいのはまず餌だ。天気の関係も難しいが餌が難しい。なにしろ、雛の場合だと可愛さのあまり食べさせるからな、食べさせると一人前のと違って口から出てくる程食べますからな、消化しないで胃袋につかえてしまってな、それが難しい。雛には生肉を与える。牛のでも馬のでも何でもいい。一回で二〇匁から三〇匁、一日に二回、朝八時、夕方五時、大体一定しているが腹の空かせかたが違うな。

鷹は、あまり食べ過ごして、脂肪気のある肉を食べて胃袋につっけらせたときがいけない。鷹によっては腹を空かすのと、そうでないの、食べ物をたくさん食べるのとそうでないのとがあるもんでしてな、鷹をみれば食べるか食べないか、からだのつくりでわかります、羽のつきでわかります。胸の幅の広い鷹がたくさん食べる。胸をこごめてみて、狭い鷹は胃袋の小さい鷹です。こういう鷹はあまり食べない。みばだけはいいですな、しゅーっと立ってな綺麗ですが猟に使う鷹には本当でないです。たくさん食べるのがたくさん獲物を捕ります。だいたい野の鷹は私らのと違って、子のいない時になると一〇日も一五日も捕らない。それを食べて腹の空らないうちは決して捕らない。兎一羽捕ると一週間位捕らないです、兎など肉も蔵物も食べます、最初頭を食べますね、目をつついておいて。鷹の中にも猟の上手なのと、下手なのといて、下手な鷹は兎を一羽、まるまる食べてしまう、食べ過ぎて飛べなくなる程食べる。そういうときに掴まえたこともありました。けれども猟の上手な鷹なら決してそんなことしない。もともと野兎は鷹の縄張りの中、朝の一〇時半頃、夕方だと三時半から四時の間、ある一定の縄張り内をまわるもんだな、獲物をたずねて。それを鷹はどの辺に兎がいたというと、木に止って二時間でも三時間でも、半日でも待っているもんです。じっと辛抱強く待っているもんです。

鷹は自分の胃袋で消化できないものは、毛とか骨とかそういうものは全部、玉にして吐いてしまうので、心配ありません。

さて、鷹は夏は相当体力をつけているので、猟に使う時にはその体力ではできないわけで、雪の来るまでに弱らせるわけだ。だんだん体力を下げるわけだ、絶食もさせる。二〇日間絶食させてゆったり食べさせ、また七日間任して、ゆったり食べさせ、五日、三日と減らして、そのうちに夏の体力が下ってきて、今度は本当に獲物を捕る体力になるわけだ。それを利用して、それ以上、上げもしない下げもしない。私の場合は一〇月末までにそうする。

私が毎年鷹を使い出すのは一一月の末からだけどな、本式の猟は一月。雪のある時な。だから寒くなるにつれて鷹をひもじくする。そのこつがわからねと捕れねわけだ。獲物を捕る期間になると、約二週間位それを捕る期間があるわけだ。その期間うち、だれが使っても実は捕れるわけだ。その期間が過ぎると体力が上ったものか、下がったものか一寸見当がつかない。そうすると捕らなくなる。自分の鷹を今まで食べさせねげ、捕らねべと、食べさせる。すると体力があるのに食べさせるから、あり過ぎて逃げて行ってしまう。今度は食べさせったげんども、肉が少量だと体力がなくなってくる。それで捕らね。そういう調節が難しいんで、それができれば一人前の鷹匠になれる。

それを見分けることができる。

何もこわいことはねえ、私ら、四五、六年も鷹匠していると、鷹の啼き声でもわかるし、第一に背骨、腹のところをさすってみて、体力のつき方でわかる。口の色でもわかる。体力のある時は口の中の赤色が桃色がけになってくるし、啼き声はキンキンとかな声で啼くが、衰えてくると掠れてヒィヒッヒーと啼き、きちんとしていた恰好も崩れて下ってくる。何しろ、あまり体力を落すと寒さに負けて殺すことがあるから気をつける。

若鷹を一人前の鷹に仕込む順序を語ると、最初は、つまり古い鷹と一緒に、小指位の麻縄を一尺位にしてそれを足縄にとめておいて、手に止るところから教える。

ここ（腕）に止めるには、高いところにとめておいて、ここに餌を置いて〝さあ、おいで〟ということ言わねんね、な。最初には来ない。来るまで接近して一間で来ねば三尺、三尺で来ねば二尺として接近して、始終繰返し繰返しして、遠くで呼ぶわけだ。それで手さ止める。餌食べるために手さ来るわけだ。だんだん、手さ止めて、手さ止まることをおぼえるわけだな。

次には、獲物さ突込んでくることを教える。

そうするには、高い木の上さ置いといて、はじめ、兎の皮とか猫の皮とか引っ張ってみるわけだな。ところが、生きものを見たことがないから、こうして最初見ていますな。もし、見て、来なかったらその皮の上さ肉置くわけだ。そこさ、突込んできて食べる。来れば食べてよいもんだ、とおぼえるわけだな。それからだんだん遠くしてな、今度は死んだ兎を置いてみる。そこさ突込んでくる。爪を立てて肉を食べるわけだ。百米、二百米と距離を長くして離してみる。こんど、大体、心配ね。と思った時に山へ連れて行く。

山へ連れていって、手にとめて、そこで生きものを追い出してみる。追い出してみて、獲物さ掴ませる。最初、ほら、今まで死んだものを締めでいたわけだ、今度はそうはいかね。生きているからな。始終、逃がしてしまうわけだ。皮だけは掴む。だんだん皮を掴み、皮をつみ、肉裂いで、血出して逃がしてやるようになる。そうして何回もしているうちに本当に掴えるようになる。馴れできて。

一匹でも二匹でも、本当の獲物を掴んで捕ったとみた時には三時間位そのままにしてやる。そこで喜こんで雀って食べてしまう。その時は充分、そこで食べさせる。それは、そうして捕ると充分食べられるということを鷹に教えるわけだ。さあ、今度は、どんどんと行って捕ってくる。まず、逃がすこともするがこれで訓練はできたことになる。けれども、鷹は最初の獲物を充分食べたから、次もそうしようとする、で、次、捕る時は餌箱を下げて行って、餌と獲物と交換するわけだ。はじめ二、三回はいやがる。しかしそれを繰り返すと自分はこうされるものだとわかってくるものだ。餌と交換するようになる。鷹が獲物を抑えているときに鷹と向い合って両肘をつん、と締めると放するのだ。

獲物は主として兎で、これは温和しいものです。たまに、狐、狸、雉子。狐は強くて向ってきます。そういう抵抗の強いものへの突込み方は、全く違うものです。

今でも私は鷹を、猟の時には一貫目位ですが左手にとまらせて、雪の中を三里や四里は歩きます。いまは年で、この通り殆ど目が見えなくなりましたから獲物をみつけるのは鷹ですよ。しかし、それもな、矢萩さんから聴いたものだから、お天気によって、今日はどこにいるとか、足跡がどこに行って、どうしているか私はわかりますから、兎の足跡を見なくても今日の天気は風だか雨だとか、ありあんすな、そんな時、どの辺の、どこの山にいるか頭にあります。それでそこさ行きます。私が目見えなくとも鷹が見つけます。見つけた時の鷹は力の入れよう、羽の飛びようが違うのでわかるだな。もういいと思ったとこで〝それっ〟と声をかけて放してやる。

空の高いところを野の、鷹が舞っているのは、餌を捜しているので獲物を追う鷹は自分より下へ下へと追うわけで、私らの鷹は尾根より高いところ舞うことはないわけだ。

鷹匠として今、私が一番力入れてるのは、雛は育てたが、卵から孵えしたことはないだ。ところが、今年、鷹の小屋に雪囲いしてな、雪囲い全部藁でやったなよ、鳥海（雌鷹）がその藁を集めて巣作り始めた、これは面白いもんだというんで、今度、柴を突込んだなよ、そしたら、どんどんと巣を作り始めた、そして巣だけ完全に作った。けど、雄鷹は使っているものだから交尾の気配がなかったもんな、だから今年は雄鷹は使わないでいて、体力をつけさせて、交尾期には一つにして、ぜひとって思っている。オオタカを使っている人は茨城県あたりにもいて、まだいるだろうが鷹の中で一番大きくて荒いクマタカを使う人はないものだから、ぜひ、家で孵った鷹を育てで、使ってみたいと思うんですな。

（下）昭和三八年一二月発行「藝能」藝能学会より転載。

野村純一が真室川採訪を行った最初の報告である。

「口語り」とは

野村　敬子

「口語り」とはあまり聞き慣れない言葉に違いない。『広辞苑』には「口語」くちがたり──「浄瑠璃または唄などを三味線なしに語りまた歌うこと」とある。しかしここでは口承文芸に関わる新たな語り動態を表す語彙として扱っている。

すなわち造語である。その出立について記してみたい。

この語彙の初出は昭和三八（一九六三）年雑誌「藝能」藝能学会の「鷹匠口語り──沓沢朝治翁・述（上）（下）──」野村純一の報告である。翌年「山形新聞」に転載されたこともあって、真室川中学校長の新田豊治『鷹匠口語り』秋田県の野添憲治による「鷹匠口語り」などと、野村の事例を踏襲して、鷹匠の人生譜を語る言葉を聴き書きした出版物が見受けられた。

その聴き取りの原動力は録音機の導入にある。声の録音、再生、翻字が口承文芸研究の内質を大きく変えたが、人々の内発的発信を受けとめる「口語り」にも可能性を運んだといえよう。当時は六〇年安保のほとぼりの醒めやらぬという時代であった。私事になるが、私は昭和三八年に野村純一と結婚した。鷹匠は山形県最上郡真室川町関沢の沓澤朝治さんである。その地は私の郷里でもあり、聴き取りの場には私も同行して翻字の作業も担当した。

採訪での夫婦間の話題は岩波書店の総合雑誌「世界」に掲載された開高健の「サルトルとの四十分」であった。サルトルに質問状を出してフランス人通訳に答える姿を観察するルポルタージュであった。その作品は後に岩波新書『声の狩人』として出版されている。口承文芸の学びでは対面して声を聴く相手に対して「声の狩人」には成り得ない。狩人とは相手に弓を引き、銃を向ける。声を聴き、観察して文字を駆使して対象に迫る記載文学と、声を交わし、聴くことで相手の内質世界をどこまでも受容する対面文芸の違いを如実に知るところとなった。

語り手の発信を受け止めるべく、野村は「口語り」という口承文芸語彙を造語した。従前の日本文学や民俗学では収まりきれない内質世界を感じての造語であった。

この言葉について永井義憲氏から好意的なアドバイスを頂いた。

永井氏は「説話文学会会報第十二号」昭和四〇（一九六五）年一月三〇日に「あからさまに言うと、口語りを意識して書かれたメモはあるけれども、口語りそのものの痕跡はでてこないと思う。」

「口語り」の語彙を用いて、仏教文学の座談会でお話されている。口語りの語彙はその後池上洵一氏など仏教説話研究においても用いられている。

幾分ニアンスは違うような気にもなったが、語彙を活性化していただいた感謝の念を記憶している。「口語り」の語彙を想起した背景にはいくつかの「かたり」をめぐる経緯もあった。

ちなみに江戸時代の村田春海（一七四五～一八一一）の残した言葉にも通う境地があると、二人で話あった記憶がある。

「かならず古にも泥まず、また後の世にもおちず、我と得たるふしを、よみ出むこそまことの歌なれ」という「歌がたり」の、形式におもねない香高い境地、新境地が古いものを手放していく潔さに共感した。村田晴海の「まことの心」における表現世界の明快さに傾倒したものであったかもしれない。それだけ、生活者の心の言葉を聴く営みは未生のものであったということに外ならなかった。その未生の世界に存在感を与えようという意識が「口語り」造語となったと理解して頂きたい。そこには特有の時代性もあった。

当時は「民話」の語彙が国語辞典に収められるなど、新しい言葉に対する特有の時代感覚があったように思われる。言葉の上に創造する未知の道程についての意味付けや、可塑性に富む新しい表現文化を探る時代性を知るところである。採訪中の私は未生の表現文化との出会いに、文芸史、文学史の文脈が大く変わり始めた予感に身震いするような状況にあった。恩師・臼田甚五郎先生が「実証・実感」の教えとされた語り手の言葉を聴く営みの中に、口承文芸の未来を夢見た頃でもあった。野村純一にそれ以来、「口語り」の仕事は見当たらない。しかし私はこの領域にこだわり続けている。東京都渋谷区制七〇周年記念『渋谷むかし口語り　区民が紡ぐ昭和』（平成一五年　渋谷区教育委員会）『語りの廻廊』所収「口語り　前原トヨさんの語り」（平成一〇年　瑞木書房）「星砂の島　一三号」所収「前新トヨさんの口語りに寄せて」（平成二三年　全国竹富島文化協会）そして『栃木口語り　吹上　現代故老に聴く』（平成一一　瑞木書房）など、生活者の心意を生きた言葉で聴く試みがある。

『江戸風鈴　篠原儀治さんの口語り』（平成二六年　瑞木書房）では篠原儀治さんの生活史を語る声、口承に横溢する心意を内在させた言葉をめぐる出会いを振り返りながら、筋書きの無いドラマの「口語り」、その可能性について考えてみた。そこには「歴史は如何に何のために誰に向って語られるか」を訴えかけてくる強烈な想念がある。

佐《さ》藤《とう》陸《りく》三《ぞう》さんの従軍記録

野村　敬子

陸三さんという方

奥灘久美子さんの記された佐藤陸三さんの昭和時代について記してみたい。

真室川町安楽城郵便局長の佐藤陸三さんのところに私は、國學院大學に在学中からよくお訪ねした。郵便局の二階には民具や雑誌がたくさん収集されており、宿題レポートを書くのに便利であった。ある日、絵入りの手描き資料を見せて下さった。ハルマヘラ島従軍の時に書いた軍事文書だという。子どもの遊びと、漁撈の資料であった。

このことから彼が戦争中に唯一戦闘の無い南洋の島に従軍していたことを知るところとなった。東京学芸大学での「南太平洋関係」シンポで扱った佐藤陸三さんの姿をここに再びのものとさせて頂く次第である。

佐藤陸三さんは南島ハルマヘラでの従軍体験を持つ。昭和三二（一九五七）年に私は山形県最上郡真室川町安楽城郵便局で局長を務める陸三さん（以下この名称）と初めて会った。当時珍しかった単身赴任者であった。それについての素朴な問かけに対して「マラリア治療のため故郷に帰った。故郷から、そのまま何ごとも無かったように家族のもとに帰ることはできなかった。戦争とはそういうものだ。故郷から出征した兵士たちはニューギニアでほとんど戦死した。私はすぐ近くのハルマヘラ島で生きて帰還した。それは偶然であったかもしれないが事実であった。一時と思って引き受けた郵便局が一生の仕事になった。民俗調査のようなことは戦争中に、東亜経済懇談会に勤めて覚えた。

調査が仕事であった。南洋の島に行ったのもその仕事であったので、自己流ながら調査をした。国の命令と思っていた。今は自分の趣味で島の延長のような調査をしている」と話されたことを記憶している。当時学生であった私は陸三さんという人物、その苛烈な生きざまに圧倒された。昭和二〇年八月一五日の「終戦詔勅玉音録音放送」や一七日の「陸海軍人に隠忍降伏の勅語」が佐藤陸三さんの終戦にはならなかったと理解した。

当時、佐藤陸三さんは生れ故郷安楽城のわらべ歌の調査をし、保存継承のために情熱を傾けていた。その事蹟は現在も保存会によって検証されている。後々、昔話、早物語、方言など口承文化の精力的な調査もされている。その一部は平成一八年『安楽城の伝承―佐藤陸三さんの語り』（武田正編）等として東北文教大学短期大学部民話研究センターから再生出版されている。

採訪の折々、私は安楽城郵便局二階に陸三さんを訪ねたが、或る日思うことあって、南洋・ハルマヘラ島の調査資料『豪州戦線ニテ編ム　南方遊戯誌』『南方漁撈誌』を見せて頂いた。そして「自分は製糖業界の大人物の強い薦めで農業調査のため南方に従軍した。しかし言葉が通じないので、先ず子どもの遊びや男たちの漁労を見て記した。マラリアに罹り、帰還後も病癒えず故郷で静養しているが、まだ完治しない。遊んでいることも不本意なので、兄が追放で公職に就けない自分の生まれた屋敷にある特定郵便局長になった。この資料は自分の勤めていた社団法人東亜経済懇談会に提出するものであったが、終戦でそのままになった」と述懐されていた。東京学芸大学、シンポジウムでテーマ「南洋」を扱うことになり、その記憶が甦った。ご遺族のご理解をいただき従軍記録全コピーを頂戴した。加えてご長男・佐藤眞弘さんの作られた「佐藤陸三経歴」も添えて頂いたので次に紹介させて頂く。

一九〇八（明治四一）年三月二二日、山形縣最上郡安楽城村に父忠雄、母トシの三男として生れる。早稲田第一高等
学院を経て早稲田大学政治経済学部経済科を卒業。

新聞学院を終えて雑誌新聞記者生活を経験。社団法人東亜経済懇談会に就職。記者として全国を巡った。

一九四三（昭和一八）年一二月に応召。インドネシア・ハルマヘラ島で二等兵生活を二年半。戦地でマラリアに感染。復員後、療養の為帰郷。

一九四七（昭和二二）年一一月から特定郵便局長に就任。

南方の孤島で興味を惹いた現地人の習俗の個人的調査を、母国の谷間に移して、民話、童歌などの収集と保存を趣味として、ガリ版刷りの小冊子「あらき」を編む。

一九五二（昭和二七）年一一月大蔵省主催全国こども銀行指導者研究協議会が郷里で開催された際、地元資料として参加者に配付、大好評を得る。

一九五七（昭和三二）年、未来社『みちのくの民話第二集』に掲載。小冊子「あらき」がもとで、NHKから数回にわたり「安楽城の民謡童歌調査団」が派遣され、武田忠一郎氏により採譜。

一九六〇（昭和三五）年一一月二五日に、日本放送協会発行の『東北民謡集』山形編に一五〇編が掲載された。

一九六二（昭和三七）年「安楽城の童唄保存会」と「安楽城小学校」が提携して、「安楽城童唄合唱団」が誕生。

一九六三（昭和三八）年には「山形県安楽城の童唄と民謡」のタイトルで、第一八回芸術祭参加作品として日本コロンビア・レコードよりレコード化された。

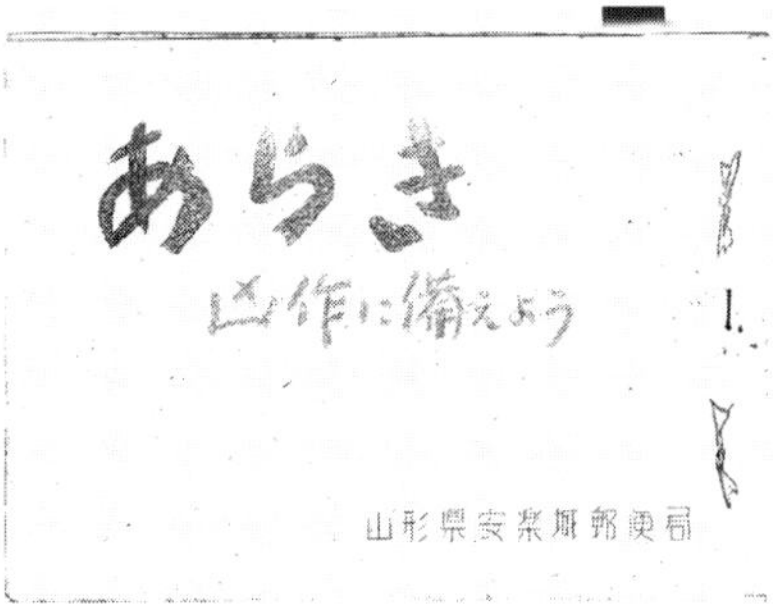

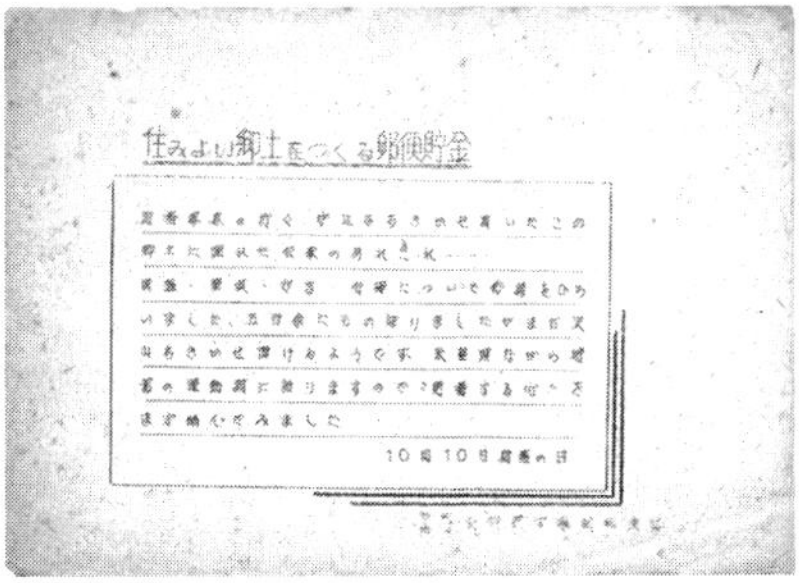

一九六七（昭和四二）年九月三〇日、国立劇場大劇場で開催された「第二回民俗芸能公演」に佐藤エン、佐藤ミヨエ、佐藤房義と「あがらしゃれ」で共演。
一九七三（昭和四八）年九月三〇日藍綬褒章を受章。
一九七五（昭和五〇）年、リタイア後は千葉県茂原市に移住、土地の民話などに関心を示しつつ自適な生活を送っていたが、一九九二（平成四）年三月二五日に死去、八四歳。

南洋の島ハルマヘラにて

佐藤陸三さんが出征したハルマヘラ島 Halmahera は東部インドネシア、モルッカ諸島の北部に位置し、北緯二度一四分、南経零度五六分、東経一二七度二分から一二八度五二分一五秒、面積は四国ほどで二万㎞。周辺の島々を含めると約二二万人。もともとは本島にジャイロロ王国が形成され、後にテルナーテ王国、ティドーレ王国、バチヤン王国が生まれた。一四世紀から丁子の貿易。焼畑によるサゴ、バナナ、タロイモの栽培。

ハルマヘラ島は太平洋戦争で戦死者の出なかった島である。池部良著『ハルマヘラ　メモリー』（中央公論社　平成九年）を読むと太平洋戦争末期の南洋事情が知られる。ニューギニアに向かった軍艦が襲撃されて沈没、救助艇に助けられた兵隊たちにハルマヘラ行の命令が出た様子である。当時、ニューギニアの戦線は壊滅状態で制空権、制海権を失い孤立していたが、この島で山形県（雪部隊）の兵隊たちが多数戦死している。それについては「ますらたけおの昔話―ジャングルの語り手　新田小太郎さん」など自著『語りの廻廊』（瑞木書房　平成二〇年）に記した。

陸三さんの南洋行きは勤務先東亜経済懇談会からの命令で、兵隊と同じ出征ではなかったという。しかし船に乗ってみると単なる二等兵の扱いであった。戦友会には大阪など西の住所が並んでいる。本籍地からの出征とは明らかに異なる事情にある。陸三さんにはハルマヘラ島の調査という大きな使命が課せられていたのであった。暫く二等兵の訓練を受けながら、調査派遣であることがわかるまで、豪州戦線最前線基地として飛行場建設に従事、毎日畚《もっこ》担ぎをしたそうである。

陸三さんの任務は東亜経済懇談会の職員として、南洋ハルマヘラ島の農業事情に関する調査であった。アジア太平洋戦争期の南方占領統治については榊原政春の『一中尉の東南アジア軍政日記』（草思社　平成一〇年）や『久生十蘭「従軍日記」』（久生十蘭作　小林真二翻刻　講談社　平成一九年）医学者・木下杢太郎『インドシナ紀行』に知るところである。陸三さんの派遣には南洋新開地ハルマヘラの農業問題の調査という、東亜経済懇談会の初期的ながら最も深い願望と目的とが内在していたことが考えられる。戦争がまだ続くと見立てての派遣に違いない。昭和一四年の東亜経済懇談会名簿に拠ると、会長・男爵　郷誠之助のもとに日本、満州、蒙彊《もうきょう》、華北、華中の本部長を置く。顧問に伯爵・酒井忠正、賀屋興宣などの名前がみえる。構成員、参与には日本商工会議所会頭以下銀行、会社関係などが列挙され日本の経済界を席巻する巨大な構造を読み取ることができそうである。東亜の名の示す如く、当初の懇談会は満州中華問題が主眼であったが、次第に北では為しえない事業のために「日本の南洋」が次なる農業課題となっていたのである。

それではその南洋についての当時の言説を柳田國男に求めてみたい。一九二〇年代に国際連盟の委任統治が割り当てられ日本は南太平洋のマリアナ諸島などを獲得していた。

昭和一七年五月　**故松岡静雄氏追悼座談会記録**（柳田國男全集　三四）

あれは（日蘭通交調査会）松岡といたしましてはかなり身の入った部分だと私は考えおります。ちょうど内南洋に最初の軍政署というものができまして、初代の署長としてそこにおりました。（略）ただ今大東亜海と名附けるがいいといっておられますあの海を、日本の湖水にしようということでかなり苦心をしたことであります。

（略）パラオを日本式生活の中心にするという一つの理由として、熱帯地経営の上から、どこかに台所みたいな、または涼み台みたいな所を持たなければならぬということをいいました。松岡もやはりこの一つの必要観からニユーギニアというものに着眼していました。しかもそのニューギニアは日本からはまっすぐ南、同じ経度線の上の少し外れているような所で、一番行きいい所です。これを全くうっちゃっておいて、そうしてただいたずらに他の繁盛の地に着眼してもしようがない。どうかしてああいうところへ日本人を、余っているならば余った人間を、やるようにしなければならぬというようなことを考えておったようでした。少なくとも私はそういうふうに信じて、初期の日蘭交調査会の仕事を授けたのであります」「江川という青年がハルマヘラに行くので適当な所を選ぶことにさせようということになったのであります」

文中の江川という青年は柳田が序文を書いた『ハルマヘイラ島生活』（南洋協会　大正一〇年）の著者江川俊治である。「島」にも「ハルマヘィラで陸稲を作って居た友人の江川」とある。柳田の南島ハルマヘラ島への時代的関心ゆえに序文を贈ったものとみられる。その江川は『ハルマヘイラ島生活』で「拓南の父」と称されたが、日本の人口増加に対応する米作り、加えて南島でバイオ燃料確保の必要を力説している。

陸三さんが東亜経済懇親会の農業部門から命を受けたハルマヘラ島調査には、当時のハルマヘラ島への米作り、バイオ燃料・砂糖黍作りの期待を読み取っていくことになる。製糖業界の大人物に背中を圧されての南島行きということからは、当時の砂糖黍作りからのバイオ燃料、東亜経済懇談会が満州では為し得なかった事業の南島での展開を想定したものであろう。

これら日本の期待とは遠く南洋上は修羅と化していった。陸三さんが出征した昭和一八年一二月は既に東ニューギニアの連合軍上陸で南洋は厳しい状態にあった。九月三〇日の御前会議で「絶対防衛線をマリアナ、カロリン、西ニューギニアに撤退すること」にしていた。一〇月一〇日には東ニューギニアのラエを放棄、一〇月二二日「最期の

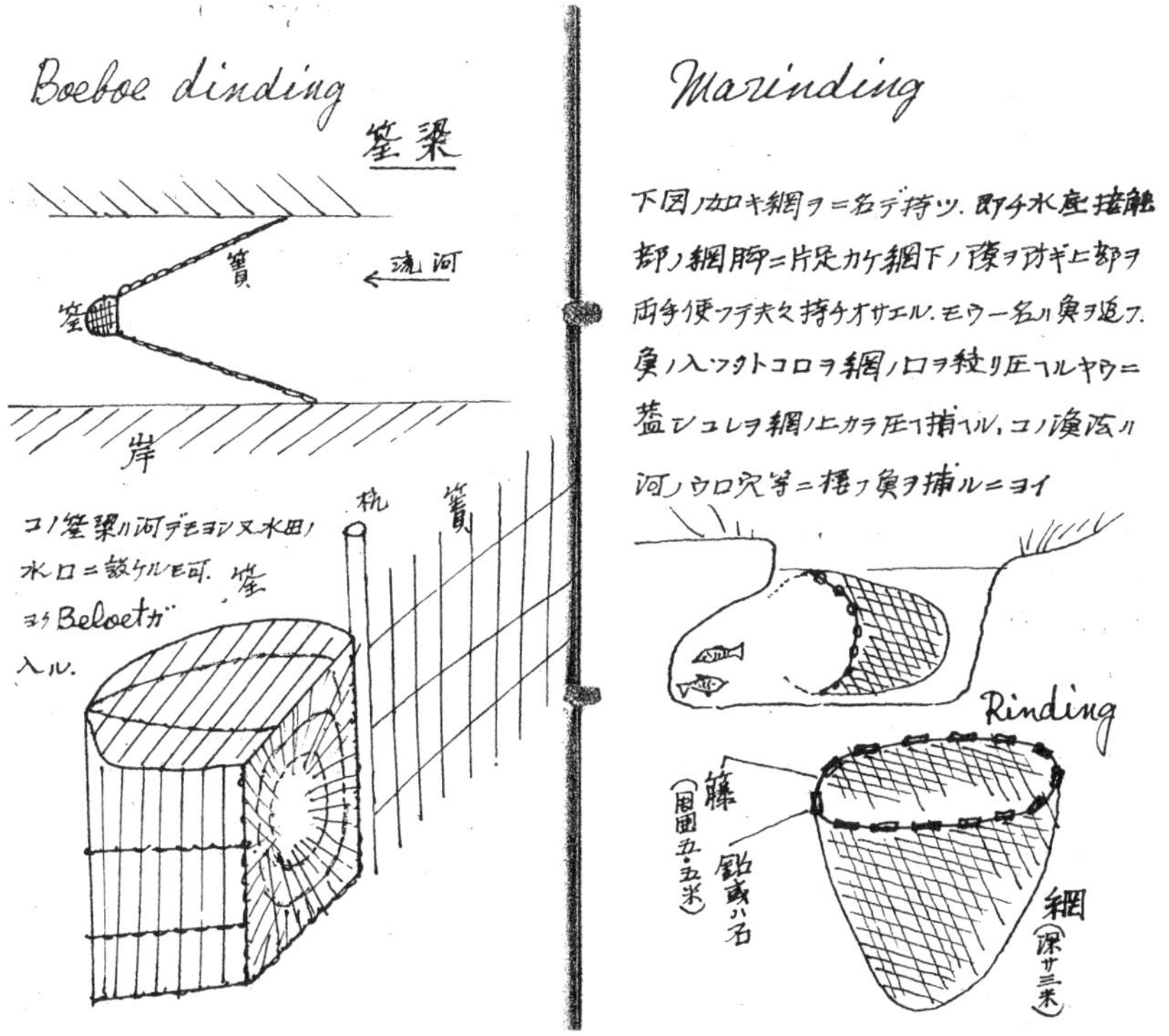

「漁撈誌」

護りとしての西ニューギニア防備強化のために満州より大兵力を転用決定」している。しかし連合軍は二三年一月二日にニューギニアグンビ岬に上陸。日本から一番行きいい所と期待した南島は白骨に埋もれる悲劇の島と化すことになった。当時のハルマヘラは豪州戦線最前線、手付かずの南島として期待され、農業開発問題を扱う陸三さんへの調査命令もそこに目的が置かれていた。

しかし調査はほとんど不可能であった。言葉が通じない。島には全く異なる二つの言語グループから成りたち、北部ハルマヘラ言語グループ（パプア系言語）と南部ハルマヘラ言語グループ（オーストロネシア語族）からなり、前者は一〇の言語、後者は七の言語から成っている。島民と意志の疎通をはかることはとうてい叶わなかった。まず、共通語的なバチヤン語らしきものを覚えようとしたが、なかなか難しい。東亜経済懇談会に提出する調査

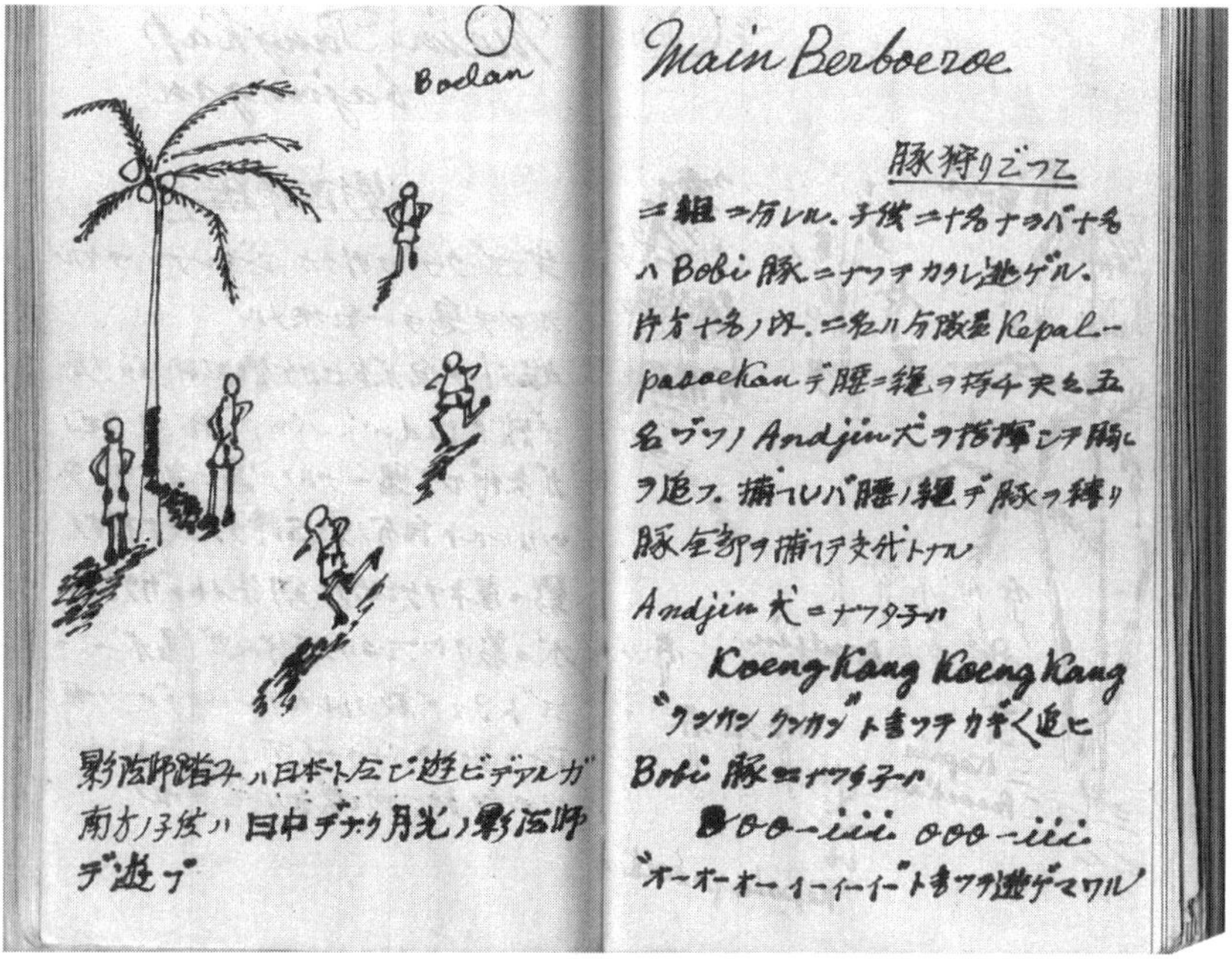

「遊戯誌」

表　紙

は全く手付かずじまいであった。しかし島民を観察し続けるうち基本的な認識を子どもの遊びにたどることが出来るのではと思うようになった。

子供の手足の動き、顔の表情、声を追い記録するうち「遊戯誌」となった。その記録は「豪州戦線にて編む」とあるものの、子供たちを観察する陸三さんの眼差の優しさに注目したい。男たちの魚を捕獲する手際を丹念に追い、手真似足真似で通い合うコミニケーションをはかり、「漁撈誌」を記録した。提出を考えて整備して帰還にも特別の注意を払ったという。

東亜経済懇談会

佐藤陸三さんは早稲田大学卒業後、新聞学院を経て、早稲田式速記を身に付けて新聞記者として働いていた。昭和一二（一九三七）年のある日、山形県安楽城村から長兄が上京し、生家「与衛門家」として東亜経済懇談会に就職を決めたから行くようにと命じられた。当時、家の命令は絶対であったという。村一番の旧家とも言われる「与衛門家」は東京に家を持ち、一族の子弟たちの遊学及び就職の拠点としていた。「与衛門家」は太平洋戦争中に東亜経済懇談会の参与など名家子弟の疎開先となって世話をしたそうである。陸三さんの就職も単なる家や長兄の意志では無かったかもしれないという。

陸三さんは東亜経済懇談会に就職したが、その仕事は全国各地を廻って行う人口動態調査であった。満州に送り込む、柳田國男の言葉で「余った人」の調査であった。山形県は石原莞爾（「世界最終戦争」）、大川周明（「特許植民会社制度に関する研究」）、小磯国昭（「葛山鴻爪」）の出身地であり東亜問題・満州熱の盛んな土地柄であった。とりわけ石原莞爾の個人崇拝者が多く、新庄最上地方は石原の「東亜研究会」拠点で多くの満蒙開拓者、少年義勇軍を送った土地であった。東亜経済懇談会への転職命令もその東亜熱から及ぶ波動であったと陸三さんは理解して従ったという。そして信州、広島、東北各地で満州開拓のための人口動態調査をした。

陸三さんの仕事として記憶に残るものがあった。自らを含む速記記者三人で「第一回東亜経済懇談会農業部門議事録」を記録しているという。「終戦で、すべての記録は失ったと思うが」と陸三さんは遠い日の誇り高い記録者の思い出を伝えてくださった。

国会図書館に「東亜経済懇談会第一回大会報告書」が残されていた。佐藤陸三さんたちが記録されたという「分科会（農業）議事録」昭和一四年一二月六日午前九時三〇分からの記録を読む事ができた。

日本本部理事が開会、周班・華北本部長代理が石黒忠篤を座長に推す。座長・石黒はその後「満蒙開拓少年義勇軍建白書」を書いて国会に出した産業組合中央金庫理事長である。（戦後の日本民俗学会発会で柳田國男が顧問を依頼した同一人物と知り、少なからぬ驚きを覚えた。）

発言者の中に満州移住協会理事長大蔵公望の名前もある。農業分科会は満蒙の農業、農作物、養蚕、水産物、満州移民問題を扱ったが、そこでの各発言者の言説全ての記録である。この記録制作に陸三さんが関わったと思うと、彼のハルマヘラ行きの使命、拘束の大きさを認識させられる。この記録には東亜経済懇談会を構成する人間山脈とでも言い得る、顧問、常任委員、参与の名前が見られる。また当日出席者の一覧もある。そこには金融、経済界、内閣総理大臣初め官庁関係、外務省、内務省、大蔵省、農林省、商工省、逓信省、鉄道省、拓務省、海軍省、陸軍省、憲兵隊、参謀本部、内閣情報部、満州国政府、満州国本部、中華民国維持政府、蒙彊本部、満支蒙関係者も連なって、如何に国家的大がかりな集会であったかが窺がわれる。その四年後、東亜経済懇談会は満州から南島に視点を移して農業や移民を考える必要に迫られたものという。それまで農業問題調査に当たった陸三さんに、砂糖黍栽培現地調査を命じた製糖業界の大人物は、藤山愛一郎と知られる。藤山は陸三さんとは結婚の仲人など、個人的付き合いのあった人物と聞いている。大きな国家的計画基礎調査の最も先端的な、しかし極めて内面的人脈と知られる。名簿で確認すると藤山愛一郎は東亜経済懇談会常任委員で日本糖業聯合会理事長である。そこでの関係性は納得できる。戦後の陸三さんが郵便局長時代に、当時政治家になった藤山愛一郎の薦めを受けて国会議員選挙に立候補を打診されたりもした。家族の猛反対で断念という個人史からも両者の関係性が見えてくる。

農業分科会で移民を扱った大蔵公望はその後、南洋にも時代の切要を提示したが、そのあたりの風向きも大きかったのであろう。『大蔵公望日記』によると一九三九年東亜研究所を設立「軍事的進出ニ即応セル五部構成」の中で「南洋第一班、二班」を置いている。

終戦で陸三さんは任務を解除されたが、その後の人生はマラリア発病などハルマヘラ行が大きくのしかかり、全ての起点となったようである。

ハルマヘラの昔話「片身人間」

佐藤陸三さんは軍隊と一緒にハルマヘラに入り、身分が明らかになってからは派遣調査員としての期間を観察記録の為に費やした。終戦で捕虜となり、英語の出来た陸三さんは通訳を務めた。

日本人の家で働いた老人から昔話を聴いた。聴き覚えのある昔話であった。紙が無いのでトイレットペーパーに書いた。それは帰国後にすぐ記録したが「片ぴら子」の昔話であった。「バダシナン」といった。「眼鼻耳など足も手も一つしか身体がない子の冒険を扱うものであった。その子どもが遊びながら砂の上に角のある馬を描く。描いた角のたくさんある馬を捜す旅をしていく男の子の勇気を語る」その旅の片身人間に刺激されてという。

「シ・アジ・バヒル」も同じで「書いた馬を本当につかまえたのでご褒美を貰った」という内容であった。

私はその後の採訪でこの「片身人間」を探した。意外に近く、私の郷里、近隣の富樫豊クラ夫妻が語り、姉のイネさんが記憶していた。陸三さんが記憶していたように、真室川には伝承者があることを知った。富樫豊、イネの家・新町八兵衛にこの昔話の語りがあり、当家は葬儀を神道で行う神信心の家であった。修験道系のお山参りの先達をつとめ、お行籠りにはヒビキという特別な火護り役をした家であった。それについては「修験道影響下の語り手富樫豊」『真室川の昔話　鮭の大助』に記した。豊の従妹で妻のクラの語りを次に記す。

片身人間

むがし、むがし。やまの中で兎捕りいだけど。夫婦でな、うんと山の兎ば上手に捕るけど。ある日な、妻が一人で留守番してたれば「婆、おら飯喰で」いうものが来た。見ればあずんたなよ。人のようでも人でね。次の日も来るもんで夫まだそれば撃って殺したけど。ほうしているうじ、妻が腹大きぐなって、妊娠したもんでな。産み月になってみたれば、どうも水子半産、流産続くど。何度も水子だけ。それはな、片ぴらこの人、ほれ、片方。

人間が出来上らねばな。ほうだ、目も口も手も一つ、足も一つで、半分の子よ。あまり不思議したもんで、巫女がら占ってもらった。すっと「これは生き物殺したさだべ」て。ほんで、夫は兎捕りば止めで。「百姓になるさげて、どうが子ば授けてけろ」て。して、まだ腹さ子が入って、産してみだら片ぴらだ子よ。それば「ほんねば、この片ぴらの子でも授かり子ださて、生してけろ」て、頼んで。おりぬがんね。間引かんね。片ぴらこと名附けて。片ぴらこ大きくなって、巡って歩くようになった。父親も法印になって、巡国するど。ほして粟《あわ》だの米だの恵んで貰ったもの笈の中さあった。それでお山で「それで一時餅搗いて食わせたら良い」と教えでもらった。そうしてやっと片ぴらこの手、足、耳、鼻、眼が半分出来で人になったど。やっと一人の人間の姿になって、両親と暮らしたど。

（富樫クラさんの語り『真室川の昔話』所収）

『みやぎ民話の会叢書第六集　栗駒山南麓の昔語り　むがす　むがす　ずうっとむがす』にも同様の昔話が佐藤玲子さんの語りで「片かばねの女の子」として収載されている。

この昔話は佐藤さんが亡くなられた後も仙台市「せんだいメディアテーク」で映像記録として遺されて聴くことが

出来る。ヤン・ドウ・フリース編『インドネシアの民話―比較研究序説―』（斎藤正雄訳　関敬吾監修　法政大学出版局　昭和五九年）所収「片身人間　シ・アジ・バビル・バヒル」「片身人間の冒険」が所収されている。インドネシアにかなり広まっているものと知られるが、後者はハルマヘラに伝承されているタイプという。陸三さんが聴いたハルマヘラの資料が平和な時代に蘇り、まぎれもないアジアの中の日本を認識させられる。その巻末「インドネシア民話比較対称表」（関敬吾作成）「五五　片身人間の冒険」には註として「片ぴら子」が記されている。陸三さんが運んだ一話に覚醒させられた資料である。

陸三さんが日本で聴き覚えがあったと発言されたことからも知られるように、日本各地には同様の伝承が存在する。たとえば吉野伯母が峰山などには片眼、片足の半身の一本ダタラという怪異を語り継いでいる。呼び名が異なるものの「片身人間」と共通する。野村純一は「一眼一脚の消息―「山姥と桶屋」の素性」には「説話の始原・変容」としてインドネシアのバダシナンとかシ・アジ・バビル・バビルの例を引きつつも、直截な事例とは見て居ない。これらアジア伝承にはギリシアの「片身人間」の例を視野に入れた地球規模の思索も求められるのであろう。陸三さんが南洋から運んだ児童たちの遊戯誌や漁民の技術観察などの観察記録には、平和な時代を迎えて、新たな研究課題として地球規模における「伝承の固有と共通」を問う視点が明確に示されていると思われる。

陸三さんの御長男眞弘さんが平成二七年五月に亡くなられたと奥様の征江さんからお知らせを頂いた。「南方遊戯誌」のコピーをして下さったり、茂原に案内して下さったり、数々のご親切に感謝申し上げる。

茂原に保管されていた資料が近時、ご親族の手で真室川町安楽城に運ばれたという話を耳にした。陸三さんの故郷への想いが結実することを願っている。

高橋重也さんに聴いた満蒙開拓青少年義勇軍

野村　敬子

老いて輝く

平成二八（二〇一六）年二月一六日。私たちは山形県最上郡真室川町の温泉施設・梅里苑にいた。ほとんど毎年行っている旧正月の昔話採訪の常宿である。そのむかし二二九年前菅江真澄が仙台領徳岡の村上家の囲炉裏端で昔話を聴いたのは正月九日、ちょうどこの日である。「雪はこぼすがごとくふりていと寒ければ、男女童ども埋火のもとに集ひて、あとうがたりせり。」と『かすむこまがた』に記しているが、奥羽山脈を挿む真室川もまた同じくこぼすがごとく降り続く雪であった。雪晴れの夕刻は光の雫の中を、匂やかな牡丹雪がふんわり舞って、四泊五泊する間に降積む雪は「今年は雪が少ない。例年の半分」という人々に豊年の貢という予祝になり始めているようであった。

雪の中を高橋重也さん、シゲ子さん御夫妻が訪ねてくださって「こうゆう日こそ昔語りの日と喜んで来やした」と、「笠地蔵」「娘の助言」「茸の化けもの」「甑山《こしきやま》のむかし」など代りあって語っておられた。初めて出会った時以来の端正な語り口がお二人に蘇って二八年の歳月が幻のようでさえあり、とりわけ、ご病気がちと伺ったシゲ子さんは生き生きと輝いて見えた。人の見事さ、老いてこそ耀く語りの胸にあふれる感激に突き動かされて、不覚にも聴き手の私は涙があふれてならなかった。重也さんは別れ際に「一生懸命に聴いてもらって、シゲ子も私も昔のように語ることができて良かった。今日は二人真室川温泉で最終バスまでゆっくり過ごしていきますから、送って貰わなくてもいいです」とおっしゃった。いつも梅里苑での語りは温泉に入って頂いてから「真室川昔話を絵本にする会」の遠田且子さん、佐藤喜典さん、佐藤保さん達が語り手を自宅までお送りしておられた。路線バスの廃止、語り手の高齢化で運転免許の返上、ふるさと創生昔話追跡二八年目聴き取り事情には「絵本にする会」の方々のご協力なしではこの地の採訪はもう叶わないところまできていた。それであるからこそ、大事な大事な出会いなのでもあった。

この日重也さんとシゲ子さんは私たちは運が良い。仙台空港から北海道へ家族旅行に行った日、あの東北大地震災。車を置いて飛行機に乗ったので何も知らずにいた。帰ったら車は津波で流れていた。運命でしょうな。戦争も運が良かった。招集されて雪部隊に入ることになったが、訓練中に終戦。私は運が良かったようです。でも弟は違った。と満蒙開拓青少年義勇軍に出征した弟・重男さんの思い出話をされていた。「義勇軍と聞いても現代の人にはもうわからないが、野村さんは違う。何時も重男を拝んでくれる」と、昭和一〇年代の記憶を辿ってくださった。

高橋重也さん

「俺達は二〇歳になるっていうと、兵隊検査があったもんだ。まる裸でよ。甲種合格。お国のために働くことが男の誉と教えられたもので。中には兵隊になるのがやんだどんて、尻の穴に梅干しの種挟んで、痔だどんて胡麻かすなあったもんで。そゆうことが知れたら大事。ぶっ叩かれて、無事にはすまねがった。私は太平洋戦争が始まってからも、長男だちゅうごんで戦地に行くことはちょこっと免除されていた。お国の食糧を作る仕事で。ある時、尋常小学校に通っていた弟の重男が学校の担任の先生から「おまえは親父どのからハンコもらってこい」て紙ば渡された。それは満蒙開拓少年義勇軍の出征申込みの用紙だった。義勇軍は男の子の親孝行といわれて。

「国民が愚かで弱いから負けた」東条英機が言っていたそうですよ。国民を何だと思っていると、ここいらの年寄りは言っています。

ご家庭に語り手をお訪ねすることを控えるようになって、昔話の聴き取りは公共

重也さんとふるさと伝承館で

の集会所などで行うようになっていたが、差首鍋大平の高橋重也さん・シゲ子さんは久しくご自宅での採訪を喜んで下さった。そのご理解に甘えて私は幾度も昔話を聴きに伺い折々泊めて頂くこともあった。ご一家のお人柄に感じ入り、ご縁が深まり二八年間の真室川町差首鍋通いが叶えられた。

高橋家採訪時には村人の参加もあったり、地図で確認した土地のコンビニでおむすびを買うつもりで出かけたところ「飯など買う人がない」と売っていなかった。その結果、大勢でお昼をご馳走になったり、多くのご迷惑もおかけした。もちろんご長男と若奥様のご理解があってのことであった。

その日、私は重也さんのお宅で仏壇を拝ませて頂いた。満蒙開拓青少年義勇軍として一四歳で亡くなられた弟・高橋重男さんの写真がある。

義勇軍とは

義勇軍とは「国家によって直接組織される軍隊である正規軍に対し、武力紛争に際して一般市民が戦争に参加するための自発的に組織した団体」とされている。義勇軍の国際法上の地位が認められたのは明治四〇（一九〇七）年の「ハーグ陸戦条規　第一条」による定義が確立している。そこでは「一人の責任を負う指揮者の存在・遠方から認識できる特殊な証票を身に着けていること・捕虜の虐待をしない・捕えられても捕虜の扱いを受けない」などの戦争の法規や慣習に従うことが約束されている。

この軍事的な約束事に一四歳、一五歳の少年少女たちが対象となった。満蒙青少年義勇軍は義勇軍の歴史上、最も悲惨な事例といえる。そこでは「凡そ皇国の真の困難は、外敵の如何にあらずして国民思想の健否に存す。政府の国民精神総動員を提唱する所以は亦之に外ならざるべし。然るに今日の国内情勢は、青少年の精神を鍛練陶冶《たんれんとうや》し、其の士気を愈々旺盛ならしむべき環境に乏しく、銃後に於いて動もすべし。第二義的活動に心身を消耗せんとする実情にあり。青少年義勇軍は斯かる危機を転じて真に国民精神を作興する一大国民運動たらぜんばあらず」と満州行を「青少年一般に及ぼす精神的効果」と位置付け、「之を現在我国人口構成の統計に観るに満十五歳以上十八歳の農家大弟大約壱百五拾萬、其内郷土を離れて他に職を求るの已むなきもの大約七十萬を最す」憂慮を満州開拓に向けて解決する「銃後報国」の筋道が打ち出されている。

義勇軍の建白書は昭和一二年一一月三日に農村更生協会理事長・石黒忠篤　大蔵公望・満州移住協会理事長　橋本伝左衛門、那須皓、加藤完治・満州移住理事　香阪昌康・日本聯合青年団理事長の連名で出されている。一二年一月三〇日に閣議決定され、翌年三月に第一回募集が行われた。

第一次二二、〇四三名、第二次八、六六五名、第三次一二、〇九一名、第四次一二、五七九名、第五次一一、七九五名、第六次一〇、六五八名、第七次七、七九九名、第八次三、八四八名。総計八九、四七八名が応募して満州に渡った。重男さんの様子を知りたく、私は満州に行かれた方々を探した。

そのような時、渡部豊子さんの叔父・伊藤清光さんの存在を知った。（伊藤清光さん（山形県新庄市山屋在住）は、満蒙開拓青少年義勇軍第六次山形中隊）

伊藤清光さんのお話

私は昭和二年九月生まれで、四男でよ。昭和一八年三月に第六次の勇隊員として小学校を卒業したばかりで義勇軍に勧誘さってよ。物事の判断、判別も出来なかった頃だ。あんまり熱心に満州に行くことは「男子の生き甲斐まさに義勇軍にあり」みたいに言わってよな。満州行きよ。満州に行って来たていう視察団の先生方が、よく勧誘にこられた。外にも新庄には熱心な満州勧誘の人たちもいました。私が母親を亡くして姉に育てられたようなもので、満州に行けば孝行も出来るかと心が向いたながな。

満州に行った視察団の人たちは、満州が如何に良い処かを説明しました。『満州という処は花がいっぺ咲き乱れ綺麗だぞ。川はざっこ（魚）いっぺいで捕り放題だぞ』て、言いましたな。子どもですから広い土地にスズランやアカシヤ奇麗な花が咲き乱れ、中国人は川漁をしないので、たくさんの魚がいる。いくらでも魚が採れる。朝から肉入り万頭が食えるなどと、今から考えても子どもの喜びそうなことばかり言いましたな。小磯国昭拓務大臣の出たところで。何が何でもて、頭数を数えたて言うことだて、戦後言う人もいたっけが。何にも子どもには。お国の為て。そればっかりだべ。早い話、一〇町歩からの土地を貰える、地主になれる。自分で地主になるべとそれが希望でしたな。子どもでも大百姓になれるどんて、ですな。腹っ減っても食うものの無いような時代でしたから。国のいう開拓民になれば、と、ですな。長男でない者は田畑貰えないし、仕事もろくなものないからこの地主は良い話で。昭和一八年三月一二日山形から内原（現・茨城県水戸市）の訓練所に出掛けた。重男さんもいきました。家族は内原に面会に行った。家の人も。

五族協和、他民族同化、王道楽土とか聞いても言葉だけでしたよ。

意味などわかりませんでした。それでも何か良いことがあるかと行ったわけですが、満州に着いて訓練所に行ったとたん、騙されたと思いました。全員がそう思ったでしょうが、小学生ですからね。

伊藤清光さんは昭和二〇年八月九日ソ連軍参戦による襲撃で満州を逃げ惑う、九死に一生の運命を辿ることになった。それについては「満蒙開拓義勇軍逃避行」として姪・渡部豊子さんの『大地に刻みたい五人の証言』(平成二三年)に語り継いでおられる。

重也さんは女性の縁者や姉さん達も満州に行ったという。「重男も十町歩から十五町歩もらって、そこで開拓蒙民になって、そこでみんな一人前になるつもりで行ったんだ。つまりブラジル移民みだいなもんだ。それを義勇軍というのは、国の目的は満州どソ連どの国境を守らせるために武装移民みでに、鉄砲あずけて兵隊の代わりにしたなよ。国の考えは訓練所をそのため置いだものよ。重男みでな何も知らね子ども、えっぺ(沢山)畑もらって大きな百姓出来るど思って行ったなよ」と語られている。

伊藤さんは「新庄など山形北部の満蒙開拓青少年義勇軍勧誘は狭い盆地の青少年の職業対策と見せかけた北の護りであった、国から騙された」「何もしないで三年間訓練。戦争の訓練。鉄砲もって兵隊のまね。騙された」と断言している。それを証すように、昭和一二年石黒・那須・橋本・加藤の有力なブレーンで、近衛内閣に提出した「満蒙開拓青少年義勇軍ニ関スル建白書」の原案を準備した杉野忠夫は昭和一九年に義勇軍を置いて、日本への帰還をしている。ソ連軍の満州への攻撃にあい、殆どの義勇軍が戦死。

昭和一三年に開始された「満蒙開拓青少年義勇軍募集」は次のような内容であった。

我が純真な青少年諸君が満州に渡り、大陸の新天地で農業を通して心身の鍛練をはげみ、成長してからは満蒙開拓の中堅人物となることは小さく見れば青少年諸君の身を立てる為でもあり、大きく見れば我国と其の兄弟國である満州國との双方の発展に役立ち、延いては東洋平和の礎を築くことになるので、之こそ男子としての大きな喜びでありませう。此の点から考へまして、拓務省は従来の壮年者を以て編成する集団農業移民の外に、新たに青少年を以て組織する開拓団、即ち青少年義勇軍送出の計画を樹てまして、差当り昭和十三年度に於いて三万人を募集、送出することに決定したのであります。就きましては遠大な理想に燃える全国青少年諸君が多数ふるって此の企画に賛同せられ、此の募集に応ぜられんことを切に希望する次第です

応募資格「小学校卒業学歴と年齢。健康な身体と強固な意志。父兄の承諾が絶対。大和魂。」

応募者には「昭和十三年度山形県郷土中隊満蒙開拓青少年義勇軍適任者トシテ合格セルコトヲ証ス　山形県」という証書が出されている。一見、如何にも自発的に応募がなされたように見えるが、教員や東亜思想の大人たちによって強く激しい勧誘活動が行われたのであった。特に差首鍋には熱心な勧誘員が居たことから、重男さん、姉さんが開拓団に行くことになったらしい。

満蒙開拓青少年義勇軍と先生たち

学校では教員の勧誘が生徒たちの満州行を決定付け、その多くの命を散らした。故佐藤長司さんの残した作文には、学校での様子が綴られている。

我昭和十七年の八月頃、出生地最上郡古口村高等小学校の二年なりき。担任の加藤先生に職員室に呼び出しを受けたり。何事ならんやと行きしに。加藤先生申し給わく。我に「義勇軍に行け。」と言うなり。先生の申し出を断り申し上げたれば、毎日のごとく二カ月間も同じことを申しこまれたり。我も二カ月も断りつづけたり。されば加藤先生最後に肩を落とし、あわれに見えたり。「先生何故に我々を義勇軍に行けと言うのか」先生申し給う。「本村に三名の義勇軍の割当てあり、汝、九人兄弟の四人目なり、本年高等科卒業生を見るに長男多し、汝と西田

恒夫を除いて他に行く者、奨める者なし。」と申し給う。しかして又申すことに、「その昔、北海道開拓には屯田兵の制度あり、又義勇軍も同じなれば汝に尤も向くものなり。」と、申し給うなり。我その時いたく先生をあわれに思いて、「致し方なく義勇軍に行くことにせり。」と申せしに、先生いたくよろこびたり。その後新庄市で試験あり。後日また新庄の学校にて拓殖講習ありたり。三月一三日内原訓練所に卒業を待たずに入所せり。（後略）

作文を父親の手元に残して佐藤さんは満州から帰ることがなかった。学校での勧誘の様子を的確に伝え残している。山形県最上郡真室川町差首鍋小学校の高橋重男さんはこの作文を書いた佐藤長司さんと同じ第六次義勇軍勃利第二二中隊第六小隊に所属していた。伊藤清光さんは年上でリーダー格第二小隊長であった。昭和四年生まれの高橋重男さんは作文を書かれた佐藤さんより一歳下で殁利訓練所高瀬中隊所属では最も年少組、一四歳であった。

先生から二男ということで「十町歩の地主になれる」と、満州行を勧められ教員から渡された書類に父親から承諾の印鑑を貰った。作文に記されるように長男は対象外であった。教員にはクラスから何人と割り当てがあったようで、見当つけた生徒には登校すると、毎日、毎日、教員が親の承諾を問いかけた。重也さんの話では先生がある生徒の願書に「親の印鑑を貰って来たか」とうるさいので、親が野良に出た留守に家に戻り、神棚に保管していた親の印鑑を勝手に押して願書を提出したという話が残っている。

志釜貞夫さんは「義勇軍志願」という作文に次のように書いている。

農家の二男なのでいずれ家を出なければならない。当時の農村は極めて不況であった。もちろん田を分けて分家出来るような状態ではなかった。田を分けて分家、たちまち零細化して共倒れするので、それこそ「タワケ者」として嘲られた時代である。農家の二、三男にとって進路が狭く選択は容易ではなかった。担任の先生が二度三度と我家に足を運んだ。義勇軍の勧めである。『三年間の訓練を終えると二十町以上お耕地が貰える。』この呼びかけに　親父はすっかり魅かれたようであった。村ではたせない夢を息子に託すかのように義勇軍入隊をすすめるのであった。

少年たちは幼い心を大陸の地主になる夢に結び、教師の勧めで義勇軍に志願した様子が知られる。それは山形県のみならず全国各地の学校でも同じ状況であった。

長野市の金子保雄さんは農家の三男で教師から「今は戦時下、進学しても勉強できるわけでもない。君の場合は満州にいってもらうのが一番いい。君たちがだれもいってくれなければ、ぼくは学校をやめなければならない。

金子さんは「十四歳の徴兵」の新聞取材に「その先生がすきでした。上からの圧力もあったでしょう。窮地にたたされている先生をみて、先生にやめられたら困ると、子ども心に思いました。私は先生のために決意した。」と、話している。「日本民話の会」田辺弘子さんから頂いたお便りによる例。

ある生徒は出発の時間が来ても現れなかった。探したところトイレに入って泣いていた。見送りの人が数多く集まっていて先生は無理に連れ出して、泣く生徒を送り出していたそうである。実態は資料と異なるものかも知れない。

長野県は国策を先取りして満州研究室を設置し教員を満州視察に派遣していた。信濃教育会が積極的に義勇軍を送り出している。

「義勇軍隊満州移住協会」の応募動機調査には全七千二百十八人中「教師の指導による」が三千四百六十九人で最も多い」とある。当時の教員の言葉に「長野県教員赤化事件という民主教育活動弾圧事件は治安維持法違反事件で、二・四事件と呼ばれ検挙者がたくさん出た。その反省という形が『皇国にむくい奉る』と国家主義に協力していったのです。そのひとつが満州移民計画。教師が率先して村民や子どもを開拓団や義勇軍に勧誘したのです」とある。（『長野県満蒙開拓史』　長野県開拓自興会）さらに生徒を一人義勇軍に送ると教師に五円、一〇円の褒章金が貰えたと、金子保雄さんは教師から聞いたとある。

山形県も長野に次ぐ形で教師を満州視察に送り出し勧誘の加速力にした。応募した生徒にはすぐに制服が送られてきた。大きくて一〇糎もめくり上げて着た（志釜貞夫さん）が、それを着ると誇りを感じ、学校でも特別扱いをし、褒めちぎって英雄的に扱って送りだした。

『長瀞の教育百年史』（百年記念事業実行委員会）には梅津芳吾さんの「少年義勇軍の思い出」と題した作文が掲載されて、昭和一五年の義勇軍について知る手がかりが得られる。

私たちが出発の時は、長い〝のぼり旗〟を立て、日の丸の旗を持って、学校の生徒、一般の方々が軍歌を歌って見送ってくれた。それは当時の出征兵士の見送りよりもにぎやかであったように思い出されます。「行け満州開拓」「鍬の戦士」等ともてはやされ、茨城県の内原訓練所に入所したら、写真で見たり、話を聞いたりした事とはまるで違う所でした。宿舎のまわりにはバラ線がはられ、先輩の人が警備に当たっており、まるで豆兵隊でした。」「こうした内原での約三か月間の生活で、漸く団体生活にも馴れていよいよ大望の渡満の時が来たのでした。重いリュックサックを背負って、地下足袋をはき、ゲートルを巻き鉄砲のかわりに鍬のえをかついで内原を出発しました。途中で伊勢参り等をして、日本海を渡りました。はじめて見る大陸、何を見ても珍しい物ばかりでした。が、満州訓練所に着いて二度がっかりでした。駅からは約一三里、辺鄙な場所と聞いてみんなそこまで、とぼとぼと歩いて行きました。当たり一面に草ぼうぼうと生えた原野の中におそまつな宿舎・長屋が四つか五つだけでした。もちろん電気はありません。（本書は東根市長瀞の小野正敬さんの御協力を頂いた）

「国策に応じ、満州建国に貢献し、盡忠報国の道を進む青少年」として渡満した少年たちの現実は厳しいものであった。それでも毎日、綱領を唱和した。その綱領とは

一、我等義勇軍ハ　天祖ノ宏謨ヲ報ジ　心ヲ一ニシテ追進シ　身ヲ満州建国ノ聖業ニ捧ゲ　神明ニ誓ツテ天皇陛下ノ大御心ニ副ヒ奉ランコトヲ期ス

一、我等義勇軍ハ　身ヲ以テ一徳一心　民族協和ノ理想ヲ実践シ　道義世界建設ノ礎石タランコトヲ期ス　天皇陛下　弥栄

満蒙開拓義勇軍の募集から応募に教師が深く関わった教育現場、内原訓練所を経て満州行の想像を絶する現実などを聴き取りや作文で知ることができる。

重男さんへの祈り

山形県最上郡真室川町差首鍋の高橋重男さんの生家で兄の重也さんに重男さんに関わる書類、雑誌など拝見させて頂いた。しかし子細はわからずハルピンで戦死の報を受け取られ仏壇に写真が祀られていた。友人の書いた文章などで知る限りでは、重男さんは満州の勃利訓練所から昭和二〇年六月初めハルピンの軍事工場に挺身隊として派遣されている。

一行一七名、ハルピンの新香坊駅近くの飛行場の格納庫にある工場で八四戦闘機製造に従事するためであった。そこでは零戦闘機と紫電戦闘機を合体した機体に一六ミリ機関銃を装備した最新鋭機を製造する仕事をするもので、仕事の内容は単純な鋲を打つ作業のようにみえる。

独身寮に入り、食事も白米、肉も一日一人一斤、優遇された。

玉音放送を聞いた翌八月一六日、飛行場に突然ソ連軍の飛行機が到着。輸送機で日本の飛行機が誘導していた。マンドリン型自動小銃を持った兵隊が降りてきて、ソ連参戦を知ることとなった。

敗戦と流浪の旅が始まったが重男さんの最期を知る方には逢うことができなかった。重男さんは昭和二〇年一二月三一日が命日とハルピンにおける物故者の名簿に記されている。

重男さんについて兄嫁シゲ子さんが辛い記憶を語ってくださっている。
重男さんは帰ることも出来たなです。兄の重也さんが招集されで、家にお爺さんだげ。そいう人は帰って良いなです。ほでも、爺さん『男が一度、志を立てたら全うして一人前になるまで帰るな』て、許さないがったんです。憐れで可哀想でなりません。当時は親の病気でも、親が逢いに行っても逢わないで初志を貫くって。そういう時代でしたな。新聞なんかに書いて逢わないのをほめていましたよ。

シゲ子さんの言葉には想いがあふれる。長男が出征して働き手のない農家は二男が満州から帰ることが可能であったのに、父親がそれを許さなかったので、ハルピンで戦死する運命になったと、不憫がる。時代の風潮で、当時の新聞がそうした親に逢わないで初志貫徹の美談を載せていたということである。

平成三〇年三月二七日、高橋さん宅を訪問して仏様に手を合わせたが、重也さんのご長男敏広さんが満州から届いた重男さんのハガキを見せてくださった。日本国の大きな禍根に言葉を失うばかりであった。

合　掌

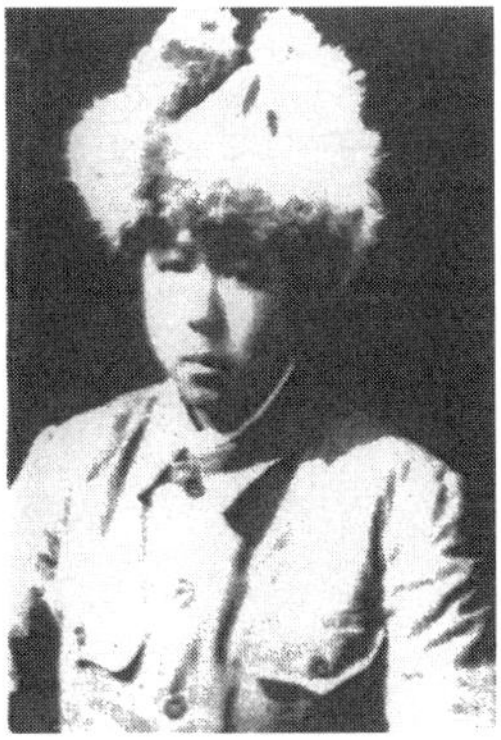
高橋重男さん

満州からのハガキ

昭和十六年四月

青少年義勇軍教本

財團法人　雪國協會

新庄で作られた教本

「満州」の都市伝説を語る近岡勝雄兄

野村　敬子

この原稿を私は義兄・近岡勝雄の通夜で灯明を継ぎながら書いている。義兄は大正一〇年生まれの九七歳である。太平洋戦争に従軍しているが、昭和時代、ほとんど太平洋戦争従軍体験について話をしなかった。時折、「ボルガの舟歌」を原語で唄ってくれた。エイヤツフェン〳〵と小学生の私は真似をしたものであった。

昭和天皇がおかくれになられると、義兄はポツリポツリ満州やカザフ共和国、沿海州の話をするようになった。それはニューギニア戦線を語った今義孝さん、新田小太郎さんにも共通する行動様式であった。（「ますらたけおの昔話」（『女性と経験』一六号所収　平成三年』）「三男坊の昔語り」（『語り手考　民話と文学』二四号所収　平成五年）など）「平成語りを聴く」とは一つに、このように「昭和が積み残した想いを聴く」ことでもあったと改めて考える。

本書に近岡勝雄兄の平成語りを収載したいと、一度はビデオを持って訪問したが時、既に遅く病を得てしまっていた。そこで聴きたいと願ったものに大陸の「恐い話」などがあった。「鼠が大勢で猫の死体を運ぶ葬式の話」もあった。それを聴いた私たち姉弟が通夜の枕頭で思い出を寄せ集めてみた。

義兄は南満州鉄道調査部勤務をしていた昭和一九年六

月に臨時召集され、歩兵第八七連隊（春河）に編入、二〇年一月に一等兵として独立歩兵隊第二六八大隊（哈爾濱）二〇年五月に上等兵として関東軍第一一勤務隊（撫順）に属して終戦を迎えた。一一月ソ連邦領ジョロンベットに抑留、アクモレンスク、スチャンで捕虜となり抑留生活を余儀なくされた。ロシア語が出来るということでロシア兵の命令を捕虜たちに伝える作業場付添い通訳となった。ある日、あまりにも過酷なノルマを課すソ連兵の言葉を「出来るくらいやればいい」と伝えたところ発覚して石牢に入れられたという。正田弘著『露満国酔夢譚』に拠ると「君は感のいい人でドンドン、ロシヤ語が上手になっていった」と義兄のことが記される。

解除令で九死に一生を得た義兄の復員は二二年五月。ナホトカから舞鶴まで遠州丸三日の海路であったという。

近岡勝雄兄

復員間もなく真室川町役場勤務をした。役場職員となって両親の店舗を訪ね、偶然に小学三年生の私が理科の宿題をやっていたところに声を掛けてきた。そして生まれて初めて聞く人工衛星の話をしてくれた。これがすべての始まりであった。私は家庭教師になって欲しいと頼んだ。その人物の話術に惹きこまれたからであった。

出会ったばかりの頃、昭和二〇年代はよく停電があった。その時が楽しかった。「シナ饅頭」「人面の魚」は最も印象的な話であった。現代の都市伝説が既に昭和時代の満州奉天でも行われたと知り驚くばかりであった。

シナ饅頭

満州の奉天では、よく幼い子どもが居なくなった。捜しても見当たらない。いくら探しても見つけようとしても見つからない。ある日、シナ饅頭を買って食べようとした。シナ饅頭を割ってびっくり、肉の中から子どもの指と爪が出てきた。

人面魚

上海の川では舟を家にして暮らしている者たちがいっ

ぱいいた。舟にドンとぶつかったものがいた。船頭の親父がみると、大きな魚だった。良く見たら魚の顔は女。かなり美人であった。

船頭は顔なじみ。

「おまえ。また道に迷ったのか」

船頭の親父が、海の方に魚の体をくるりと廻してやったら、泳いでいった。人間の顔とそっくりな鯉であった。これには後日譚があった。出羽三山のお山の池にも人面魚がいるが、鯉は古くなると人面になるそうだ。兄の池で鯉を飼うと七年位か、金色の鯉は人面魚になった。子どもたちが見に来た。真室川小学校の通学路に面していた兄の池は、人面魚の話題でにぎわった。金色の鯉には小学生の見物客が押し寄せた。

餓鬼

シナのある村では饅頭の上に赤い色をつけて作る。それには訳があった。ようやく饅頭が蒸しあがったと、蒸篭《せいろ》の蓋を開けてみると、皆、小さく縮んで食べられたものではない。小さな蜜柑ぐらいになり、もう少しすると胡桃ぐらいになった。不思議なことなので、占師に呪ってもらった。そうしたら、

「餓鬼が居る。食うものがないので、見るもの皆、食うてしまう」

「それでは、どうしたらよいものか」

「それには饅頭の上に赤い色を付けて蒸すがいい」

と教えてくれた。日本でも、餅つきで、シンコ餅を造る時、赤色を付けるのも同じ理由かな。

これらの話は義兄が平成で語った数少ない話であった。停電で囲炉裏端に集まり恐い話に花を咲かせた頃を思い出して追認の形で聞いたものである。三番目の餓鬼はシンコ餅（大福餅）の由来譚と思って聞いていた。しかし今、考えると似てはいても相当の距離がある。しかし小学生の私たちには餅を見るたび、餓鬼は居ないかと、見張ったものであった。

山形県北の地で旧暦三月の雛祭りに、シンコ餅を搗きお雛様の前に飾る時、必ずてっぺんに朱を入れる折々、義兄が語ってくれた由来譚である。

近時、これら古くて新しい都市伝説のルーツを探していたところ、中国の『子不語』（袁枚著）に似た話があることを知った。袁枚は清代の著名な詩人にして学者であるという。長い間説話の収集をして『子不語』を編んだと知られる。

平家伝説など

義兄の枕元には実家当主・甥の伊藤弘道さんがみえられた。血の通いあう二人は面差しが似ていた。弟・信夫さんにもよく似ていた。伊藤家は本書の語り手・伊藤寅吉さんのいわゆる本家である。寅吉さんは語らないが。弘道さんは（義兄の弟・信夫さんに聴いたと同じ「伊藤家の平家伝説」をお聴きしてみたところ）義兄が決して語らない「浄海森」などの平家伝説を、聞いたことがあるという。

「平清盛は世を忍ぶ名前をジョウカイと言ったそうだ。都から落ちて来て、庵を結んで修業のようなことをしていた。ジョウカイ滝には一本足駄を履いて滝を渡る行もしたそうで、滝にはその跡が残っていたもんだ。ジョウカイは土に穴掘って、葦をくわえて、鉦を叩きながら、入っていった。上から土をかぶせていく。鉦の音がカンカンと聞こえなくなったら成仏するなだ。そうしてジョウカイは仏になった。それをジョウカイ壇て言うようになったなど。すこでま（たいそう）年がすぎて、栗谷沢の遠田弥次衛門、高橋彦三郎、伊藤平左衛門の三人が『ジョウカイ壇どげなっているもんだべ』って、三人で掘ってみだ。んでも何にも出てこねがったたって。」と、弘道さんは語られている。

しかし平家伝承は当事者とされる人々が、一様に拒否しその末裔であることも拒否する姿がある。義経・弁慶伝説と対照的である。

翌日の葬儀は厳しい寒気の中で行われた。栗谷沢の遠田弥次衛門の当主もおいで下さった。当家には馬冷やしに川に行ったところ、馬の尻尾に河童が下がって悪戯していた。河童を捕えたが、もう悪戯はしないと、詫び状を書いて川に戻っていった。遠田家は川辺に近いが決して川に流れて命を落とすようなことはない。河童が守ってくれるのだという。実際に当家の女性が臨月で洪水に見舞われたことがあったが、無事であったという話は私も聞いたことがあった。

遠い日の記憶をたどったところ、遠田さんは「それは私の母親」と返事をされた。新町嘉兵衛の当主佐藤準一さんが「河童の詫び状」について、確か、役場か、民俗資料館に預けたままであるという、その行方についてなど、伝説に新たな光を与えるお話をして下さった。義兄のように端正な生き方をした人には、その「死」に際して生涯の説話世界の全てを集めたように話題が波立って見えた。

ゲラ校正中、編者の杉浦邦子さんが新田小太郎さんから描いてもらった図を思い出したと送って下さった。

この「川流れの話」は集落で話題になった。河童が助けたという伝承と事実が交錯しての話題であった。笠がウキとなり、臨月の身体が沈むのを妨げたと。

昭和22年の洪水

兄の元には平成二二年一一月内閣総理大臣菅直人から慰藉の状が届いていた。
「戦後酷寒の地において長期間にわたって劣悪の環境の下で抑留され苛酷な強制労働に従事し、多大の苦難を強いられた御労苦に対し政府として衷心から慰藉の念を表します」とあった。
平成二一年秋、旭日単光章受章。
合掌

昔話の座に学ぶ

私が出会った昔話

石井　季子

平成二九（二〇一七）年一〇月、野村敬子さんのふるさと山形県真室川町を訪ねた。横手駅から奥羽本線に乗り、稲刈りの様子やりんごの木々を見ながら南下すると、つやつやと揺れるすすきの向こうに鳥海山が見える。やがて少し紅葉の始まった美しい木々の中を走って、真室川の駅に着いた。以前は車で御案内していただいたので、駅を訪ねるのははじめてである。降りると真新しい木造りの駅舎があり、そこにあった売店で、パプリカ・ブロッコリーなどの野菜と、はなのまいという幻の新米、はちみつを買い求めた。東京でもスーパーで山形県の野菜を見つけると、品のよい形と色・味にひかれて、必ず買い物かごに入れてしまう。

着いて早々買い物をして、三十分ほど歩いて正源寺へ向かった。奥羽本線の踏切が参道を横切って、その奥に立派な山門がある。かつて寺が湯殿山から買い取った山門だそうだ。「大寶楼閣」と書かれた扁額のある山門には大きなわらじが奉納されていて、左右に仁王さまがいらっしゃる。この寺には、初めて真室川の昔話の聴き取りをされたご住職がいらっしゃったという話を夫から聞いた。

新庄の「みちのく民話まつり」には五年ほど前から三度伺ったことがある。語り手の方々が一堂に集まり、みなさんの語りははなやかな中にも誠実で、聴き手も居ずまいを正しながら頷き、笑い、競演と呼ぶにふさわしい会であった。なかでも、渡部豊子さんのユーモアがあって、明るく美しい語りは素晴らしく、また、伊藤佐吉さんや、現在は島根へ移住された多勢久美子さんの語りも思い出深い。懇親会ではお手製のお漬物が食べきれないほど巡り、芸達者な語り手の方々の余興も楽しかった。

その日は、民話まつりにご一緒したとき、みなさんと宿泊した真室川の梅里苑に宿をとった。木のぬくもりが温かく清潔な宿で、どうしてももう一度訪ねたいと思っていた場所である。ひさしぶりの梅里苑はひっそりしていたが、窓からの眺めも少し霧がかって、美しい山里に包み込まれるような気持ちになった。翌日、渡部豊子さんのご案内で真室川歴史民俗資料館へ伺った。そこで、真室川の山里に暮らしていた動物の剥製や最後の鷹匠の衣装、木材を切り出すための窓がついた珍しいのこぎり等を見せていただいた。

隣の中央公民館では、野村敬子さんのおはからいで、高橋市子さんの語りを聴く機会を得ることができた。市子さんは野村敬子さんの監修で平成二七（二〇一五）年に発行された『きゅうりひめご』の語り手で、野村さんは二九年間も市子さんの語りを聴き続けていらっしゃるそうである。野村敬子さんが病み上がりの市子さんにお気を遣いながらお尋ねになるお話を、私たちも伺った。そして、「きゅうりひめごの話」「かっぱから宝物が入った汚い袋をもらった話」「嫁に突き飛ばされた姑が最後は宝物を持って帰る話」を聴いた。市子さんは、私の母と同じ昭和五（一九三〇）年生まれである。私の母はここ数年で日常会話が難しくなってきているので、市子さんの語りを聴き、とても嬉しく羨ましい気持ちであった。

＊

振り返ってみると、三〇年ほど前のことになるが、研究者の夫について、昭和六〇（一九八五）年と六二年に宮城県気仙沼市に行った。これが最初の東北旅行であった。気仙沼在住の川島秀一さんとご一緒にあちこちの釜神様を訪ね、たくさんの昔話を聴いた。お邪魔したお宅の座敷には必ず猫が歩いていたので、猫が苦手な私は悲鳴をあげながら聴いたものである。初めて接した東北のことばは難しく、必死で聴き取ろうとしていたことを思い出す。

その後、年に一度は東北へ行く機会があったが、平成六（一九九四）年、『遠野物語』の研究をする夫について、小学校二年生の娘とともに、岩手県遠野市で夏の二週間を過ごした。市内のお宅をお借りして、娘と図書館へ通い、博物館を巡り、物産館で昔話を聴いた。博物館では、「オシラサマ」「郭公鳥」「座敷わらし」の話をスクリーンで見たり聴いたりした。

昔話村では、鈴木サツさんに「河童淵の話」を、菊池ヤヨさんに「ももこたろうの話」を聴いたのだが、ヤヨさんの「ももこたろう」は犬・猿・雉が出て来ず、きびだんごを食べて鬼が眠ってしまう話だったので、娘はびっくりしていた。鈴木ワキさんの歌の入る語りは印象的で、今でも耳に残っている。さらに、菊池玉さんに「サムトの婆の話」を聴いて、夫と娘は自転車でゆかりの地のモニュメントを訪ねたりした。

なかでも「お月お星の話」は、多くの語り手から聴く機会があった。私は聴いても半分以上わからないことが多かったのだが、小学校二年生の娘は言葉にすぐ慣れて、昔話を耳から存分に楽しんでいた。なぜ娘はよくわかるのか不思議であった。その後、娘がおとなになるまで、何度も遠野や青森・秋田・福島・北海道などを訪れたが、子育てに、昔話や訪れた土地のことばが大きく関わったことを強く感じている。

正部家ミヤさんの綾織のお宅へは、家族で伺った。ミヤさんお手製のほうれんそう鍋をごちそうになり、お父さまの菊池力松さんのお話やご自身の生い立ち、お仕事の話などをしてくださり、過ごされてきた激動の人生に驚いた。私はミヤさんの昔話を堪能しに来たつもりでいたが、何時間経ってもなかなか語りを聞かない夫に少しやきもきした。けれども、ミヤさんが語ってくださった「きつねのゆうびんやさん」と「お月お星」はすばらしく、涙ぐむほどであった。ミヤさんとの長い語らいが、どんなに大切であったかを痛感した日であった。

また、その頃、物産館の二階で、白幡ミヨシさんが長椅子に横たわって語っていたお姿は、今も忘れられない。

＊

平成七（一九九五）年の夏、私ども家族と川島秀一さんで三陸の旅に出た。柳田國男が旅した三陸沿岸のコースを逆にたどるようにして、十日かけてまわった。青森県階上と岩手県陸中八木の盆踊りに参加し、久慈・野田・田老・北山崎・田野畑を巡って、海嘯記念碑を見ながら、山田町・三陸町にも泊まった。大槌小学校に寄り、釜石・越喜来から峠を越えて綾里・気仙沼へ着いた。夫の仕事の手伝いをしながら、宿では洗濯をし、荷物を整えながらの移動であったが、それぞれの土地を訪れた印象は強いものだった。東日本大震災が起きたとき、テレビに映し出される三陸沿岸の難しい地名が娘も私も読めてしまうのは、非常に辛いことであった。

平成一〇（一九九八）年には、夫に原稿の入力を頼まれた。岩手県岩手郡雫石村（現在の雫石町）に生まれた田中喜多美さんが、昭和五年に書き残した『ねむた鳥』という昔話集である。自筆原稿は文字の癖が強く、あちこちに方言の表記もあり、いかにも読みにくそうであった。旧漢字や発音のよくわからない方言に悩まされながら、小石に躓くようにゆっくり進めていった。そこで、こんな「長い長い昔話」に出会った。

昔、ある所にお宮があって、大きな栃の木がありました。この栃の木に実が沢山なりました。そして、風がどうと吹いて来ると、栃の実がポタリと墜ちてゴロゴロゴロと転がると、その根元から蛇が一疋ベロベロと出て這い廻ります。すると、一疋のカラスがガーと啼いて来ます。またドウと風が吹くと、栃の実がポタリ落ちてゴロゴロゴロと転がり、その根元から一匹の蛇べロべロと出て逃げ、そこへ東の方から鳥が、ガーと鳴いて来ます。

註　私たちの小さい時分、「昔を聞かせろ、昔を聞かせろ」と余りセガムと、長兄などはよくこの長い長い昔聞かせるとて、繰り返し繰り返し言ったもので、聞き手の方で倦きるようになったものだ。

この話を読んだときに、それまで聴き耳が遅々として育たないことを秘かに悩んでいた私は、はじめて気持ちが楽になった。繰り返し繰り返し語り、飽きるほど聴くのが昔話なのだということを知ったのである。その後、夫から野村敬子さんの『真室川昔話集』を借りて読んだときにも、「長んげむがし」として、独特なオノマトペで語られている話があった。奥羽山脈を越えて、二つの話がつながっていることが実感できた。一方、『ねむた鳥』にあるのは「瓜子姫子の話」なので、真室川の「胡瓜姫ごの話」は独特で、その土地の野菜と結び付いて定着したこともわかった。

平成二二（二〇一〇）年九月、夫と青森を訪れた。今はもう廃線になってしまったが、三沢駅から十和田観光電鉄に乗って青森市の駅に着くと、成田キヌヨさんが待っていてくださった。小柄で控えめな印象の方である。青森県中津軽郡西目屋村の砂子瀬出身で、後にそこはダムになって、水の底に沈んでしまったそうだ。

お宅へ伺って手作りのこぎん刺しを見せていただき、世間話をして、夫が昔話をお願いした。ところが、昔話になると、私ははじめから終わりまでまったく分からなかった。津軽のことばは難しいと聞いていたが、キヌヨさんは私がお会いしたなかでも、最もコアな語り手でいらっしゃったような気がする。キヌヨさんが、方言が難しすぎるのではと気にされて、夫に相談していたが、夫は、是非そのままの語りを続けていただきたいと話していた。私は津軽のことばが分からなかったが、方言で語られる昔話が重要であることを改めて認識したのである。

＊

野村敬子さんにお話をいただいて、三十年前からのことをいろいろと思い出している。訪れたみちのくの土地、出会った方たちや伺った話。夫について歩いていただけの私が、実は、すばらしい経験をさせてもらっていたことに、今さらながら驚いている。

私自身は、父の転勤先である静岡県伊東市の「講談社の野間さんの別荘」と地元の人たちが呼び、その敷地内にあった野間自由幼稚園へ通ったことで、講談社の昔話絵本を読んで育った。昭和三七（一九六二）年頃、園内には本があふれていた。大好きな『おやゆび姫』『五つのえんどう豆』などを読み、幼稚園の運動会では賞品として講談社の絵本をいただいた。私の友人にも講談社の絵本で育った人は多くいる。しかも、音読せずに、絵や文字を見ながら読んだためか、お話は目から読むものというイメージが強く、その後東京へ移って過ごした学校時代の読書も黙読が主流であった。

平成二八（二〇一六）年、折しも、東京文京区にある講談社野間記念館で、「昭和初期講談社の絵本原画展」が開催された。昭和一一（一九三六）年から昭和一七年までに出版された「講談社の絵本」シリーズは、創業者である野間清治の熱意によって出来上がったそうである。『桃太郎』『浦島太郎』『かぐや姫』『舌切り雀』『かちかち山』などの原画が、美しい色彩を失わずに絵巻物のように並べられていた。私が読んだのは戦後版であったが、このような贅沢な絵本を繰っていた頃を懐かしく思い出した。つぎつぎと出版された二〇三冊の絵本は、昭和三四（一九五九）年までに総部数七千万部が発行されたそうである。

私の娘が幼いときは絵本を読み聞かせることが多く、外出時なども昔話の小型絵本を携帯して大事によく読んでいた。ある旅行中には、「かにと猿」の絵と話を、娘が鉛筆で創作していて、驚いたこともある。また、

一九八〇年、九〇年代には、図書館や公民館などいろいろな場で、読み聞かせがさかんに催されていたので、親子で通い、就寝前には一緒にさまざまな本を読んだことを思い出す。

耳を鍛えることのなかった私の聴き耳は頼りなく、昔話を愛する人たちの足元にもおよばないのだが、野村敬子さんや夫が語り手の方に昔話だけを聴いているのではないということを強く感じる。二〇代後半の頃の私は、「昔話を聴く」「方言を理解する」ことにのみ必死だった。しかし、年月が過ぎて年を重ね、ようやく昔話とは語り手の方自身から聴くのだということがわかってきた。語り手の方には生まれ育った土地や過ごしてきた人生があって、実に深いところから昔話は生まれている。語り手の方の誠実な生き方に触れると、その語りは表情や声とともにすっと心の中に入り込んでくる。

先月、真室川で高橋市子さんのお話を伺い、語りを聴いた時の感覚が、今の私の聴き耳であると思っている。

昔話を聞くということ
―真室川の語り手と向き合った三〇年―

杉浦　邦子

真室川町を訪ねる

平成二（一九九〇）年二月初めの早朝、東北新幹線は青空の東京を発ち、北に向かっていた。通称山形新幹線は福島で切り離され、新庄まで在来線を走る。処々で車窓から見る雪は、既に知っている冬景色の一つでしかなかった。が、大石田の駅を過ぎると一転、違う世界に入ったという心騒ぎがした。雪国であった。

その日、真室川町の雪は、特別深かった。きれいに除雪された道路の両脇は高い雪の壁が続き、視界を遮っている。どんな道を通ったのか分からないままに、真室川町役場の玄関に立っていた。大勢の方に迎えていただいた。この旅に誘ってくださった野村敬子さんの故郷である真室川町にはお知り合いやお友達が多い。野村さんの同級生でもある町長さんは、今回の昔話をきく試みに理解を示されているようだ。

挨拶もそこそこに、早速語り手を訪ねるための車に乗り換えた。町の企画課の職員も同行して昔語りをきく様子を記録されるという。ビデオ撮影機を携えておられたが、最初の訪問先は安楽城《あらき》地区小国《おぐに》という雪深い集落で、とても家の門口までは車が入れない。除雪してある公道から個人宅までの私道は歩かなければならない。降り積もった雪を踏みしめて、佐藤ミヨエさんのお宅に伺う。厳重に雪囲いの施された玄関から居間に通されると、囲炉裏に火を用意

平成２年　昔語りをきく様子を撮影　佐藤ミヨエさん宅にて

して待っていてくださった。

現在は、日常的に囲炉裏を焚く暮らしではないが、畳の下に囲炉裏が切ってあり、特別な時には畳を上げて、薪ではなく炭を熾す設えになっているのだと教えられた。遠来の客である私たちをもてなしてくださるお心尽くしだった。ミヨエさんは、私たちを優しく温かく迎えて、さっそく幾話か語って下さった。ところが、その時の私は、どれだけきくことができたのか。ただ、昔語りをきくという雰囲気に酔っていた。

午後は、やはり安楽城地区小川内《こがうち》の伊東ヨソノさんを訪ねた。伊東家は、かつて旧安楽城村の村長さんの家で、往時の面影を残した茅葺き屋根の立派な民家だった。ヨソノさんの強い意志で囲炉裏は現役で活躍していた。火は勢いよく燃えて、煙も盛大に上がっていた。屋内の馬屋に馬がいないのが不思議な気がする位、古いたたずまいが残っていた。ヨソノさんは文字通りの家刀自らしく風格のある方で、横座に座っておられた。その横には、親戚や近所の方であろうか、男性が数人同座しておられたが、皆一目置いておられるようだった。

私は、多分客座に座らせてもらったのだと思うが、キジリに座っていたといっていいほど煙にむせて目から涙が止めどなく溢れて困った。余りに目をしょぼつかせるので笑われたが、昔のお嫁さんは大変だったことが実感できたのは、有り難い経験と言わねばならないだろう。

夜は満天の星が瞬き、足下は輝くような白一色の中、同じく安楽城地区の山谷《やまや》の高橋キクエさんとご一緒に沼田《ぬまた》の藤山キミ子さんのお宅を訪ねた。藤山家は農家というより今風のお宅と見受けられた。日中ずっと真室川弁の中で過ごして、幾分耳が慣れたのだろうか、お二人がこもごも語ってくださった昔話を今度は理解できたように思った。個性的で面白い昔語りだった。農家の専業主婦というだけではない何かを持った女性という印象を受けた。

因みに、伊東ヨソノさんは明治四五年、佐藤ミヨエさんは大正六年、そして、高橋キクエさんは大正一四年、藤山キミ子さんは昭和二年のお生まれである。

その後も、明治生まれの方の言葉を理解するのは、私にとっては難しかった。私が分かっているかどうか慮ってはいただけない。大正生まれの方、中でも都会で暮らした経験のある方であれば、相手が言葉を分かっているかどうか考慮しながら話してくださることが多いように思われる。昭和生まれの方は、相手の理解の様子を見ながら話してくださった。藤山さんと高橋さんの言葉は、私が理解しやすかったのかも知れない。

現真室川町は、真室川流域の旧及位《のぞき》村、鮭川流域の旧安楽村、二つの川の合流地の旧真室川町が、昭和三一年に合併して成った町である。この日お邪魔したお宅は、全て安楽城地区にあった。安楽城地区は、今日に至るまで語り手の多い地区であることは後に知った。

この日、語り手を紹介してくださったのは、野村敬子さんの同級生だった佐藤理峰さんという方だった。理峰さんは森林組合に勤務する傍ら、青少年活動に熱心に取り組まれ、子ども達に珠算を教えておられた。その珠算教室に通う子どもの保護者の中から語り手を見付けておいてくださったのだという。両親は忙しいので、子ども達の世話はおばあさんの役目だと伺った。後日、小学校に祖父母参観日があることも教えられたが、都会から訪ねた私には、何もかも新鮮だった。

この時の私は、昔話伝承の地を訪ねて、その土地に暮らす語り手から昔語りをきかせていただくという経験をほんの少ししたばかりの浅学の身だった。野村敬子さんに「耳を貸して頂戴。きくだけでいいの」と誘われて有頂天になったが、この日、一体どれほどきくことができたのだろうか、疑わしい。

私はこの一日を大変幸せに過ごしたが、語っていただいた沢山の昔話をきちんとき取れてはいなかった、と思う。記憶に残っているのは、雪に覆われて温かい室内に端然と座し、悠然と暮らす人々と弥が上にも美しい自然であった。町の面積の八五パーセントを占めるという山々は道路の雪壁と家屋の雪囲いで見えなかったが、大自然が息づいている感覚は察せられた。土地の力―地霊と言ってもよいのだろうか―が、ひしひしと身に迫ってくるような感覚である。

そして、語り手の声の力に圧倒された。語り手お一人ひとりの個性は際立って感じられたが、何方も私たちの願いに応えようと丁寧にもてなしてくださった親切は、鮮明な印象として残っている。

どのようにきいたのか

この日、文字通り朝から晩まで昔話をきき続けた私は、とても興奮していた。感激しきりであった。それは確かに昔語りをきかせていただいたことによる歓びではあったが、単に聴覚によるものだけではない。視覚・味覚・嗅覚や皮膚感覚という五感の全てが揺すぶられ、第六感までもが何かを感じていた。私は、経験したことのない高揚感の中で耳をそばだてていた。

この全ての感覚を総動員してきくというのは、昔話をきく時の最もプリミティブなきき方ではないだろうか。そして、昔から子ども達は、五感の全てで昔話をきいてきたのではないだろうか。それどころか身体感覚も動員して。

乳幼児は、身体で喜びや驚きや怒りなどを表す。きくときも聴覚以外の感覚を総動員しているのであろう。子どもは言葉を身体で覚えると正高信男氏は説いている（『子どもはことばをからだで覚える』中公新書　平成一三年）が、言葉を覚えるには、まずきくという経験が必須なので、子どもは身体で言葉をきくということも当然いえるであろう。子どもは自然にやっていることでも、成人した大人は、子どものように全感覚を使ってきくことは滅多にない。しかし、昔話をきくという行為は、時に幼い子どもと同じようにきく力の根源にあるものが覚醒して、心身を解放させる何かが働くのではないだろうか。身体感覚が鋭敏になるのではないだろうか。

真室川町の第一日目の体験は、私が同地で昔話をきく営みの序章であった。

その後、何度も真室川町のお年寄り達から昔話をきく機会をいただいたので、方言もだんだん分かるようになっていった。どの昔話も楽しかった。初めてきく昔話は耳をそばだててきき、同じ話が人によって少しずつ異なっているのも面白く、興味深かった。何度きいても飽きることはなかった。何度きかせていただいても、期待を裏切られることはなく、いつもきき終えて深い満足を味わった。この時期、昔語りを受け止めたのは、心だったのか、頭だったのか、いずれにしても、それは精神的な営みだったように思われる。

再び、身体が震えるような興奮を覚えたのは、土田賢さんの昔語りをきいたときだった。

土田賢さんの昔語りの衝撃

平成五（一九九三）年一一月一二日の夜、土田賢さんの「どや昔」をきかせていただいた。野村敬子さんからそのお名前を教えられ、新田小太郎さんが入院中の賢さんを引き合わせてくださった。この時の様子は他に詳しく書いた（『土田賢媼の昔語り　口から耳へ耳から口へ』岩田書院　平成一七年）ので繰り返さないが、忘れられない一日となった。因みに、新田小太郎さん（大正七年生）には、真室川町を訪ねる前年に野村さんに紹介されて以来、親しくさせていただ

土田賢さん

くと共に、あらゆる面でお世話になっていた。ご自身も優れた語り手でいらしたが、沢山の語りと出会わせてくださった。この度も、初対面の緊張をさりげなくほぐしてくださるのだった。

賢さんは、挨拶もそこそこに、お二人に促されると、少しはにかんだ感じで昔話を語り始められた。力強い声の言葉をきいたとたんに、背中がゾクゾクッとした。ガンッと衝撃を受け自分の身体がその声に絡め取られたかのように緊張し、身動きできないように感じた。

その昔話「どや昔」（大成四〇一　婆いるか）は、怖い話である。しかし、震えるような興奮は、怖い話に怯えたからではない。昔話の持つ超自然的な力と語りの声の迫力の故であった。あの心身共に震えるような感動は、語り手の全人間性が声に凝縮されて迸り出たそのエネルギーを、きき手である私が感じ取ったのであろうか。真室川町の語り手達の昔語りをきくために通い始めて三年一〇ヶ月。多くの優れた昔語りをきかせていただいたその実りの深みで出会った至福の瞬間であった。

四年近くの間、沢山の昔語りをきかせて頂いた甲斐あって真室川の言葉をかなり理解できるようになっていたと思う。しかし、分かるとか分からないという次元のことではない。昔話をきく、もっとも原始的な基層にあるのは、身体への働きかけであろうと再び考えてみる。

翌朝、あの感動をもう一度味わいたくてテープを回したところ、器械の音は正確に音声を再生してはいるが、感動を再現させることはできなかった。当然といえば当然なことに気づき、再び愕然としてしまった。

語り手ときき手は、向かい合って、目と目を合わせ、息遣いを感じ、頷きながらでなければ、昔語りをきくことは叶わないのだった。そういえば、乳幼児が言葉を覚える段階で、テレビやビデオ、テープやCDといった器械音をきかせても、脳波は動かないと教えられたことがある。その通りだったのだ。昔話は、対座して、子どもならば、時には肌を触れあってきくのが基本であることがよく分かる。

昔話をきくこと—聴くと聞く

昔話は、声の言葉の文芸である。人の発した声の言葉を、人が受け止める。耳のきこえだけに任せず、身体と精神の全てを使って受け止める。きく人は、語る人と自らを取り巻く空間に、心身をリラックスさせて、身を置いて、声の言葉が発せられるのを待つ。肉親の子どもと大人であれば身体的な触れ合いもあるかも知れないが、年齢の高い子どもや大人どうしであれば、肌の接触はないが、それでも、声の言葉は、きき手の身体に響く。音の波動か、息遣いを間近に感じるからか、それとも他の何かだろうか。

「昔あったけど」と語り始められると、独特の感情が湧き起こる。わくわくするような期待、喜び、嬉しさといった肯定的な感情である。昔話は、語られる声の言葉の全てを逐語的に完璧に理解できなくとも、きき手は、嬉しい・悲しい・おかしい・怖いといった雰囲気を掴むことはできる。一話の核のようなものを感じ取るからではないだろうか。語り手の言葉の抑揚・リズム・声の響きに身体が揺すぶられて、声に込められた力や喜怒哀楽がきき手の深い部分を揺り動かすのではないだろうか。

声の言葉の抑揚やリズムなど音楽的ともいえる側面については、わらべうたに注目してみたい。伝承的なわらべうたは、言葉——生活語といってもよいと思う——のアクセントや抑揚を強調したという程のメロディで歌われる。曲が先にあるなどということはない。わらべうたを歌いながら手足や身体を動かす遊戯的な動作があっても、言葉に付随して自然に身体が働いたという程の動作である。また、わらべうたは、言葉の意味は論理的ではなく、ナンセンスでさえあるが、きく者は言葉の意味を問うこともない。心楽しく、歌ってくれる人の声に心身を委ね、揺すぶられて遊び、満足する。それが繰り返されれば、そのナンセンスな言葉を覚えて繰り返すことができるようにさえなる。この場合、一つひとつの語句にこだわるのではなく、つまり、耳をそばだててききわける作業をしないで、耳に入ってきた一連なりの言葉と快い響きを楽しむ。それが心身に沈潜し、きいていた幼児の言葉となって真似されることもある。声の言葉の力を身体で受け取るという無意識で楽しい享受の仕方は、わらべうたで遊ぶ場で確認することができよう。

うたむかしは、言葉遊びやわらべうたを喜んだ幼児が、もう少し物語性のある長編のうたとして楽しむものと考えられる。言葉の抑揚やリズムは、わらべうたと同じように音楽的要素としての側面を持ち、言葉は連鎖的に物語性を帯びてはいるが、起承転結を持って完成されてはいない。このうたむかしは昔語りをきく準備段階として位置づけることができよう。なぜなら、音楽的側面であるリズムやメロディを楽しみながら、言葉の意味にも注意を向けさせるものであり、うたむかしで遊ぶ子どもは昔話をきく力を持ち始める年齢に達していると思われるからである。うたむかしの例としては、本書一六一頁、佐藤壽也氏の「きんご花」を参考にしていただきたい。

こうして、わらべうたやうたむかしで戯れる面白さや満足感を覚えるのは、昔話をきく前の準備段階として極めて自然であり、有効でもあったと思われる。伝統的な村社会の中で、子守りをする側とされる側、あるいは子ども同士の遊びの中で、うまく機能してきたと思われる。このように考えると、五感と身体感覚を駆使して昔話をきくという素朴な享受のありようは、民俗社会では当たり前のことだったであろう。現代にあって、大人になってから昔話をきくので、ことさらに身体感覚について饒舌になっているのかも知れない。ともあれ、心と身体できくという昔話の享受の仕方は、心に留めておきたい。

一般的に昔語りをきく場合、どのようにきくのだろうか。少し方言が分かってくると、耳をそばだてて、一語一語漏らさずにきこうと望み、完璧に理解しようと努めるだろう。しかし、一話全てを受け止めようとして、細部や些細なこと、知らない言葉にこだわっていると十分に楽しめないのではないだろうか。もちろん、ストーリーの展開上、知っていないと困るような単語もなくはないが、そこにつまずいていると、話の流れに乗れず、楽しさ・面白さを逃がしてしまうだろう。大方の場合、一つの単語を知らないために、ストーリーが分からなくなるということはない。少なくとも私は、そのような経験はない。大体のストーリーは分かるし、それで十分に楽しめる。むしろ、大体の感じで楽しめることも大切ではなかろうか。リラックスして語りの声に身を委ねるのがよいのではないだろうか。

幸い日本の昔話は擬態語や擬音語が多く遣われるので、方言語彙が分からなくとも（擬態語・擬音語も方言に含まれるとしても）、「どんーどと」行けば、元気いっぱいでうんと遠くへ行くことがわかるし、「とっかふか　とっかふか」と言われれば、鍛冶屋の鞴《ふいご》が調子よく動いていることが分かり、真っ赤な火までが目に浮かぶ。状景を想像する助けとなり、主人公の行動を理解する手立てともなる。そして、一話の素性も分かるというものである。

とはいえ、言葉である以上、その意味が分からなくては、腹膨るる思いは残る。十分に理解したいと願うのは当然である。やはり、方言に慣れて意味を知ることは大切ではある。その上で、良いきき手であるためには、どうしたらよいであろうか。

ここで、〈きき手〉という語、〈きき〉の漢字表記について考えてみたい。〈聞き手〉と書くのがよいか〈聴き手〉と書くのがより適切かという問題である。私は、昔話をきき始めて何年間かは〈聞き手〉と表記していたが、そのうち、しっかりときくのだから〈聴き手〉の方が良い、語り手の方に対しても、〈聴く〉の文字を遣った方が礼に適っているように思われて、〈聴き手〉と表記するようになった。

手元の漢和辞典（『大きな活字の新明解現代漢和辞典』影山輝國〔編集主幹〕・伊藤文生・山田俊雄・戸川芳郎　三省堂　平成二四年）によれば、〈聞〉は、「耳に入った音をききわける」ことを著し、「音声を耳でとらえる」意という。一方、〈聴〉は、「耳できとる」ことを著し、「注意してきく。耳をすませる」意という。やはり、細心の注意を傾けてきき、自分の中にしっかりと取り込むのは、〈聴〉であろう。〈聴き手〉でよいのではないだろうか。

ところが、〈聞く〉と〈聴く〉には、それぞれの働きがあり、一方だけではよく〈きく〉ことはできないのだと内田義彦氏の論考〈「聞」と「聴」〉（『内田義彦セレクション1　生きること学ぶこと』藤原書店　平成一二年）に教えられた。私は、国谷裕子著『キャスターという仕事』（岩波新書　平成二九年）の中で、著者が自らの苦い失敗談と共に紹介している文章に出合い、急いで〈「聞」と「聴」〉を読み、大変納得することができた。

内田氏は、常識的には、「聴」の方が正確であり、主体的・能動的なきき方だと思いがちだと認めた上で、音を確かめながら聴けば、細部が鮮明にはなるが、それが学問的であると思い、耳をそばだてる癖がつくと、「聞く」ことができなくなると警告する。「聞」は耳をふさいでいても、向こうから否応なしに聞こえてくる、そういう「聞」に達することにこそ「聴」が必要であると解く。が、「聴」にこだわると、存在としての対象は遠のいてしまうので、「聴」に徹しながら　聞こえてくるのを待たねばならない。要するに、「聞こえてくるように聴かねばならない」のだ。

右は、対談・座談・講義や講演等々における一般的な話のきき方について述べたものであるが、昔話をきく場合にも大変参考になるといえよう。また、漢和辞典の説明を敷衍させたともいえる内容である。先に私は、十分に通じていない方言の昔話をきくとき、言葉の意味にこだわりすぎると、その昔話を楽しんできけないのではなかろうか、と述べた。まさに「聴」にこだわって一話の姿を見失うのではないだろうか。「聴」に徹してはいても分からないことはひとまず置いて、「聞」を待てば、昔話の本質というか、核はきこえてくる。それが昔話の面白さであろうと思う。そこで、ここまで「きき手」と平仮名表記をしたが、以後、「聞き手」と表記したい。

右に述べた「聴く」と「聞く」について、私の体験した実例から再度考えてみたい。初めて真室川町を訪ねて昔話を聞かせていただいたときは、昔話の理解より感動と喜びが先行していたと述べた。一所懸命に「聴いていた」が、幾ら耳をそばだてていても、聴き取れない言葉は多かった。けれども、十分ではなかったとしても「聞こえ」てはいたと思う。だからこその感激であった。

もっと端的な経験は、その一年前、平成元（一九八九）年二月、「第二回新庄民話まつり」に参加したときにあった。一番感動したのは、伊藤タケヨさん（明治四一年生）という方の「蛇聟入り」らしき昔話であった。らしきというのは、方言の言葉がほとんど理解できず、それでもいくらか分かった語句からあの話だろうと思った次第である。「聴く」に務めても聴き取ることはできなかったが、「聞く」ことには近づけたのではなかったか。そのときの私は、「聴」にこだわり過ぎるなどという力技もなく、耳に入ってくる声の言葉を受け止めることしかできなかった。そのため、「存在としての対象」は遠のかずに、「聞こえて」きた核のようなものを受け止めることができたのかも知れない。

伊藤タケヨさん

囲炉裏端に端然と正座して語られた語り手の容姿、お顔付き、そのお声の魅力的だったこと等々、これが本物の昔話なんだろうと痺れるような感覚で受け止めた。良き人柄の方と思ったが、その直感が正しかったことは、後にタケヨさんを知る人からその人となりを教えられて知った。

昔話は、耳だけでなく、身体感覚を伴った五感と第六感を総動員して聞くものだと、先にも述べた。それ故に、言葉の理解が不完全でも、感動・感激することはできる。経験の浅い者は生半可な知識や先入観がないだけに、無垢な全身全霊で受け止めるのだと思う。

昔話は、身体感覚を含め、聞く者の全ての感覚と精神を総動員して受け取る声の言葉の文芸である。語り手と聞き手は向かい合い、互いの顔を見て、息遣いまで感じながら声の言葉を受け取る。劇場の舞台で行われる伝統的な語り芸やその他言葉を伴う芸能とは異なるところである。どんなに優れた声の芸術であっても、演者と聴衆は距離を置き、顔と顔、目と目を会わせることはない。涙を流したとしても、頷いて共感し合うこともない。舞台芸術と対座文芸との違いである。

相槌について

ここで、昔話には相槌が伴うということについても考えてみなければならない。聞き手は、相槌を打つことによって、語り手と昔語りを共有する。語り手から聞き手への一方通行の文芸ではなく、聞き手も一定の働きをし、昔語りを共有しているのだ。

真室川町をはじめ最上地方で昔から行われていた相槌は「おっとう」であるという。しかし、私には、語り手を元気づけ、昔語りの乗りを弥増《いやま》すはずの「おっとう」という相槌は打てなかった。土田賢さんの昔語りを聞かせていただいたときにも「おっとう」とは言えなかった。それまでの経験から私が「おっとう」と言うと、語り手の方は調子を崩されることが解っていたのである。はっきり断られたこともあった。以来、「うん」「ん」と言う相槌を打たせてもらうようになっていた。土地の方も、はじめの何句かは「おっとう」と言っても、しばらくすると「ん」という短い相槌に変わるようだ。

私は、力を込めて、共感する気持や驚きの思いをその一言に込めて相槌を打ち続けた。相槌は大変重要ではあるが、伝統的に約束とされてきたその土地の言葉で、ある決まった相槌の言葉を遣えるのは、母語を同じくする人でなければできないのではないかと思う。

故野村純一氏の〈「ハァーレヤ」前後―昔話の合の手―〉(野村純一著作集第四巻『昔話の語りと語り手』清文堂　平成二三年)に、貴重な言葉がある。語り手の媼に向き合った氏が、相槌の難しさに困り果てていた時、お嫁さんが帰ってこられた。媼は、嫁に向かって「拾うてくれや」と言う。語り手が「欲していた昔話の相槌とは、結局は彼女の発するひとつひとつの言葉をば、丹念篤実に『拾って』あげることにあった」と、氏は認めておられる。日本の昔話研究の第一人者であり、相槌にも通じておられた氏の言葉である。聞き上手な野村氏でも、うまく相槌が打てなかったという経験にも驚く(安堵もする)が、相槌はそれほど難しいものでもあり、大切でもあることが解る。

昔から伝えられている相槌の語を声にすれば事足りるのではないのだ。「おっとう」と発しさえすれば拾えるわけではなく、聞き手の聞く力の限りを尽くして「うん」と言っても拾うことができる場合もあるのではないだろうか。聞き手が、その昔話を自身の心と身体で掬い取り、話の行方を促すような呼吸であれば応えることができるといえるのではないだろうか。

岩手県江刺市(現奥州市江刺区)出身の優れた語り手であった故佐島信子さん(昭和一〇年生)は、幼い頃、父方の祖母から昔話を聞いて育った方であった。祖母は昔話を聞かせるとき、必ず「はぁーど」という相槌を打つように言い聞かせたという。いい加減な言い方をすると、叱られ、やり直しさせられたと伺った。声に出せばよいというものではなく、きちんと受け止め、拾うべきものだと、私は佐島さんの昔話を聞けなくなった今にして理解できた。

再び、「聴く」と「聞く」―昔話を聞く幸せ―

昔語りを聞かせていただく時、私は耳をそばだてて聴き、心を無にして、語られる一話を聞こうと努めた。しかし、時には、「聴く」というほどには精神を緊張させないで、ゆるゆるとした気持ちで昔話を「聞く」こともあったように思われる。たとえば、新田小太郎さんが、チョウ夫人と一緒に私が泊まっていた宿を訪ねてくださり、座談の中で艶話「大まらと針毛のぼぼ」を語ってくださったときなど、笑い転げんばかりのチョウさんと一緒に聞いたときには、耳を凝らして聴く態勢ではなかった。でも、十分に楽しみ、可笑しかった。

また、新田さんは、時には、車を運転しながら、土地に纏わる昔話や伝説、はたまた狐が祭り囃子を真似てお囃子をしていたという向こうの山を指し示しながら様々なことを教えてくださった。短い話も、折につけ語ってくださった。そんな時は「聴く」より「聞く」比重が大きかったように思う。

聞き手は、「聴く」力と「聞く」力との配分を、昔語りの場と状況、昔話の種類によっても微妙に違えながらも、耳をそばだてたり、自ずから聞こえてくる声の言葉に耳を傾けたりしながら、享受してきたのではないだろうか。「聴く」にこだわりすぎると、昔話の面白さが分からなかったり、楽しめなかったりする場合もある。「聞く」だけでは、その話の眼目を見逃すかも知れない。

先の内田氏はまた、「聴くという働きを聞にむかって動員する主体の働きを（昔の人は）心といったらしい」とも述べている。畢竟、昔話は心で受け止めるものだと思う。その時、心だけに任せず、身体も呼応しているのではないかと思うのである。

語り手は、かつて誰もが聞き手であった。子どもの頃に、同じ話を何度も繰り返し聞いていた。そして、子どもの記憶力の良いことは、到底大人は及ばない。何しろ、何一〇年もの間記憶していて、大人になってから、その話を再現できるのだから。

私は、孫にわらべうたや昔話を語っていて、反応の仕方に興味をひかれた。好みがあることも分かった。ある特定のうたを歌うと機嫌が良い。また、「初めて語る昔話」（山形市の高橋成典翁（大正三年生）に教わった、導入部だけのような短い話）を語ると、耳を傾けて絶妙なタイミングで頷く表情が見られることには、ほんとうに驚かされた。相槌を打っているように思われて、驚くと共に感動したものである。生後六ヶ月から一年一〇ヶ月にかけて、二人の孫に語っていたときの経験である。

私は、孫たちが保育園や学齢に達してからも昔話を語ったが、相槌を求めることはしなかった。私の語る昔話は、近年聞き覚えたり、文字に書き留められた昔話を覚えたものだから、相槌を約束事とする特定の地方の言葉ではないし、相槌を求めるようなリズムや抑揚はないのだから。それでも、聞いている幼い子どもを見ていると、布団の中にいても微かに頷いている。しかも、相槌が欲しい箇所で頷いていることに気付いた。「拾って」くれていたのだろうか。

声の言葉の文芸である昔話を語り、聞くときの息遣いや身体の働きは、生得的なものであるかも知れない。子どもは、自然に昔語りに応えることができるのかも知れない。それ故、大人になってからも、昔話を聞くときには、身体的な作用が気付かぬ間に働いているのではないだろうか。

子どもほど心身を解放して聞くことに徹することのできなくなった大人は、耳をそばだてて聴きながら、自ずから聞こえてくる声の言葉を待つ幸せを味わいたいと思う。

あとがき

多くの出会いがあった。そして何と多くの別れがあったことか。

この三〇年間、私どもは昔話を聞き・聴き、人にとっての文芸的境地を味わい、そこにおける人間関係について考えを巡らせた。本書を作るに当たっては、ひとまず平成三〇年三月二八日を採訪の結びとした。二七日は野村が大平集落の高橋市子さんをお訪ねした。私共が市子さんたちと出会って以来の三〇年間は、昭和の研究に抵抗し、平成語りの夢にした「みんな」の昔話を追求したが、それは語りの充足感として本書に内包された。語り手の人生が昔話に乗って聴こえてくる。遠来の聴き手たちの心に響いた、真室川語りの動態が本書に記録された。本書には三〇年間の語り口を各人それぞれに特徴的な側面を選ばせて頂き、聴き手の想いを絡めて掲載した。その意味で真室川の「みんな」の昔話を聴くことは単に昔話を集積し分類する学的認識作業、あるいは自身の演劇語り目的に聞く、

房江さん、市子さん、ケイ子さん

遠田さん、渡部さん、編者、ケイ子さん、市子さん、
庄司明淑ご夫妻

松田三智郎兄

近岡秀雄弟

台本の種集め作業とはまるで違っていた。

　市子さんのお宅を辞して亡き高橋重也さんのお宅に伺う。重也さんは折々、是非活動記録書をと本書の成立にお心を寄せて下さっていた。急逝に驚き葬儀に駆けつけた記憶も新しい。仏前に出版の報告を申し上げた。振り返って改めて思う。この地での三〇年、編者たちが通い続けた意味は「昔話を語り・聞く・聴くことによって、生命の形を共有した者同志の尊厳を発見する営み」とでも言えようか。勿論そこには未知なる平成の「老い」の発見もあった。書名「老いの輝き」の所以である。二八日には国際結婚をした庄司誠二さん、明淑さんのお宅を訪ねた。明淑さんの韓国昔話も平成語りの根幹をなすと言える。

　東日本大震災では首都圏に多くの方が避難して来られた。その方々との出会いには、真室川の語り手に学んだ「語り手と聴き手」両者で完結する人間関係の尊厳を基軸に、語り空間的出会いを創造してみた。たった一人の寂しさからの解放には、昔話の文芸形態が有効に思われたからであった。

「みんな誰かと何処かで繋がっている」と真室川を訪ねた「渋谷民話の会」の石井和子さんは言う。語りの運動は孤独な時代を生き抜くための力になるのだと、真室川の平成語りは教えてくれる。平成時代の終わりに感謝を込めて本書を作らせて頂く次第である。

　真室川町役場に伺うと選ばれたばかりの、初々しい新田隆治町長さんが出迎えてくださった。小松純雄町長のふるさと創生から始まった基本的人権「みんな」の研ぎ出しは此処が基点である。この運動に賛同して最初に手を差し伸べて下さった真室川中学校同級生・佐藤理峰さんの存在は有難く、忘れ難い。

「渋谷民話の会」の皆さんと共に夫・野村純一も加わって小嶋キヨさん、土田賢さんと最上川を下り出羽路を巡った。語りの旅を用意して下さったキヨさんのご長男・清一さん。ご自宅に泊めて二度も夜語りを実現して下さった高橋重也・シゲ子さんのご長男・敏広さんご夫妻。何年来の励ましを頂いた、よき理解者の新町旧家嘉兵衛当主・佐藤準一さん。真室川町教育委員会教育課長八鍬重一さん。真室川の皆様方の篤いご支援に感謝申しあげる。

近岡礼子姉、松田洋子姉と編者

本書題字は野村の義兄・松田三智郎（真室川町栄寿大学講座運営委員長）の手になる。野村の近岡礼子姉、松田洋子姉、近岡秀雄弟からは採訪の度に大きな励ましと力添えがあった。この故郷という血脈の支えなしで編者の三〇年採訪は叶わなかったかも知れない。瑞木書房の小林基裕さんにはテーマそのものへのご理解を頂き、共に歩き、次女小林千裕さんには表紙・装丁・地図・DVD作成に関わって頂いた。感謝あるのみと記したい。

唄や語りの語彙は基本的に語り手の民俗的表現のままであることをお断り申し挙げる。

野村敬子

編集を終えて

平成元年二月、山形県新庄市を訪れた私は、一面雪に覆われたこの町の向こうにあるはずの真室川町について想像を巡らしていた。一年後、野村敬子さんから思いがけぬお誘いを受けて、真室川町は現実のものとなった。

平成三年と四年の夏、「民話と文学の会」は、当町において民話採訪を行った。（初年は「語り手たちの会」と共催）この会は民話の伝承地を訪ねて、お年寄りから話を聞かせていただき、教えられた民話や生活を記録して現地の方と共有する活動を長年続けてきた。そして、平成四年春『民話と文学23号　最上・真室川の伝承』を刊行し、町にお届けした。町でも『真室川町の昔話』全六巻（平成三年～五年）を刊行された。昔話が見直され、改めて語り始めたお年寄りがどんどん元気になってゆかれるのが、稀に訪れる者にも察せられた。

平成五・六・七年、「ふきのとう」は、語り手の方々との交流会をさせていただき、七年二月には「真室川伝承の会」（高橋良雄会長）発会の場にも同席させていただいた。「ふるさと伝承館」に集まって来られた三〇余名のお年寄りは、車座に座ってこもごも昔語りを披露された。それが誰一人として同じ話をされることなく、皆ご自分の語りをなさった。その豊かさに驚嘆した事を覚えている。伝承の会は、平成九年「真室川民話の会」に名称変更した。会長は渡部佐重《わたなべさじゅう》さん、伊藤寅吉さん、高橋重也さんと引き継がれて今日に至っている。

いつも私たちを受け入れてくださった町の方々から、今度は上京したいとの声が上がった。何かと混雑する都内を避けて、平成八年六月、埼玉県寄居町にある「かんぽの宿」でお迎えすることになり、準備を進めたが、その実際は本誌に収めた。大変多くの方が参加してくださり、後々まで「寄居では…」と話題になった。

この後の真室川ツアーは、数年おきとなった。私事で恐縮だが、私は東京から名古屋に転居するなど、グループでの訪問が難しくなった。私自身は、土田賢さんの「どや昔」を聞いて衝撃を受けて以来、単独で、また友人と一緒に何度もお宅にお邪魔して、昔語りや生活誌を聞かせていただいた。いつも真室川のお仲間が同席してくださった。ご家族、特に長男夫人の智子さんには大変お世話になった。ようやく平成一七年に『土田賢媼の昔語り　口から耳へ耳から口へ』）を上梓したが、賢さんに見ていただくことはできなかった。

平成二五年の秋、野村敬子さんと「聴き耳の会」の方とご一緒に真室川を訪ねた折、ご高齢になられても元気な語り手の方々に「みなさんの本を作りましょう。老いて輝いているみんなの平成の語りを」と、野村さんが言われた。その時の私には〝平成の語り〟の意味するものが分からなかった。平成時代になってから昔話を聞き始めた私に〝昭和の語り〟と対比のしようもなかった。その上、語り手の方々が次々と病を得られたり、旅立たれた。戸惑いながらも編集会議を開いて話し合い、企画を立て、修正を繰り返した。昨年初めに本格的に動き出し、年末には原稿も集まり始めた。多様な原稿の群れを眺めて戸惑いつつも、読み進むに連れ〝平成〟が形を取り始めた。

敗戦後、憲法も民法も新しくなり、伝統的な村落共同体はもう見られない。聞き手の層も広がった。語り手はといえば、囲炉裏端に蟄居する古老だけではなく、各人が「おれのむがす」を語る昔語りの座、寄居で見た各人各様に衣装を整えて唄や踊りを披露されたときの屈託のない明るさ、それは平成時代なればこそだったのかと、今にして気付いた。しかし、語られた話群は、決して明るく軽いものではない。生活史と共にある昔話であり、苦労を伴った生涯の物語である。真摯に受け止めなければならないと思う。それが表出される時代にゆき合わせ、仲間と共に多くのことを学ばせていただき、今またそれを一冊に纏める機会をいただいた幸運をかみしめ、ただ感謝するばかりである。

この厄介な仕事をお引き受けいただいた上に、長い時間を伴走してくださった瑞木書房の小林基裕氏に厚くお礼申し上げる。

杉浦邦子

かたり・うた・ことばの道しるべ

DVD（収録順）

庄司明淑（しょうじ・めいしゅく）
1953年　韓国ソウル生まれ。平成元年に山形県戸沢村にいたる国際結婚。韓国の漬物、キムチを東北地方に広める。韓国民話の手つくり紙芝居制作など。『明淑さんのむかしむかし』

しま　なぎさ
1933年生まれ。小中学校の音楽教科書に「少年の日はいま」「いつの日も」「かいがらの歌」「今日から」等が取り上げられている。明治図書ほか各社指導要綱に掲載。東京都中学校音楽創作コンクールの課題詩を毎年作詞、現在に至る。

清野知子（せいの・ともこ）
東京都出身。平成30年　國學院大學大学院文学研究科博士課程　単位取得退学。特別研究生。修士学位論文「百合若伝承の研究」、日本口承文芸学会会員。

田中初美（たなか・はつみ）
1949年東京生まれ。「ふきのとう」会員。他に「おはなし泉」「四季語り」「日本民話の会」会員。地域の図書館、小学校などで赤ちゃん、子どもたちにおはなしを語っている。世田谷区在住

塚原節子（つかはら・せつこ）
埼玉県東部の清久村（現久喜市）に生まれ、現在も久喜市在住。中学校・特別支援学級に34年間勤務。退職後、県立図書館のお話ボランティアの会、「聴き耳の会」会員。

とおだ　はる（遠田　且子）
真室川在住。教員退職後、子供たちに読み語りをしながら、小さな語りの会を開いている。野村敬子さんとの交流から、昔話絵本作りにも関わっている。

永井章子（ながい・あきこ）
1953年生まれ。「ふきのとう」会員。「おはなしカメさん」「白樺」に所属。主に武蔵野市とその周辺地域で、子どもたちにおはなしを語り続けている。

宮石百合子（みやいし・ゆりこ）
1942年東京都港区新橋生まれ。「ふきのとう」会員　四季語りの会会員（世田谷区）グループおはなし星の子（地域二子玉川、鎌田方面）　祖師谷親子読書会会員（世田谷区）子ども達の為に良い本を届けようと努力している。

渡部豊子（わたべ・とよこ）
1942年山形県最上郡萩野村生まれ。伝承の語り手。「新庄民話の会」副会長。「日本民話の会」「日本口承文芸学会」会員。小学校、高校、福祉施設への語りを長年続けている。『柴田敏子の語り』『昔話と村の暮らし』『大地に刻みたい五人の証言』　CD『豊子婆のむがず』（以上自刊）『渡部豊子の語り』（日本民話の会編　悠書館）

執筆者紹介

飯泉佳子（いいずみ・よしこ）
千葉県我孫子生まれ。東京都葛飾区に居住。公務員を退職後、絵を描き初め、おはなし「おはなし夢時計」や紙芝居「飛行船」などで子どもやお年寄りとの交流を楽しんでいる。
震災後川俣町、栃木市、気仙沼の仮設住宅を訪問し、南京玉すだれや紙芝居・おはなしなどを行った。

石井季子（いしい・としこ）
横須賀生まれ、父の転勤で伊東市を経て、小学校２年から東京在住。東京学芸大学を卒業し、専業主婦となる。
主な業績に、「森鴎外と帝国博物館」（『博物館という装置』勉誠出版、2016年）がある。

板鼻弘子（いたはな・ひろこ）
1946年（昭和21年）生まれ。出身　秋田県能代市　東京都北区在住。
秋田の方言で語るようにしています。保育園や図書館、老人施設などで、お話し会をしています。「おはなし夢夢」「聴き耳の会」会員

伊藤京子（いとう・きょうこ）
1952年　東京都品川区生まれ。元幼稚園教諭。「おはなし夢時計」「聴き耳の会」会員。

江夏由起（えなつ・ゆき）
1950年　東京都杉並区生まれ。「ふきのとう」「おはなし泉」会員。現在は、世田谷区を中心に、赤ちゃんからお年寄りまでを対象に、仲間とおはなし会で活動中。

荻原悠子（おぎわら・ゆうこ）
東京都出身。幼少時代を新宿区で過ごす。埼玉県、神奈川県に居住。大学の文学部国文科出身。現在、図書館のおはなし会「たんぽぽ」で活動。「聴き耳の会」会員

奥灘久美子（おくなだ・くみこ）
埼玉県蕨市生まれ。國學院大學２部文学部卒業。在学中より新潟県栃尾市史編纂、民俗調査に参加する。学校司書として、長野県南安曇郡安曇村安曇小・中学校、大野川小・中学校を兼務。児童書に魅せられる。技能職として埼玉県の高等学校に勤務。定年退職。己を客観視できるようにと、人間総合大学（通信制）入学、2005年卒業。人間の複雑さを確認する。

片桐早織（かたぎり・さおり）
山形県山形市出身。アラビア語、トルコ語、ペルシア語翻訳家。日本の昔話を翻訳、絵本と紙芝居にして紹介している。国際子ども図書館非常勤。横浜市在住。

小松千枝子（こまつ・ちえこ）
1951年　東京深川（江東区）生まれ。長男、次男の絵本の読み聞かせから現在も図書館、保育園、小学校等で絵本の読み聞かせや、お話を語る活動をしている。

佐藤　保（さとう・たもつ）
真室川町たんぽぽこども園　事務長。元真室川町役場勤務。

佐藤喜典（さとう・よしのり）
真室川の昔話を絵本にする会事務局長、元真室川町役場勤務。

編者略歴

野村敬子（のむら　けいこ）

山形県真室川町生まれ。國學院大學で臼田甚五郎先生に師事。女性をテーマに口承文芸の実感・実証的研究。「アジア心の民話シリーズ」責任編集。フィリピン・韓国・台湾を編む。『渋谷ふるさと語り』渋谷区、『語りの廻廊―聴き耳の五十年』『栃木口語り―吹上 現代故老に聴く』『中野ミツさんの昔語り』『間中一代さんの栃木語り』（瑞木書房）『女性と昔話』（自刊）、他

杉浦邦子（すぎうら　くにこ）

1943年生まれ。愛知県立女子大学卒業。「ふきのとう」主宰。「日本口承文芸学会」「女性民俗学研究会」会員。現代における昔語りについての研究を志している。『土田賢媼の昔語り』（岩田書院）『語りおばさんのインドネシア民話』『奥三河　あんねぇおっかさんの語り』（以上星の環会）「現代の語り」『こえのことばの現在』（三弥井書店）

老《お》いの輝《かがや》き――平成語《へいせいがた》り　山形県《やまがたけん》真室川町《まむろがわまち》

2018年（平成30）年7月20日初版発行　定価は表紙に表示

編者　野村　敬子
　　　杉浦　邦子
発行者　小林　基裕
組版　ぷりんてぃあ第二
印刷　エーヴィスシステムズ

発行所　瑞木《みづき》書房　〒252-0816　神奈川県藤沢市遠藤3590-8
TEL／FAX 0466-47-1270

発売所　慶友社　〒101-0051　東京都千代田区神保町2-48
TEL／FAX 03-3261-1361

ISBN978-4-87449-189-8　C3092
©NOMURA Keiko